中华译学馆

莫言题

中华译学佑立馆书与

以中华为根 译与学并重
弘扬优秀文化 促进中外交流
拓展精神疆域 驱动思想创新

丁酉年冬月 许钧撰 罗卫东书

中华译学馆·中华翻译家代表性译文库

许 钧 郭国良／总主编

卞之琳 卷

曹丹红 许 钧／编

ZHEJIANG UNIVERSITY PRESS
浙江大学出版社

总　序

考察中华文化发展与演变的历史,我们会清楚地看到翻译所起到的特殊作用。梁启超在谈及佛经翻译时曾有过一段很深刻的论述:"凡一民族之文化,其容纳性愈富者,其增展力愈强,此定理也。我民族对于外来文化之容纳性,惟佛学输入时代最能发挥。故不惟思想界生莫大之变化,即文学界亦然。"①

今年是五四运动一百周年,以梁启超的这一观点去审视五四运动前后的翻译,我们会有更多的发现。五四运动前后,通过翻译这条开放之路,中国的有识之士得以了解域外的新思潮、新观念,使走出封闭的自我有了可能。在中国,无论是在五四运动这一思想运动中,还是自1978年改革开放以来,翻译活动都显示出了独特的活力。其最重要的意义之一,就在于通过敞开自身,以他者为明镜,进一步解放自己,认识自己,改造自己,丰富自己,恰如周桂笙所言,经由翻译,取人之长,补己之短,收"相互发明之效"②。如果打开视野,以历史发展的眼光,

① 梁启超.翻译文学与佛典//罗新璋.翻译论集.北京:商务印书馆,1984:63.
② 陈福康.中国译学理论史稿.上海:上海外语教育出版社,1992:162.

从精神深处去探寻五四运动前后的翻译,我们会看到,翻译不是盲目的,而是在自觉地、不断地拓展思想的疆界。根据目前所掌握的资料,我们发现,在20世纪初,中国对社会主义思潮有着持续不断的译介,而这种译介活动,对社会主义学说、马克思主义思想在中国的传播及其与中国实践的结合具有重要的意义。在我看来,从社会主义思想的翻译,到马克思主义的译介,再到结合中国的社会和革命实践之后中国共产党的诞生,这是一条思想疆域的拓展之路,更是一条马克思主义与中国革命相结合的创造之路。

开放的精神与创造的力量,构成了我们认识翻译、理解翻译的两个基点。在这个意义上,我们可以说,中国的翻译史,就是一部中外文化交流、互学互鉴的历史,也是一部中外思想不断拓展、不断创新、不断丰富的历史。而在这一历史进程中,一位位伟大的翻译家,不仅仅以他们精心阐释、用心传译的文本为国人打开异域的世界,引入新思想、新观念,更以他们的开放性与先锋性,在中外思想、文化、文学交流史上立下了一个个具有引领价值的精神坐标。

对于翻译之功,我们都知道季羡林先生有过精辟的论述。确实如他所言,中华文化之所以能永葆青春,"翻译之为用大矣哉"。中国历史上的每一次翻译高潮,都会生发社会、文化、思想之变。佛经翻译,深刻影响了国人的精神生活,丰富了中国的语言,也拓宽了中国的文学创作之路,在这方面,鸠摩罗什、玄奘功不可没。西学东渐,开辟了新的思想之路;五四运动前后的翻译,更是在思想、语言、文学、文化各个层面产生了革命性的影响。严复的翻译之于思想、林纾的翻译之于文学的作用无须赘言,而鲁迅作为新文化运动的旗手,其翻译动机、翻译立场、翻译选择和翻译方法,与其文学主张、文化革新思想别无二致,其翻译起着先锋性的作用,引导着广大民众掌握新语言、接受新思想、表达自己的精神诉求。这条道路,是通向民主的道路,也是人民大众借助掌握的新语言创造新文化、新思想的道路。

回望中国的翻译历史,陈望道的《共产党宣言》的翻译,傅雷的文学翻译,朱生豪的莎士比亚戏剧翻译……一位位伟大的翻译家创造了经典,更创造了永恒的精神价值。基于这样的认识,浙江大学中华译学馆为弘扬翻译精神,促进中外文明互学互鉴,郑重推出"中华译学馆·中华翻译家代表性译文库"。以我之见,向伟大的翻译家致敬的最好方式莫过于(重)读他们的经典译文,而弘扬翻译家精神的最好方式也莫过于对其进行研究,通过他们的代表性译文进入其精神世界。鉴于此,"中华译学馆·中华翻译家代表性译文库"有着明确的追求:展现中华翻译家的经典译文,塑造中华翻译家的精神形象,深化翻译之本质的认识。该文库为开放性文库,入选对象系为中外文化交流做出了杰出贡献的翻译家,每位翻译家独立成卷。每卷的内容主要分三大部分:一为学术性导言,梳理翻译家的翻译历程,聚焦其翻译思想、译事特点与翻译贡献,并扼要说明译文遴选的原则;二为代表性译文选编,篇幅较长的摘选其中的部分译文;三为翻译家的译事年表。

需要说明的是,为了更加真实地再现翻译家的翻译历程和语言的发展轨迹,我们选编代表性译文时会尽可能保持其历史风貌,原本译文中有些字词的书写、词语的搭配、语句的表达,也许与今日的要求不尽相同,但保留原貌更有助于读者了解彼时的文化,对于历史文献的存留也有特殊的意义。相信读者朋友能理解我们的用心,乐于读到兼具历史价值与新时代意义的翻译珍本。

许 钧

2019 年夏于浙江大学紫金港校区

目　录

第一编　诗与散文

导　言

　　在中国现代文学史和 20 世纪文学翻译史上,卞之琳(1910—2000)是一个值得永远铭记的名字,有着不可取代的位置。他是杰出的诗人,著名的"汉园三诗人"之一,新文化运动中重要的诗歌流派新月派和现代派的代表诗人。他是优秀的学者,对西方文学,尤其是莎士比亚作品、法国象征主义文学有着深入的思考与研究。他也是伟大的翻译家,被译界称为一代翻译大师,"一生已完成的译作,无论数量或质量都足以跻身于第一流翻译家行列"①。

一、卞之琳的翻译人生

　　卞之琳于 1910 年出生于江苏海门汤家镇,祖籍南京市溧水区。汤家镇位于东南沿海,这一特殊地理位置对卞之琳之后的西方文学翻译与研究产生了潜移默化的影响。卞之琳本人曾在回忆文章中提到,故乡位于"长江三角洲,靠近上海一带,曾受西方帝国主义入侵所带来的精神污染较深,甚至在乡间一些地方,哪怕非教会学校,从初小高班就开始有英文课。在自然经济凋敝过程中,乡镇破落户人家往往冀望子弟能到洋人当权的邮务海关机构从业进身,以博较丰厚的薪给。受潮流席卷,先母难撑困顿家境,

---

①　陈丙莹.卞之琳评传.重庆:重庆出版社,1998:224.

也就特别鼓励我多学点英文,想不到这却导致我对西方文学的关注"①。

这样的地理与社会环境使卞之琳很早就接触到了英语诗歌。据他回忆,早在读高中二年级的时候,他就有幸选修了一门莎士比亚戏剧课,读到了莎士比亚的《威尼斯商人》原文。课外,他"自读了英国浪漫派诗人柯尔律治(S. T. Coleridge)的叙事名诗《古舟子咏》,为满足自己文学创作的替代乐趣,就悄悄地把全诗译出,全长1060行,行对行,韵对韵,自我约束极严"②。这次翻译,对于卞之琳的翻译人生而言,犹如埋下了一颗种子。诗歌翻译于他是一种发现,他由此慢慢接近浪漫派诗歌,后又爱上了象征主义诗歌。在某种意义上,对于西方浪漫主义、象征主义诗歌的发现,可以说激发了卞之琳的诗情,也与其诗歌创作渐渐形成了一种难得的合力。创作与翻译互动,成就了卞之琳的诗意人生。

1929年夏天,卞之琳考入北京大学英文系。英文系为一年级学生开设课程讲解莎士比亚戏剧,赏析英国诗。他似乎有边学边译的习惯,学习英诗后,"在堂下就随手选译了所听讲到的一大部分"③,学习莎士比亚戏剧后,就将《仲夏夜之梦》全部译出。他第一次正式发表译作是在大学二年级,翻译的是爱尔兰著名剧作家约翰·沁孤(又译约翰·辛格)的诗歌《冬天》,以笔名林子发表于1930年11月15日的《华北日报·副刊》上。"由于才华出众,他很快成为翻译界的新星。"④据说徐志摩在1931年一封写给卞之琳的信中,极力夸赞卞之琳所译哈代的《倦旅》,认为比他自己的译本高明,还推荐卞之琳翻译司汤达的《红与黑》,但译事终因徐志摩去世而搁置,⑤使我们没能拥有《红与黑》的卞之琳版本,这不能不说是译界的一大憾事。

在主修英文的同时,北京大学英文专业的学生还必修拉丁文,选修德

---

① 卞之琳.毕竟是文章误我,我误文章.收获,1994(2):134.
② 卞之琳.译者总序//卞之琳译文集·上卷.合肥:安徽教育出版社,2000:1.
③ 卞之琳.译者总序//卞之琳译文集·上卷.合肥:安徽教育出版社,2000:2.
④ 陈丙莹.卞之琳评传.重庆:重庆出版社,1998:3.
⑤ 陈丙莹.卞之琳评传.重庆:重庆出版社,1998:9-10.

语或法语。卞之琳选择了法语,学习一年后,很快能阅读法文原文,于是
"就在 1930 年读起了波特莱,高蹈派诗人,魏尔伦,玛拉美以及其他象征
派诗人",并迷上了他们,觉得他们比英国浪漫派诗人"更深沉,更亲切"。①
在阅读的同时,他也翻译了马拉美、波德莱尔等法国诗人的多首诗歌。

1933 年夏,卞之琳大学毕业。毕业后很长一段时间,他没有固定工
作,间或在中学代课,或在文学杂志编辑部协助工作,把大部分时间用在
写作与翻译上,译作刊登于《大公报·文艺副刊》《新月》《文艺月刊》《学
文》《人间世》等报刊。从这些译作可以看出,他偏重介绍英法现代主义作
品,"成为当时介绍西方现代派文学最积极的翻译家之一"②。1934 年,他
应郑振铎邀请,汇集自己几年来的译作,为"文学研究会世界文学名著丛
书"编写了一本西方现代诗文集,这便是 1936 年出版的《西窗集》。

1934 年秋后,他经人介绍,开始为胡适主持的中华教育文化基金会编
译委员会"特约"译书,这项工作所得翻译费成为他此一时期的主要经济
来源。他为编译委员会所译的书包括斯特莱切的《维多利亚女王传》,纪
德的《赝币制造者》(可惜译稿在抗战期间遗失)、《〈赝币制造者〉写作日
记》、《窄门》,同时又因个人兴趣翻译了纪德的《新的食粮》、贡思当的《阿
道尔夫》,抗日战争全面爆发前夕又出版了纪德另一部作品《浪子回家》的
中译文单行本。

抗日战争全面爆发后,卞之琳辗转来到内陆,先是应朱光潜邀请在四
川大学任教,其间在何其芳、沙汀的活动与联络下,多次至延安抗日根据
地,并在鲁迅艺术学院文学系短暂代课任教。1940 年秋,卞之琳至昆明西
南联大任教,在此一直工作到 1947 年赴英国访学前。1937 年后很长一段
时间,卞之琳都没有再译书,只是翻译了类似奥登《战时在中国作》诗五首
等作品。《紫罗兰姑娘》的出现令他重拾译笔。在昆明时,他因偶然的机
会读到英国小说家衣修午德的中篇《紫罗兰姑娘》,"读了很喜欢,一口气

---

① 卞之琳. 开讲英国诗想到的一些体验. 文艺报,1949(4):31.
② 陈丙莹. 卞之琳评传. 重庆:重庆出版社,1998:18.

把它译出了"①。《紫罗兰姑娘》译稿完成于 1945 年,1946 年在上海《文艺复兴》杂志发表。但第一版《紫罗兰姑娘》依据的底本是一个删节版,卞之琳得知后又设法找到原书,对第一版译稿进行了补译,完整译文最后于1947 年 2 月在上海文化生活出版社出版,是为"西窗小书"之一。

　　1947 年,卞之琳赴牛津大学访学,在英国逗留一年多,于 1949 年年初回到北京,开始在北京大学西语系任教,开设一、二年级英诗初步课等课程,在自己编写教材的同时,"每授一诗更事先差不多都认真先译成了中文"②。这些译诗后来成为 1983 年湖南人民出版社出版的《英国诗选》和1996 年商务印书馆出版的《英国诗选》的主体部分。60 多年翻译的诗最后精挑细选汇编成一本《英国诗选:莎士比亚至奥顿,附法国诗十二首,波德莱尔至苏佩维埃尔》,涉及几个世纪、多个国家大大小小 36 位诗人,为中国读者呈现了世界诗坛的重要一隅。

　　1952 年院系调整后,卞之琳调到北京大学文学研究所担任研究员,工作重心转移至莎士比亚作品的研究与翻译上,以诗体翻译了莎士比亚"四大悲剧",其中《哈姆雷特》译稿完成于 1953 年,单行本出版于 1956 年,之后多次再版与重印。另外三部莎剧翻译出版的时间相对较晚,《里亚王悲剧》译成于 1977 年,《麦克白斯悲剧》译成于 1983 年,《威尼斯摩尔人奥瑟罗悲剧》译成于 1984 年。1988 年,这三种剧与先前译出的《哈姆雷特》合成《莎士比亚悲剧四种》,在人民文学出版社出版。《莎士比亚悲剧四种》出版后,卞之琳仍然坚持着翻译实践与翻译思考,将此前的译作结集成册,不时在报刊发表译诗及谈论翻译的文章,不过没有再出版新的译著。

二、卞之琳的翻译实践及其成就

　　读过安徽教育出版社于 2000 年出版的三卷本《卞之琳译文集》,我们

---

① 卞之琳. 译者总序//卞之琳译文集·上卷. 合肥:安徽教育出版社,2000:5.
② 卞之琳. 译者总序//卞之琳译文集·上卷. 合肥:安徽教育出版社,2000:7.

惊叹于卞之琳视野之开阔、目光之独特、译笔之传神。对于自己的翻译历程,卞之琳说过这样一段具有概括性的话:"我从事文学翻译,不是遵循什么翻译理论指导开始的;要讲自己的文学翻译实践,则是 60 年的道路好像兜了一圈;始于译诗(韵文),中间以译散文(包括小说)为主,又终于译诗(韵文,包括诗剧)。"①检视卞之琳 60 多年的翻译历程,我们首先可以看到,卞之琳透过西方这扇窗户,通过他的发现,为广大中国读者打开了一个丰富、独特、异彩纷呈的文学世界。英国的莎士比亚、拜伦、雪莱、济慈、艾略特、伍尔夫,爱尔兰的叶芝、乔伊斯,法国的波德莱尔、马拉美、魏尔伦、瓦雷里、普鲁斯特、纪德,奥地利的里尔克,西班牙的阿左林②,这一个个光辉的名字,因卞之琳的译介而在中国读者的心中闪现着光芒。这些译作让中国读者感受到了他们思的深邃、文的神采与情的温暖。总的来说,卞之琳的翻译成就及其贡献至少体现于以下三个方面。

首先是卞之琳在西方诗歌尤其是英法诗歌翻译方面的成就。《卞之琳评传》的作者陈丙莹也指出,"总括起来说,卞之琳翻译工作的最杰出成就集中于西方诗歌的汉译"③。上文已提到,卞之琳总结自己 60 多年的翻译道路,"始于译诗(韵文),中间以译散文(包括小说)为主,又终于译诗(韵文,包括诗剧)"。这样的轮回发生在一位将诗歌创造与创新作为毕生追求的大诗人身上并不奇怪。不过,卞之琳的贡献并不仅仅在于为中国诗坛贡献了几首西方名诗。袁可嘉指出,卞之琳"在新诗口语化、新诗戏剧化、新诗格律化和新诗(特别是政治抒情诗)现代化四个方面都做出了

---

① 卞之琳. 译者总序//卞之琳译文集·上卷. 合肥:安徽教育出版社,2000:1.
② 阿左林,即西班牙作家 Azorín,也译作阿索林。卞之琳在最初翻译该作家作品时均将作家名译为"阿左林",1935 年翻译《轮船先生》并发表于《国闻周刊》第 12 卷第 32 期时,将作家中译名改为"阿索林"。作家的小品文系列后结集收入《西窗集》。在《西窗集》的不同版本中,"阿左林"与"阿索林"均有出现。本书编选依据的是安徽教育出版社 2007 年出版的《西窗集》,保留了该版本中的译名"阿索林"。
③ 陈丙莹. 卞之琳评传. 重庆:重庆出版社,1998:230.

卓越贡献"①。这一"卓越贡献"离开他的翻译家身份很可能无法实现。实际上,卞之琳本人一直坚信译诗对本国诗歌创新与发展的作用,他于《英国诗选》前言第一段便指出:"外国诗通过本国语翻译可以增进本国读者(不限于初学者)理解与领会的深度,所以世界上大有人说外国诗通过翻译才会对本国诗产生真实的影响。"②从卞之琳本人来说,诗歌翻译对他的诗歌创作产生了直接的影响,例如他从对象征主义诗歌的翻译与模仿中总结出新诗创作的原则与方法,形成了独具一格的诗风。

尤其值得一提的是卞之琳在新诗格律化方面进行的探索与实践。卞之琳始终主张以格律诗形式来对译西方的格律诗,在韵律与节奏方面做出努力。为模仿与再现诗歌节奏,他吸收前人理论,发展了"以顿代步"的诗歌翻译主张,并通过自己的翻译加以验证,为西方格律诗翻译提供了理论与方法上的参照。卞之琳还强调自己"有时在音律、韵式上,比原诗还相应严格"③,之所以如此,是因为他充分认识到诗歌发展的规律:无论从西方还是从中国来说,从格律诗演变成自由诗都是一种符合潮流的做法,也就是他所说的"入而出"④;"但是就引进西式而论,在大多数场合,是未'入'而'出'"⑤,所谓"未'入'而'出'",也即还没了解西方格律诗的形式,就已急着在翻译中将这一形式消解,具体而言是指用自由诗、"半格律诗"或"半自由诗"来翻译格律诗的做法。卞之琳认为这些做法是有缺陷的,正确的做法是亦步亦趋地保留原诗的韵律,"以供我们根据中国实际和可能性的正确借鉴"⑥。卞之琳本人的做法是对每首译诗都做格律方面的分析,同时说明自己的对译方法。通过坚持不懈的努力,卞之琳的译诗主张与实践引起了诗坛其他诗人的关注与支持,在他的影响下,"数十年来,尤

---

① 袁可嘉.略论卞之琳对新诗艺术的贡献//袁可嘉,杜运燮,巫宁坤.卞之琳与诗艺术.石家庄:河北教育出版社,1990:2.
② 卞之琳.前言//英国诗选.北京:商务印书馆,1996:1.
③ 卞之琳.前言//英国诗选.北京:商务印书馆,1996:6.
④ 卞之琳.前言//英国诗选.北京:商务印书馆,1996:6.
⑤ 卞之琳.前言//英国诗选.北京:商务印书馆,1996:6.
⑥ 卞之琳.前言//英国诗选.北京:商务印书馆,1996:6.

其是近十数年来,已有日益增多的诗歌译作,在艺术特色上,正朝着卞之琳所提倡的方向接近或靠拢。卞之琳已经成为诗歌翻译界一支生气蓬勃不断壮大的流派的杰出代表"①。

其次是卞之琳对西方现代主义文学的译介。卞之琳以探索性的目光,发现了象征主义诗歌;更以前瞻性的目光,发现了可与现实主义文学互为补充的现代主义文学。1980 年,他在《西窗集》修订版出版之际写道:"这本小书里所介绍的鳞爪对于我们今日的读书界大概还像是新花样。我们今日的外国文学爱好者,从欧洲 19 世纪的浪漫派诗和写实派小说一下子碰到西方五六十年代以来的各种所谓'先锋派'作品,就有点晕头转向,恰就是因为漏掉了两次世界大战之间这一段西方文学的认识。"②《西窗集》第一版出版于 1936 年,也就是说,早在 20 世纪 30 年代初,卞之琳就已开始关注西方现代主义文学,以清醒而独特的目光,发现了普鲁斯特、乔伊斯和伍尔夫这些现代主义大师的特质,并开始尝试翻译他们的作品,为中国读者认识与理解现代主义文学做了开拓性的努力。

本书编者曾就法国 20 世纪文学在中国的翻译与接受做过比较系统的梳理,也有过比较深入的思考。据考察,卞之琳是国内最早翻译普鲁斯特的,虽然译的只是普鲁斯特那部不朽名著开头的几个段落,但其意义却是开拓性的。1988 年,当《追忆似水年华》全书由译林出版社组织翻译,即将出版之际,卞之琳在《中国翻译》1988 年第 6 期发表了《普鲁斯特小说巨著的中译名还需斟酌》一文,文中有这样一段回忆性的文字:"……三十年代我选译过一段。我译的是第一开篇一部分,据法国版《普鲁斯特片断选》(*Morceaux choisis de M. Proust*)加题为《睡眠与记忆》,1934 年发表在天津《大公报·文艺副刊》上,译文前还说过几句自己已经记不起来的

---

① 江枫. 以"似"致"信"的译诗道路——卞之琳译诗艺术浅识 // 袁可嘉,杜运燮,巫宁坤. 卞之琳与诗艺术. 石家庄:河北教育出版社,1990:214.

② 卞之琳. 修订版译者引言 // 卞之琳译文集·上卷. 合肥:安徽教育出版社,2000:5-6.

介绍语,译文收入了我在上海商务印书馆 1936 年出版的《西窗集》。"①经查证,这篇译文以《睡眠与记忆》为题,刊登于天津《大公报·文艺副刊》1934 年 2 月 21 日第 12 版上,译文前附有卞之琳写的"自己已经记不起来的介绍话"。卞之琳在里面指出:"有人说卜罗思忒是用象征派手法写小说的第一人。他唯一的巨著《往昔之追寻》(*A la recherche du temps perdu*)可说是一套交响乐,象征派诗人闪动的影像以及与影像俱来的繁复的联想,这里也有,不过更相当于这里的人物,情景,霎时的欢愁,片刻的迷乱,以及层出不穷的行品的花样;同时,这里的种种全是相对的,时间纠缠着空间,确乎成为了第四度(The fourth dimension),看起来虽玄,却正合爱因斯坦的学说。"②短短的几句话,深刻地揭示了普鲁斯特这部巨著的哲学特质,也道出了这部巨著的诗学特征。卞之琳的发现与开拓之功,由此可见一斑。

卞之琳对现代派文学的发现与译介之中,特别值得一提的是其对纪德的翻译与研究。陈丙莹说卞之琳"翻译了纪德的一系列著作,成为最早的纪德的研究家之一"③。纪德是诺贝尔文学奖获得者,在法国文学中有着独特的地位。但我们知道,纪德是 1947 年获得诺贝尔文学奖的。而差不多是在发现普鲁斯特的同时,卞之琳就开始对纪德产生了持久的兴趣。在 1933 年,他开始关注并阅读纪德的作品。次年,即 1934 年,"他首次译出了纪德的《浪子回家》一文。1935 年译介《浪子回家集》(作为"文化生活丛刊"之一出版于 1937 年 5 月,初名《浪子回家》)。1936 年译出纪德唯一的一部长篇小说《赝币制造者》(全稿抗战期间遗失,仅刊出一章)。1937 年译《〈赝币制造者〉写作日记》《窄门》《新的食粮》。1941 年为重印《浪子回家集》撰写译序。1942 年写作长文《纪德和他的〈新的食粮〉》,翌年由桂林明日社印行单行本,以之为序。1946 年为次年由文化生活出版社出版

---

① 卞之琳. 普鲁斯特小说巨著的中译名还需斟酌. 中国翻译,1988(6):26.
② 卞之琳. 睡眠与记忆. (天津)大公报·文艺副刊,1934-02-21(12).
③ 陈丙莹. 卞之琳评传. 重庆:重庆出版社,1998:3.

的《窄门》撰写译序"①。

卞之琳对纪德的喜爱与执着,源于他对纪德深刻的理解。在中国,纪德长时间里一直被当作谜一样的存在,学界对纪德多有不同的阐释。卞之琳对纪德的翻译与评介是在一种互动关系中进行的。作品的翻译为卞之琳深刻理解纪德打下了基础,同时也提供了一般的评论者所难以企及的可能性。反过来,基于对作品深刻理解之上的评论,则赋予了卞之琳对纪德的某种本质性的把握。这种直达作品深层和作者灵魂之底的把握主要体现在两点上。首先是对纪德思想的准确把握,卞之琳突破一般评论者所认为的纪德的"多变"特征,指出纪德虽然有着"出名的不安定"②,"变化太多端"③,"然而,'转向'也罢,'进步'也罢,他还是一贯"④,"尽管纪德不看重一贯,他在一切演变里比任何人都一贯"⑤。在卞之琳看来,纪德的多变的价值恰恰体现在其不断的超越和进步之中。其次是对纪德"章法文体"的深刻把握,卞之琳深谙纪德的为文之道,并善于在翻译中再现纪德的风格。由对纪德的思想与创作手法的双重把握,到化纪德的"章法文体"为我有,卞之琳对纪德作品的译介与接受由此而打上了鲜明的个性烙印,赋予了其译文以独特的品格。

最后是卞之琳对莎士比亚戏剧的翻译与研究。其实无论从时间上说,还是从数量上说,卞之琳的莎剧翻译都不占优势。从时间上说,田汉在 1921 年就已发表完整的《哈姆雷特》中译(当时译名为《哈孟雷特》),在整个 20 世纪 20 年代,国内又出现了几种莎剧汉译本。而卞之琳直到 20

---

① 江弱水.卞之琳诗艺研究.合肥:安徽教育出版社,2000:206-207.

② 卞之琳.安德雷·纪德的《新的食粮》(译者序)//卞之琳文集·下卷.合肥:安徽教育出版社,2002:511.

③ 卞之琳.安德雷·纪德的《新的食粮》(译者序)//卞之琳文集·下卷.合肥:安徽教育出版社,2002:519.

④ 卞之琳.安德雷·纪德的《新的食粮》(译者序)//卞之琳文集·下卷.合肥:安徽教育出版社,2002:504.

⑤ 卞之琳.安德雷·纪德的《新的食粮》(译者序)//卞之琳文集·下卷.合肥:安徽教育出版社,2002:497.

世纪 50 年代才正式开始翻译莎剧,从 1954 年起,他陆续译出莎士比亚四大悲剧《哈姆雷特》《奥瑟罗》《里亚王》《麦克白斯》,合成一册《莎士比亚悲剧四种》,于 1988 年由人民文学出版社出版。上文曾提到,在上大学期间,卞之琳因自己边学边译的习惯,已在课后译出整部《仲夏夜之梦》,但这部译作之后从未发表。从数量来说,目前出版的卞译莎剧仅有四大悲剧,只是莎士比亚戏剧的一小部分。

卞之琳莎剧翻译的最重要贡献仍然与卞之琳的诗人身份有关。卞之琳最重要的研究者之一张曼仪认为,"卞译《哈姆雷特》的最大特色和贡献是在于用'诗体'摹拟莎剧的'无韵诗体'而仍能细致地传达原文的风格。早于卞之琳的《哈姆雷特》汉译,如田汉、梁实秋、朱生豪等译本,都一律以散文译原剧的'无韵诗体',以致原剧诗体和散文交迭运用的戏剧效果荡然无存。曹未风的译本,在诗体场合,分行排列,但没有格律可循……所以严格说来也不能算是诗体的翻译"①。张曼仪在撰写这篇博士论文时,卞之琳尚未出版其余三大悲剧译本,她仅匆匆翻阅过手稿,但"发觉他译这三出剧的方法跟译《哈姆雷特》大致相同"②,可见她的结论也适用于卞之琳所译另三部莎剧。

张曼仪这段话指出,卞之琳译《哈姆雷特》的体式不仅有别于田汉、梁实秋、朱生豪三位的散文体,还有别于曹未风采用的诗体。实际上,卞译莎士比亚诗剧,正如他译其他诗歌,不仅对原诗的韵律有深入的研究,也对如何再现每种诗体、每首诗歌的独特韵律节奏做反复的推敲。在《莎士比亚悲剧四种》的"译本说明"中,他花了很多笔墨,解释莎士比亚原剧韵律节奏如何,与汉语有何差别,翻译又如何采取"以顿代步"等方法,"不但在内容上而且在形式上尽可能传出原来的意味"③。除了韵律与节奏,张曼仪还指出,在"其他体式上的讲究,如戏中戏的双行一韵体,民谣片段的格式,以至剧文整体的节奏,卞之琳无不亦步亦趋,在所有莎剧汉译者之

① 张曼仪. 卞之琳著译研究. 香港:香港大学中文系,1989:136-137.
② 张曼仪. 卞之琳著译研究. 香港:香港大学中文系,1989:136.
③ 卞之琳. 译本说明//卞之琳译文集·下卷. 合肥:安徽教育出版社,2000:5.

中,以他最为严谨,且能控制自如,使出了格律诗人的十八般武艺"①,无怪乎"许多研究者认为卞之琳译本在内容与形式的结合上是最接近莎诗原貌的"②。

卞之琳莎剧翻译的独特性还得益于他的莎士比亚研究者身份。1952年调至北京大学文学研究所后,卞之琳因机缘巧合,开始研究莎士比亚,陆续写出《论〈哈姆雷特〉》(1955)、《论〈奥瑟罗〉》(1956)、《〈里亚王〉的社会意义和莎士比亚的人文主义》(1964)等代表性论文,最后结集成《莎士比亚悲剧论痕》一书,于1989年在北京生活·读书·新知三联书店出版。卞之琳对莎士比亚戏剧尤其是四大悲剧有独到的见解。他对国内外的莎士比亚研究资料掌握得很充分,但他并不会随意附和哪种权威观点,也敢于向其发出挑战。例如他不赞成歌德、柯尔律治等西方大家的观点,后者往往将哈姆雷特行动的迟缓视作缺陷,并将其归因于王子软弱的性格或薄弱的意志。卞之琳反而认为哈姆雷特是"文艺复兴时代的巨人"③,他行动的延宕是因为他"热爱生活,热爱和谐,不爱暴力,不爱流血斗争"④,而他的悲剧主要由社会矛盾造成。他因而提出结合阶级性与人民性、人文主义与人道主义、现实主义与浪漫主义,来观照莎士比亚悲剧。对莎剧的理解也对卞之琳的莎剧翻译产生了影响,例如对于《哈姆雷特》中"A was a man, take him for all in all: I shall not look upon his like again"这句话,梁实秋将"man"翻译成了"大丈夫",朱生豪翻译成了"堂堂男了",而卞之琳翻译成了"人",充分体现了卞之琳对莎士比亚作品所包含的人文主义、人本主义维度的理解与肯定。此外,莎士比亚擅长使用隐喻、意象、双关语,卞之琳在译文中也同样亦步亦趋。周兆祥在考证《哈姆雷特》各汉译本对原剧疾病意象的处理后,得出"在保存意象数量上,以梁实秋为最

---

① 张曼仪. 卞之琳著译研究. 香港:香港大学中文系,1989:141.
② 陈丙莹. 卞之琳评传. 重庆:重庆出版社,1998:229.
③ 卞之琳. 论《哈姆雷特》//卞之琳文集·下卷. 合肥:安徽教育出版社,2002:62.
④ 卞之琳. 论《哈姆雷特》//卞之琳文集·下卷. 合肥:安徽教育出版社,2002:62.

多,在传达意象的效果上,以卞之琳为最好"①的结论。

张曼仪认为,卞之琳翻译的莎士比亚戏剧"是他从事莎士比亚作品研究的副产品"②,对此观点,我们持保留意见。因为无论从翻译的时间看,还是从卞之琳的研究计划③看,翻译都是他的莎士比亚研究工作很重要的组成部分,一如陈丙莹所言,卞之琳的外国文学研究"源于他的翻译。翻译与研究在他是一而二,二而一的事"④。

三、卞之琳的翻译思想特质

从事文学翻译 60 余载,卞之琳并没有提出过成体系的翻译理论。不过,从他本人的译者前言后记、报刊文章、会议论文中不难看出,卞之琳的翻译思考始终伴随着他的翻译实践。多年的翻译实践与教学令他逐渐形成稳定而独特的翻译原则与翻译观念,因此尽管多次提到自己的翻译实践并不一定遵循翻译理论,他也承认"就算纯属技术性也罢,文学翻译自也有应从实践中来的一定原则"⑤。这些原则特别在《十年来的外国文学翻译和研究工作》(1959)、《文学翻译与语言感觉》(1984)、《翻译对于现代中国诗的功过》(1988)、《英国诗选》前言(1996)等文章中有明确表达,既涉及宏观的翻译思想,又涉及中观的诗歌翻译理念,还涉及微观的诗歌翻译方法。

---

① 转引自:张曼仪. 卞之琳著译研究. 香港:香港大学中文系,1989:142.

② 张曼仪. 卞之琳著译研究. 香港:香港大学中文系,1989:133.

③ 卞之琳在《莎士比亚悲剧论痕》"前言"中提到:"1954 年春天,我开始认真摸索莎士比亚时代背景资料,比较各家文本考订、参考各家研究评论,起意从'四大悲剧'的诗体译本,从写译本序文、写单篇论文,以 1959 年建国 10 周年为期,写出论'四大悲剧'的系统专著。"详见:卞之琳. 卞之琳文集·下卷. 合肥:安徽教育出版社,2002:4.

④ 陈丙莹. 卞之琳评传. 重庆:重庆出版社,1998:274.

⑤ 卞之琳. 文学翻译与语言感觉//人与诗:忆旧说新(增订本). 合肥:安徽教育出版社,2007:358.

从宏观层面说,卞之琳的翻译思想可归纳为"信""似""译"三字。《英国诗选》前言对此有明确论述:"40年代初期,我在昆明西南联合大学外语系贸然承担英汉文学互译课,就在班上总是首先,特别就译诗而论,大胆破'信达雅'说、'神似形似'论、'直译意译'辩。我不记得当时如何肆言了,日后想起来,基本精神大约可以概括为三说中只能各保留一个字,即'信',即'似',即'译'。"①但是,"信""似""译"三字对卞之琳来说并非是同等重要的,三字之中,"信"居首位,统辖着另外两个字,做到了"信","似"与"译"也就有了保证。由他主笔的《十年来的外国文学翻译和研究工作》一文在评价严复的"信、达、雅"标准时提到:"艺术性翻译标准,严格讲起来,只有一个广义的'信'字——从内容到形式(广义的形式,包括语言、风格等等)全面而充分的忠实。这里,'达'既包含在内,'雅'也分不出去,因为形式为内容服务,艺术性不能外加。而内容借形式而表现,翻译文学作品,不忠实于原来的形式,也就不能充分忠实于原有的内容,因为这样也就不能恰好地表达原著的内容。在另一种语言里,全面求'信',忠实于原著的内容和形式的统一体,做得恰到好处,正是文学翻译的艺术性所在。"②至于"似"与"译",两者可以说从不同角度体现了求信的结果,如能做到"从内容到形式……全面而充分的忠实",译文便取得了与原作相"似"的效果,便保持了自己作为翻"译"的品质,而不会成为信马由缰的创作。但是,长期从事诗歌翻译实践的卞之琳也深知"信难求",因此"似""译"对他而言也意味着"无可避免的限制":"各国社会、历史背景不同,风习、传统不一样,一种语言里的一些字、一些话,到另一种语言里就不一定能唤起同样的联想,产生同样的效果;许多双关语、俚语、成语很难保持原有的妙处。认识了这种局限,我们就可以了解文学翻译里求'信',求全面忠实,也不是绝对的。文学翻译不是照相底片的翻印……文学翻译的艺

---

① 卞之琳. 前言//英国诗选. 北京:商务印书馆,1996:4.
② 卞之琳,叶水夫,袁可嘉,陈燊. 十年来的外国文学翻译和研究工作. 文学评论,1959(5):55-56.

术性所在,不是做到和原著相等,而是做到相当。"①也就是说,"似"与"译"此时强调的是译文与原文同源而不同一的关系。卞之琳提出"信""似""译"三字,既指明了译作与原作的紧密联系,也道出了翻译本身所受的限制,体现了他对翻译本质的深刻认识。

"信""似""译"的翻译观也体现于他的诗歌翻译主张中。尽管长期从事诗歌翻译,或者说正因为长期从事诗歌翻译,卞之琳对这一工作的困难有深切的体会与深刻的认识。他曾指出:"如果说一般文学翻译,也就是说散文作品的翻译,要达到艺术性水平,必须解决如何用本国语言传达原文风格的问题,那么诗歌翻译,除此以外,还必须解决如何运用和原著同样是最精炼的语言、最富于音乐性的语言,来驾驭严格约束语言的韵文形式的问题。"②他本人尝试克服诗歌翻译困难的做法正是从两个方面——诗歌语言与诗歌形式——入手的。从诗歌语言来说,卞之琳认为,翻译有两大忌,一忌使用太平板的语言,用他的话来说是"一般化"的语言,因为这样的语言与散文语言无异,无法体现诗歌语言的特点与诗人的语言特质。反过来,另一个忌讳是过分强调辞藻,甚至将诗歌等同于陈词滥调的堆砌,这样的做法也不可取,因为导致了写诗译诗的"庸俗化"倾向。

从诗歌形式来说,我们知道卞之琳对诗歌格律的执着。从 20 世纪 50 年代的《哼唱型节奏(吟调)和说话型节奏(诵调)》(1953)、《谈诗歌的格律问题》(1958)一直到 20 世纪 90 年代的《重探参差均衡律》等文章,卞之琳一直关注诗歌格律问题,对他来说,"诗歌形式问题中的突出问题是在格律方面"③。应该明确的是,卞之琳谈的是格律诗的创作与翻译,格律之中又特别注重节奏问题。之所以把诗歌格律提至如此重要的地位,首先当

---

① 卞之琳,叶水夫,袁可嘉,陈燊. 十年来的外国文学翻译和研究工作. 文学评论,1959(5):54.
② 卞之琳,叶水夫,袁可嘉,陈燊. 十年来的外国文学翻译和研究工作. 文学评论,1959(5):57.
③ 卞之琳,叶水夫,袁可嘉,陈燊. 十年来的外国文学翻译和研究工作. 文学评论,1959(5):59.

然因为格律是格律诗形式的重要组成部分,但更为重要的原因在于,格律问题迫切关系到中国新诗的发展。前文我们已提到卞之琳对格律诗翻译方法的看法,对卞之琳来说,在翻译西方格律诗的过程中,通过模仿创造出新颖的中诗格律,通过将这一新格律从翻译领域移植至创作领域,在诗歌创作中引发一种根本性的变革,完成旧诗向新诗的转变,或者说促成中国诗歌的现代化,这是"五四"以后的诗歌翻译需要承担的使命。正是这种使命感促使卞之琳成了"可能是继闻一多、徐志摩之后始终坚持倡导格律诗,并进行大量的、卓有成效的实践的最有代表性的诗人之一"①。

对于模仿的条件,卞之琳也多次加以说明,认为同样需要做到两个避免:避免用"自由体"或"半自由体"来译格律诗,避免用中国传统格律诗的格律来译外国格律诗,两种方法虽然大相径庭,但都抹杀了原诗的格律特点,容易造成误解,无助于中国现代诗歌的发展。最好的方法是,"利用我国传统格律基础和外国格律基础可能有的共同处,尽可能使用相当的格律来翻译外国诗歌"②,也就是卞之琳时常提到的"化洋化古"。应该说,确定外国尤其是西方格律诗的格律基础并不困难,以"音步"为格律诗单位就算不是定论,也已是共识。问题在于,在译诗中,"以什么为一行格律单位,以单字(即单音)为单位,还是以顿(或音组)为单位"③。卞之琳通过对中国古典诗歌、民歌以及现代汉语特点的观察与思考,通过多年的诗歌翻译与创作实践,在前人启发下,将"顿"确定为现代诗的节奏单位,指出"以顿为节奏单位既符合我国古典诗歌和民歌的传统,又适应现代口语的特点"④。因此,以"相当的格律来翻译外国诗歌",便是著名的"以顿代步"翻

---

① 陈丙莹. 卞之琳评传. 重庆:重庆出版社,1998:2.
② 卞之琳,叶水夫,袁可嘉,陈燊. 十年来的外国文学翻译和研究工作. 文学评论,1959(5):59.
③ 卞之琳,叶水夫,袁可嘉,陈燊. 十年来的外国文学翻译和研究工作. 文学评论,1959(5):60.
④ 卞之琳,叶水夫,袁可嘉,陈燊. 十年来的外国文学翻译和研究工作. 文学评论,1959(5):61.

译法。卞之琳还进一步思考了"顿"的构成及特点,并得出如下结论:"一首诗以两字顿收尾占统治地位或者占优势地位的,调子就倾向于说话式(相当于旧说'颂调'),说下去;一首诗以三字顿收尾占统治地位或者占优势地位的,调子就倾向于歌唱式(相当于旧说的'吟调'),'溜下去'或者'哼下去'。"①这一结论无论对于格律诗翻译还是新诗创作来说都具有重要的指导意义。

"以顿代步"并非卞之琳的首创,在卞之琳之前,"一般认为在译坛已形成一种由闻一多首倡,经朱湘、孙大雨、何其芳等进一步发展的'采取'以顿代步'的格律'对译西诗(格律诗)的流派"②,但"卞之琳承其余绪,在理论和实践两方面都加以发扬光大,累积成为汉译诗歌的可贵传统,使同时代和后来者得以参考借鉴。与卞之琳同辈的吴兴华,晚辈的屠岸和杨德豫,都借鉴了前人经验,采取'以顿代步'的格律来译诗,表现了一定的成绩"③。

四、编选说明

60多年的翻译生涯,卞之琳为我们留下了一百五十余万言的译文,涉及英、法两大语种,包括诗歌、散文、小说、戏剧多种文学类型。重读他的故译,我们又看到了新文化运动中那个意气风发的诗人,看到了那个得世界文学风气之先、具有开拓性的翻译家,看到了一个不断发现异域文学别样风景的探索者。出于篇幅限制,我们无法将他所有译文收入本书中,而是出于个人对卞之琳的理解和偏好,根据译文之于卞之琳本人的翻译生涯、之于中国文学与翻译发展的重要性,选择了其中深具代表性的部分。

---

① 卞之琳. 哼唱型节奏(吟调)和说话型节奏(诵调)//人与诗:忆旧说新(增订本). 合肥:安徽教育出版社,2007:266.
② 陈丙莹. 卞之琳评传. 重庆:重庆出版社,1998:230.
③ 张曼仪. 卞之琳著译研究. 香港:香港大学中文系,1989:129.

本书依据所选文本类型分为三编,第一编是诗与散文,第二编是小说,第三编是戏剧。

第一编选取了卞之琳所译英国诗 23 首、法国诗 12 首、法国散文诗 4 篇,此外还编选了西班牙作家阿索林的多篇哲理散文。英国诗 23 首出自卞之琳编译的《英国诗选》(商务印书馆 1996 年版)第四辑,为 19 世纪诗作,主要包括中国读者熟悉的华兹华斯(卞译"渥兹渥斯")、拜伦、雪莱、济慈等浪漫主义诗人的作品。我们之所以选择 19 世纪诗歌,是因为诚如卞之琳所言,"受法国革命影响后,英国 19 世纪诗,尤其在浪漫主义鼎盛时期,十分繁荣,也最为中国读者所熟悉"①。法国诗 12 首出自湖南人民出版社 1983 年出版的《英国诗选:莎士比亚至奥顿,附法国诗十二首,波德莱尔至苏佩维埃尔》第六辑;法国散文诗 4 篇出自《西窗集》第一辑。16 首(篇)诗歌(包括散文诗)大多为法国象征主义诗歌。选择这几首诗,一方面是因为,卞之琳对包括象征主义在内的法国现代主义诗歌的发现与译介之于他本人的诗歌创作、之于中国新诗的发展均有重要意义;另一方面也因为 12 首诗歌绝大多数都是格律诗,译文能够直观呈现卞之琳的诗歌翻译艺术与翻译方法。在这一部分中,我们还选择了阿索林的作品,译文最早出自《西窗集》第五辑"阿索林小集"。阿索林的作品从体裁来说很难归类。例如《西窗集》"阿索林小集"编选的《小哲学家自白(九章)》虽为"小说",却与一般的小说很不相同,没有连贯的故事情节,由一个个短小的篇章构成,章节之间尽管有叙述者"我"作为统一原则,但每章又可独立成篇,有各自的标题与主题。从卞之琳撰写的《译阿左林小品之夜》等文章来看,卞之琳最初是将这部小说当作"小品"来翻译的。1981 年《西窗集》"修订版译者引言"强调这个集子"内容都是散文(包括散文诗)"②,汪曾祺也曾指出,

---

① 卞之琳. 英国诗选. 北京:商务印书馆,1996:115.
② 卞之琳. 修订版译者引言//卞之琳译文集·上卷. 合肥:安徽教育出版社,2000:4.

"阿左林的小说称之为散文未尝不可"①。此外,卞之琳选译的《小哲学家自白(九章)》在原作中并非连续的九章,"阿索林是古怪的"在原作中是第三十六章,却被译者提前到第一章的位置②,可见原小说结构的松散。鉴于此,我们将《小哲学家自白(九章)》编入"诗与散文"部分。

第二编编选了卞之琳翻译的小说 6 种,包括短篇小说 3 种、中长篇小说 3 种。短篇小说包括乔伊斯的《爱芙林》、伍尔孚的《在果园里》以及阿克雷芒的《无话的戏剧》,出自《西窗集》第七辑。中长篇小说选取了两位法国作家的作品:普鲁斯特的《追忆似水年华》第一卷《史万家一边》第一段,出自《西窗集》第六辑;纪德的两部小说《新的食粮(节选)》与《窄门》,分别为"西窗小书之五"和"西窗小书之三"。对西方现代派文学的发现与译介、对纪德的翻译与研究是卞之琳对中国翻译与文学界的重要贡献,我们在编选这一部分时主要依据了这个标准。

第三编选择了卞之琳翻译的莎士比亚悲剧《威尼斯摩尔人奥瑟罗悲剧》。卞之琳影响最大的莎剧译作应为《丹麦王子哈姆雷特悲剧》,但因卞译《哈姆雷特》已出过单行本,因此我们编选了《威尼斯摩尔人奥瑟罗悲剧》。卞之琳本人对莎士比亚的这部悲剧有深刻的理解和高度的评价,曾将其与《哈姆雷特》进行比较,认为"《哈姆雷特》剧本是一幅社会的缩影,在莎士比亚的戏剧当中,最为全面,最为丰富;……《奥瑟罗》剧本是一个特写镜头,最为明确,最为强烈。《奥瑟罗》剧本就总的主题的一个方面……作了辉煌的发挥,而由此出发,我们就看到这个剧本和《哈姆雷特》十足是异曲同工:它分担了自己的特殊任务,表现了独具的成就和特色,成了莎士比亚的最完美的悲剧"③。卞之琳的这一说明为我们的选择提供

① 汪曾祺. 作为抒情诗的散文化小说//汪曾祺全集·第三卷. 北京:北京师范大学出版社,1998:77.

② 在 1943 年版《阿左林小集》的"卷头小识"中,卞之琳提到"至于《阿左林之古怪的》及其它几篇则没有查到出处"(详见:阿左林,卞之琳. 阿左林小集. 重庆:国民图书出版社,1943:6),这应是译文顺序变动的原因。

③ 卞之琳. 论《奥瑟罗》//卞之琳集. 北京:中国社会科学出版社,2009:91-92.

了充分的理由。

在编选过程中,我们也注意到语言演变的问题。因为时代差异,译文中部分文字和标点符号用法与现行用法规范不尽一致。对于与今日用法有出入的字词,我们以尽量不改动原文为原则,只对少量字词进行了校订,如对"像"与"象"、"分量"与"份量"、"部分"与"部份"等进行了统一校订,而对"地"与"的、得"、"其他"与"其它"、"做"与"作"、"戴"与"带"、"战栗"与"颤栗"、"气愤"与"气忿"、"荫"与"阴"、"想象"与"想像"、"借"与"藉"、"合"与"阖"、"糊涂"与"胡涂"、"工夫"与"功夫"、"蒸汽"与"蒸气"等的混用,均保留了编选底本中的用法。这种处理方法也体现了时代语言特征。从标点符号的使用来看,与今日习惯差别较大的是分号和顿号的使用,我们只对错误比较明显的标点进行了校订。同时,我们还校订了有拼写错误的外文原文。在译名方面,卞之琳译文中的不少人名、地名、作品名也与今日通译有较大差异,如"渥兹渥斯"今日通译"华兹华斯"、"斯温本"通译"史文朋"、"覃尼孙"通译"丁尼生"、"玛拉美"通译"马拉美"、"吴(伍)尔孚"通译"伍尔夫"或"伍尔芙"、"查理·波德(特)莱(尔)"通译"夏尔·波德莱尔"、《史万家一边》通译《在斯万家那边》、《倘若麦子并不死》通译《如果种子不死》等等,而且不同时期的版本也有不同的修改,使得译名看上去有些"混乱",对此,我们在编选中均保留底本的用法,但在译事年表中尽量给出了说明。

本书的编选依据的是商务印书馆 1996 年版《英国诗选》、湖南人民出版社 1983 年版《英国诗选:莎士比亚至奥顿,附法国诗十二首,波德莱尔至苏佩维埃尔》、安徽教育出版社 2007 年版《西窗集》、安徽教育出版社 2007 年版《窄门》、人民文学出版社 1988 年版《莎士比亚悲剧四种》、安徽教育出版社 2000 年版的三卷本《卞之琳译文集》,特向上述著作的编撰者表示感谢。

曹丹红　许　钧

2020 年 12 月 31 日

第一编

诗与散文

英国诗 23 首

1　我们是七个①

威廉·渥兹渥斯

我碰见一个乡村小姑娘：

　　她说才八岁开外；

浓密的发丝一卷卷从四方

　　包裹着她的小脑袋。

她带了山林野地的风味，

　　衣着也带了土气：

她的眼睛很美，非常美；

---

① 这首诗作于 1798 年，发表于 1806 年，原诗开头本还有一节，第一行不完全，只是半行，一般选家认为多余，大意是说：单纯小孩子，感觉到浑身是生命力，不知道死为何物，也就是说明全诗写大自然中生活的乡间天真小孩子，不知人间有生死界限，发抒渥兹渥斯要求返璞归真的思想感情。全诗语句质朴自然，但是细读也可以看出其中大有不近情理的地方，反而矫揉造作。原诗每节一、三行为抑扬格四音步，二、四行少一音步，如译文中顿或音组的相应安排，韵式与译文一致，每节 abab。（如无特殊说明，代表性译文的注释均为译者原注。译者本人的注释往往会提供原著信息，其余信息也可参见本书最后的"卞之琳译事年表"。对于正文或注释部分有疑问的字词、标点与外文拼写，编者或结合安徽教育出版社 2000 年出版的三卷本《卞之琳译文集》，或根据实际情况进行了修订。——编者注）

她的美叫我欢喜。

"小姑娘，你们一共是几个，
　　你们姊妹弟兄？"
"几个？ 一共是七个，"她说，
　　看着我像有点不懂。

"他们在哪儿？ 请给我讲讲。"
　"我们是七个，"她回答，
"两个老远地跑去了海上，
　　两个在康威住家。

"还有我的小姐姐、小弟弟，
　　两个都躺在坟园，
我就住在坟园的小屋里，
　　跟母亲，离他们不远。"

"你既说两个跑去了海上，
　　两个在康威住家，
可还说是七个！ ——请给我讲讲，
　　好姑娘，这怎么说法。"

"我们一共是七个女和男，"
　　小姑娘马上就回答，
里头有两个躺在坟园，
　　在那棵坟树底下。"

"你跑来跑去，我的小姑娘，

你的手脚都灵活；
既然有两个埋进了坟坑，
　　你们就只剩了五个。"

小姑娘回答说，"他们的坟头
　　看得见一片青青，
十二步就到母亲的门口，
　　他们俩靠得更近。

"我常到那儿去织我的毛袜，
　　给我的手绢缝边；
我常到那儿的地上去坐下，
　　唱歌给他们消遣。

"到太阳落山了，刚近黄昏，
　　要是天气好，黑得晚，
我常把小汤碗带上一份，
　　上那儿吃我的晚饭。

"先走的一个是金妮姐姐，
　　她躺在床上哭叫，
老天爷把她的痛苦了结，
　　她就悄悄地走掉。

"所以她就在坟园里安顿；
　　我们要出去游戏，
草不湿，就绕着她的坟墩——
　　我和约翰小弟弟。

　　"地上盖满了白雪的时候，

　　　　我可以滑溜坡面，

　　约翰小弟弟可又得一走，

　　　　他就躺到了她旁边。"

　　我就说，"既然他们俩升了天，

　　　　你们剩几个了，那么？"

　　小姑娘马上又回答一遍：

　　　　"先生，我们是七个。"①

2　苏珊的冥想②

威廉·渥兹渥斯

　　树林街拐角上挂一只画眉，天一亮，

　　就放声高唱，唱过了三年的时光：

　　可怜的苏珊经过这一个地点，

　　早晨的静悄里听见了那只鸟啼啭。

①　原诗以下还有五行一节，意思重复，实属冗赘。

②　这首诗是 1801 年《抒情谣曲集》(*Lyrical Ballads*)增订版所新收的若干首之一，也常见于一般英国诗选，虽然论者往往在艺术上指摘渥兹渥斯在这种场合用抑抑扬格总不合适，因而有所逊色；译文用不拘轻重音固定安排的音组或顿，当然无法符合这种诗格，但在前三节里用三音组较多也多少显出这种诗格的本色。实际上偶韵体(aa，bb)本较适于写讽刺诗，在这里也不合适。译文中第三节末二行"窝""屋"与第四节末二行"立""失"押韵有点勉强(英文现代诗中却通行比这类押法更不正确的脚韵)。树林街(Wood Street)、洛斯布里(Lothbury)、契普赛德(Cheapside)都是地名，原在伦敦闹市中心。外国人地址译音在中文里应读得快一点，作为我们白话诗的音组，四、五个单音字也可以只作一顿。

这是个迷人的曲调,她为何痛苦?
她看见一座山高耸,隐现着许多树,
洛斯布里有团团白云雾从中间飘过,
契普赛德幽谷里流过一长条小河。

她看见谷地中央有青青的牧场,
她常常提桶下坡去,一边跑一边晃,
一座单独的小房子,像一个鸽子窝,
她在世界上唯一心爱的住屋。

她看得心欢:可是全不见了踪影——
云雾、小河、漫山覆盖的树荫,
小溪不肯流,高山也不肯耸立,
什么色彩都从她眼睛里消失。

3 露 西(五)①

威廉·渥兹渥斯

迷糊封住了我的精神;
    我没有人世的忧惶:
她似乎超然物外,不可能
    感觉到岁月的影响。

---

① 《抒情谣曲集》1801 年出增订版,渥兹渥斯补入此诗,可能写于 1799 年。原文为
抑扬格,每节一、三行为四音步,二、四行为三音步,取 abab 韵式,译文相应保持
原貌。

现在她无力了,也不能动弹;

　　她不再耳闻目睹;

卷在地球的日程里滚转,

　　混同了岩石、树木。

4　割麦女①

威廉 · 渥兹渥斯

看她,在田里独自一个,

那个苏格兰高原的少女!

独自在收割,独自在唱歌;

停住吧,或者悄悄走过去!

她独自割麦,又把它捆好,

唱着一只忧郁的曲调;

听啊! 整个深邃的谷地

都有这一片歌声在洋溢。

从没有夜莺能够唱出

更美的音调来欢迎结队商,

疲倦了,到一个荫凉的去处

就在阿拉伯沙漠的中央:

---

① 本诗发表于 1807 年,渥兹渥斯 1803 年漫游苏格兰的收获,也经常入选一般英国诗选,号称完美,全诗八行一节,共四节,各行用抑扬格四音步,译文相应用四音组,各节第四行原少一音步,译文未能照办,韵式为 ababccdd,一、四两节中一、三两行并不押韵,译文照押。

杜鹃鸟在春天叫得多动人，
也没有这样子荡人心魂，
尽管它惊破了远海的静悄，
响彻了赫伯里底斯群岛。①

她唱的是什么，可有谁说得清？
哀怨的曲调里也许在流传
古老，不幸，悠久的事情，
还有长远以前的征战；
或者她唱的并不特殊，
只是今日的家常事故？
那些天然的丧忧、哀痛，
有过的，以后还会有的种种？

不管她唱的是什么题目，
她的歌好像会没完没了；
我看见她边唱边干活，
弯着腰，挥动她的镰刀——
我一动也不动，听了许久；
后来，当我上山的时候，
我把歌声还记在心上，
虽然早已听不见声响。

---

① 赫伯里底斯群岛（Hebrides）在苏格兰西北的大西洋中。

5 法国兵和西班牙游击队①

威廉·渥兹渥斯

饥饿、闷热、山头上满目荒凉
再加上冷风刺骨、长途的夜行军、
遭遇的沼泽纵横、雪峰高峻——
通过了这些艰苦和危险的屏障，
游动的西班牙队伍终于被赶上，
被一举冲散了，像水花；可是像一群
散开了，得信号又重新集合的鹌鹑，
他们又蜂拥了，又被追逐了一场，
使尽了长期练好的战术配合，
点燃了新希望；又给溜走了他们——
无影无踪，就像埋去了死人：
哪儿了？——他们的利剑在大敌的心窝！
这样子，他们一年年堵得他通不过，
像噩梦重重悬集他孽榻的帐门。

---

① 这首意大利正规十四行诗约作于 1810 年，每行五音步，译文以五顿相应；韵式为 abba、abba、cdd、cdd，译文照原样押韵，只是后边的 d 韵实际上是回复到前边的 b 韵了。

6 "想当年我们俩分手"①

乔治·戈顿·拜伦

想当年我们俩分手，
　　也沉默也流泪，
要分开好几个年头
　　想起来心就碎；
苍白，冰冷，你的脸，
　　更冷是嘴唇；
当时像真是预言
　　今天的悲痛。

早晨的寒露在飘落，
　　冷彻了眉头——
仿佛是预先警告我
　　今天的感受。
你抛了所有的信誓，
　　声名也断送：
听人家讲你的名字，
　　我也就脸红。

人家当我面讲你
　　我听来像丧钟——

---

① 作于 1808 年，初次发表于 1816 年，原诗格式变化较多，基本上是每行有两个重音，也就是包含一个扬抑抑音步。译文每行单数用三顿，双数用两顿，押韵照原式——ababcdcd。

为什么我从前想象你
　值得我这么疼？
谁知道我本来认识你，
　认识得太相熟：——
我今后会长久惋惜你，
　沉痛到说不出！

你我在秘密中见面——
　我如今就默哀：
你怎好忍心来欺骗，
　把什么都忘怀！
多年后万一在陌路
　偶尔再相会，
我跟你该怎样招呼？——
　用沉默，用眼泪。

7　滑铁卢前夜①

乔治·戈顿·拜伦

夜深深，纵饮狂欢，乐不可支，
比利时京城从四处集聚了一厅

---

① 《恰尔德·哈罗尔德》(*Childe Harold*，1816)第三篇第二十一、二十二、二十四、二十五节(第二十三节是一段插曲，这里删了)，常被一般英国诗选挑出来作为独立的一篇，所加的题目大致相同。原诗格律每节都是所谓斯本塞节，共九行，每行五音步，末行多一步，脚韵排列是 ababbcbcc。译文以顿(音组)应音步，长短照原诗，脚韵排列也保持原状。

那么些美貌再加那么些英姿，

华灯把美女英雄照得好鲜明；

千颗心快乐的跳着；然后只一听

荡人心魄的音乐海潮样四涌，

温柔的眼睛跟眼睛就反复传情，

大家都欢欣鼓舞得像结婚打钟；

可是听！听啊！什么声音像丧钟的轰隆！

你们听见吗？——没有；无非是刮风，

或者是车轮在石街上滚得太笨；

继续跳舞吧！让大家乐一个无穷；

青春逢喜悦，睡觉且等到早晨，

飞鞋急步一齐赶焕发的良辰——

可是听！——那种沉重的声音又来闹，

云端像把它的回声又重复一阵；

近了，更近了，越来越可怕，越高！

扛枪！扛枪！这是——这是——人家开大炮！

啊！立刻到处是纷纷乱乱，

涕泪纵横，难过到直抖，直颤动，

脸庞都发白，全不像一小时以前

一听到赞美它们就那样羞红；

到处是突兀的离别，年轻的心胸

压走了生命，呜咽得说不成话，

多分再无从说了；谁又猜得中

是否还能见那些眼睛的应答，

既然是夜这样可爱，早晨就这样可怕！

到处是急匆匆的上马：战马，

集合的骑队，炮车震响个不停，

纷纷都火急飞快地向战地出发，

顷刻间一排排都列成作战的队形；

远处是一阵又一阵深沉的雷鸣；

近处是报警的铜鼓一齐打开了，

不等到启明星就催起所有的士兵；

老百姓挤在一起，都给吓呆了，

或者战兢兢悄悄地说——"敌人来了，来了！"

8　哀希腊①

乔治·戈顿·拜伦

希腊群岛啊，希腊群岛！

　　从前有火热的萨福②唱情歌，

从前长文治武功的花草，

　　涌出过德罗斯，跳出过阿波罗③！

夏天来镀金，还长久灿烂——④

除了太阳，什么都落了山！

---

① 原诗见长诗《堂久安》（*Don Juan*，1818—1823，"Don Juan"一名现在流行的汉写
　 为"堂胡安"，较近西班牙原音，拜伦在此作英语读音）第三章，假设一个希腊人唱
　 的，常被诗选作为独立的一篇，题目沿用我国旧译名。每行四音步，译文中保持
　 每行四顿（音组）；原诗每节脚韵排列是 ababcc，译文也保持这个安排。
② 萨福，古希腊抒情女诗人。
③ 德罗斯是爱琴海中的一个小岛，传说是从海里涌出的，太阳神或文艺神阿波罗就
　 在这个岛上诞生。
④ 下行急转，原文不用"——"号，而在下行首添"但是"。

开俄斯、岱奥斯①两路诗才，

　英雄的竖琴，情人的琵琶，

埋名在近处却扬名四海：

　只有他们的出生地不回答，

让名声远播，在西方响遍，

　远过了你们祖宗的"极乐天"②。

千山万山朝着马拉松③，

　马拉松朝着大海的洪流；

独自在那里默想了一点钟，

　我心想希腊还可以自由；

我既然脚踏着波斯人坟地，

　就不能设想我是个奴隶。

俯瞰萨拉密斯海岛的石崖④，

　曾经有一位国王来坐下；

成千条战船，人山人海，

　排开在下面；——全都属于他！

天刚亮，他还数不清呢——⑤

---

① 开俄斯，爱琴海中的一个大岛，传说是荷马的诞生地；岱奥斯，小亚细亚海岸上的
　希腊城市，传说是抒情诗人阿纳开雍的诞生地。

② 照字面译是"极乐岛"，但"极乐天"意更相近。古希腊人相信灵魂所去的极乐世界
　远在西方。

③ 马拉松——离雅典不远的古战场。西历纪元前490年，希腊人在这里大败入侵的
　波斯大军。

④ "萨拉密斯"是译音，应照原文作三音节读，这里成一顿。萨拉密斯海岛离雅典不
　远，入侵的波斯舰队与希腊海军在附近进行决战，结果大败。波斯王赛尔克塞斯
　当时曾在岸边石崖上亲自观战。

⑤ 原文用"——"号，下行急转。

太阳刚落山,他们的踪影呢?

他们呢? 你呢,祖国的灵魂!
　如今啊,在你无声的国土上,
英雄的歌曲唱不出调门——①
　英雄的胸脯停止了跳荡!
难道你一向非凡的诗琴
非落到我这种手里不行?

在戴了枷锁的民族里坚持,
　博不到名声,也大有意义,
只要能感到志士的羞耻,
　歌唱中,烧红了我的脸皮;
为什么诗人留这里受罪?
为国民害羞,为国民流泪②。

难道我们该只哭悼往日?
　只脸红吗? ——我们的祖先是流血。
大地啊! 请把斯巴达勇士③
　从你的怀抱里送回来一些!
勇士三百里我们只要仁④,

---

① 原文用"——"号,下行解释为什么如此。
② 此句在《译文》杂志 1954 年第 6 期以及在湖南人民出版社 1983 年版中的译文均
　为"为希腊人害羞,为希腊流泪",译者在"为希腊人"后添加脚注如下:"'为希腊
　人'读为一顿。"——编者注
③ 波斯王赛尔克赛斯入侵大军,进至火门山峡的时候,斯巴达王率 300 勇士死守峡
　口,抵住了敌人,终因奸人引导波斯军间道包抄,全部壮烈牺牲。
④ 仁代"三个",在北京话里读如"撒",与"峡"叶。("叶"疑为印刷错误。从《译文》杂
　志 1954 年第 6 期发表的卞译《哀希腊》看,"叶"应为"韵"。——编者注)

来把守一次新火门山峡!

什么,还是不响? 都不响?

　　啊! 不;死人的声音

听来像遥远的瀑布一样,

　　回答说,"只要有一个活魂灵

起来,我们就来,就来!"

只是活人却闷声发呆。

白费,白费:把调门换一换;

　　倒满一大杯萨摩斯①美酒!

战争让土耳其蛮子去管②,

　　热血让开俄斯③葡萄去流!

听啊! 一听到下流的号召,

每一个勇敢的醉鬼都叫好!

你们仍然有庇里克舞蹈;

　　只是不见了庇里克骑阵④?

这样两课中,为什么忘掉

　　高贵而威武堂堂的一门?

你们有卡德谟斯⑤带来的字母——

---

① 萨摩斯是爱琴海中的一个主要岛屿,在僭主普利开提斯统治时代,武力与文化都
　盛极一时,盛产葡萄酒。
② 拜伦作此诗时,希腊正在土耳其奴役下。
③ 开俄斯也以产酒出名。
④ 庇里克舞蹈是一种摹拟战斗的舞蹈。古希腊骑阵出名,马其顿骑阵尤为突出,武
　功煊赫的庇鲁斯曾两度在马其顿称王,"庇里克"这个形容词来源应是庇鲁斯。
⑤ "卡德谟斯"译音照原文读成一个两音节顿。传说卡德谟斯把字母从腓尼基介绍
　到希腊。

难道他想教奴隶来读书？

倒满一大碗萨摩斯美酒！
　　我们想这些事、毫无意思！
阿纳开雍是酒助仙喉；
　　他侍候——可侍候普利开提斯①——
一个暴君；我们的主人
那时候却至少是本国出身。

蔻尔索尼斯的那位暴君
　　对自由是最为勇敢的好朋友，
密尔介提斯是他的大名②！
　　噢！但愿今天我们有
同样的暴君，同样的强豪！
他那种铁链一定扎得牢③。

倒满一大杯萨摩斯美酒！
　　苏里的山石上，巴加的海岸上④，
还活着一支种族的遗留，
　　倒还像斯巴达母亲的儿郎；
那里也许是播下了种子，

---

① 阿纳开雍的诗都是歌唱醇酒妇人，他到萨摩斯居住，备受当时的统治者普利开提斯优待。
② 蔻尔索尼斯即现在达达尼尔峡加里波利半岛。密尔介提斯曾经在那里统治过。他后来回到雅典，波斯大军压境的时候，他为雅典十将之一，坚持一战，终在马拉松率队大败波斯军。
③ 意思说他倒至少有魄力驱使大家团结御侮。
④ 苏里是希腊与阿尔巴尼亚间的险要山区，巴加是那里的海港。那里住的这族人民在拜伦后来参加的反土耳其斗争中起重大作用。

海勾勒血统①会认作后嗣。

争自由别信任西方各国——
　　他们的国王讲买进卖出；
希望有勇气，只能靠托
　　本国的刀枪，本国的队伍：
土耳其武力，拉丁族腐败，
可别叫折断了你们的盾牌。

倒满一大碗萨摩斯美酒！
　　树荫里跳舞着我们的女娃，
一对对闪耀着墨黑的明眸；
　　看个个少女都容光焕发，
想起来热泪就烫我的眼皮：
这样的乳房都得喂奴隶！

让我登苏纽姆②大理石悬崖，
　　那里就只有海浪与我，
听得见我们展开了对白；
　　让我去歌唱而死亡，像天鹅：
奴隶国不能是我的家乡——
摔掉那一杯萨摩斯佳酿！

————————

①　海勾勒是希腊传说中最著名的英雄，海勾勒血统指斯巴达种族。
②　苏纽姆是雅典半岛极南角的海岬。

9　天上的公务①

乔治·戈顿·拜伦

看门的圣彼得闲坐在天堂的门口：

　　他的钥匙生锈了，铁锁怪沉闷，

晚近简直是一点麻烦也没有；

　　也并非这地方太满了，容不下新人，

只因为"八八年"高卢纪元以后②，

　　魔鬼们忽然有劲了，扭得太狠，

直到在海上，像人家所说的，"全盘

扭转"了——大多数灵魂拉去了那一边③。

天使们全都唱得荒了腔，走了调，

　　无事可作，尽唱得喉咙发沙，

只有把太阳和月亮上上发条④

　　一两颗青年星要私奔就加以制压，

一匹彗星小野马老早想瞎跑，

　　脱出了苍穹的禁区，就趁机拉一把，

不让它用淘气的尾巴劈行星，

---

① 长诗《审判的幻景》(*The Vision of Judgement*，1822)第一至第五节，当时桂冠诗人骚瑟写诗歌颂英王乔治三世，拜伦套用了他的题目，写了这首讽刺诗，译者加题，原诗格式每节八行，每行五音步，译文每行五顿(音组)，脚韵排列保持原样——abababcc。

② 指法国大革命以后。高卢是法国古称。

③ 这里指特拉法加海战中英国击败了拿破仑，扭转了局势。"那一边"指与天堂相反的地狱。

④ 这里把太阳和月亮当作时钟。

像一条野鲸鱼有时候撞裂船艇。

多少保佑神都已经退休到天宫，
　　怨他们照管的地上人再不识抬举；
地上的事情叫天上完全落了空，
　　只是积压了记录天使的黑抽屉；
他发觉事件实在是层出不穷，
　　邪恶，灾祸，猛进到这步田地，
尽管他把两个翅膀拔光了毛管①，
还无法及时清理好人间的罪愆。

他的事务近年来增加得可怕，
　　不胜繁剧了，不管他高兴不高兴，
只得转念头另外想一想办法，
　　（像那些知识神还得下界去当接引，）
只得请求天上的同僚来帮助他，
　　别等他精疲力竭了再也来不赢，
多少事要他加批再难于应付：
六天使十二圣徒就帮他当文书。

这是不小的机关了——至少在天上看；
　　可是尽管这样了他们也够忙，
多少个霸主的战车日赶夜赶，
　　多少个王国重新又搭架装框；
每一天总有人给杀上六千七千，

_____

① 西方过去拿鹅毛管当笔。天使都长翅膀。这里说记录天使急得把自己翅膀上的
毛管拔下来写字。

直到登峰的大杀戮,滑铁卢一仗,

他们扔下笔,一肚子神圣的厌恶——

案卷上这样子涂满了鲜血和尘土!

10　西风颂①

佩西·白舍·雪莱

一

狂放的西风啊,你是秋天的浩气

你并不露面,把死叶横扫个满天空,

像鬼魂在法师面前纷纷逃避,

焦黄,黝黑,苍白,发烧样绯红,

遭瘟染疫的一大群:你把飞荚

车载到它们幽暗的床笫去过冬,

让它们在那里低低冷冷的躺下,

每一片都像尸首在坟里发僵,

等你的春风青姊妹出来吹喇叭

---

① 雪莱自注:"构思和基本写成这首诗,是在佛罗伦萨附近阿诺河沿岸的一个树林里,当日气温和煦,清新,而这场暴风正集聚水气,倾泻下秋雨。如我所预料,在日落时分,狂风大作,雨雹如注,伴随了西萨尔滨地区特有的那种壮观的雷电。"时为1819年,发表于1820年。原诗格律每大节为十四行,易令人误认为变体十四行诗,其实每大节都是道地的三行联环体(terza rima,但丁《神曲》全部即用此体),韵式是 aba, bcb, cdc, ded, ee,译文照押;原诗每行抑扬格五音步,译文用五顿或五音组,不拘轻重、平仄,例如"狂放的/西风啊,/你是/秋天的/浩气"。

唤醒沉沉的大地,成片成行,

把花蕾赶出来像放羊去吃草尝新,

叫漫山遍野弥漫了活色生香:

你刮遍了四处八方,豪放的精灵,

摧毁者又是保存者;听啊,你听!

二

你啊,顺你的激流,趁高空骚动,

松开了云朵,像地上残叶飞飘,

朵朵摇脱了天海交结的枝丛,

那些雨电的神使;四下里披罩了①

你的这一片气浪的蔚蓝色表面,

就像凶狠的麦纳德竖起了千百条②

闪亮的怒发,一直从朦胧的天边

横斜的直撒上天心而并不掉落——

暴雨欲来的鬃丝! 你给残年

唱出了挽歌,你也叫夜色四合

给它寥廓浩茫的陵墓构成圆顶,

凭借了你的全部集聚的气魄,

---

① 译文中这里到行尾因为语气停不住,加了一个虚字"了"(le),并不押韵,是"罩"和"飘""条"押韵,加"了"成为西诗所谓"阴韵",与阳韵互押,是不得已出格。

② 麦纳德(Maenad),酒神狄奥尼修斯(Dionysus)的女崇拜者,意为"疯女人",爱狂跳乱舞,披头散发,顶上伸出藤条或长蛇。

从凝固结实的气流里就会飞迸
黑雨同火花同冰雹：你啊，你听！

<h2 style="text-align:center">三</h2>

你啊，你把地中海——蔚蓝的一片——
从它的夏梦里搅醒，不叫它再舒躺，
再受晶澈的环流卷卷的催眠，

再在拜伊湾里的熔岩小岛旁①
梦见古代的楼台在岸上环抱，
在烈日临照的轻波微澜里荡漾，

一座座长满了青绿的藓苔和花草，
幽香醉人，无从把它们描画！
大西洋万顷的平波也给你开道，

裂成无数的深沟，而深深在底下
无数的苔花、藻林，黑压压盖顶
都是绵软的繁叶，一点也不差

认出了你的声音，就胆颤心惊，
就哆嗦，就自相纠缠：你啊，你听！②

———————

① 拜伊（Baiae）在拿玻里（那不勒斯）湾西端，古罗马人的海滨胜地，为维苏威火山爆发所毁，熔岩积成小岛。

② 雪莱自注："第三〔大〕节结尾提到的现象在博物学者是熟悉的。海底、河底、湖底的植物与陆上的季候变换相呼应，因此也受宣告变天的阵风所影响。"

四

如果我是片枯叶能让你飘卷，
如果我是朵流云能随你飞奔，
是个海浪能在你雄威下急喘

而分受你这般大力的冲动，就只恨
还不及你自由了，不羁的你啊！只要
我还是在童年，还像当时能胜任

充当你海阔天空去遨游的同道，
还能像当时要赛过你行空的速度
不只是痴想，我也就不哀求苦祷，

像这样对你作出迫切的申诉。
啊，吹起我像树叶，像云，像海浪！
我倒在人生的荆棘上！我遍体血污！

时间的重负镇住了本来是太像
你自己一样的：飞快，高傲，奔放。

五

请拿我做你的瑶琴，就像你拿森林：
纵然我也要木叶尽脱也成！
萧萧骚骚的你这种雄伟的和音

会从两方面拨出深湛的秋声，
凄凉而甘美。激越的精灵，你就做

我的精神！你做我，肃杀的莽神！

驱赶我枯朽的思想散遍六合，
就像枯叶去催促另一番新生；
拿我这些韵语当咒文去传播

像从还没有全灭的炉子里乱纷纷
撒播出热灰跟火星，撒播遍人间！
就让预言的喇叭从我的嘴唇

吹醒它昏沉的大地！风啊，你看，
冬天要来了，春天难道会太远？

11　英国人民歌[①]

佩西·白舍·雪莱

英国的人民，为什么犁地
报答老爷们踩你们成泥？
为什辛勤劳苦去织布，
让那些恶霸穿华丽衣服？

为什么你们从摇篮到坟冢

---

① 本诗作于 1819 年，发表于雪莱夫人编《诗集》1839 年初版本，原题为"英国人歌"（Song to the Men of England），因另有残稿题为"致英国人民"（To the People of England），原系音律关系改成"人"，译文恢复"人民"，意较确切，音律无碍。原诗每节为扬抑格四音步、四行，译文为每行四顿，韵式则同样为 aabb。

尽供给和保养那许多雄蜂？
他们不感激，还非常坚决，
要喝干你们的汗——再加血；

英国的蜜蜂，为什么打造
那许多武器，铁链和镣铐
叫这些无螫的雄蜂来掠夺
你们辛劳生产的成果？

你们尝过安闲的滋味，
有丰衣足食、爱情的温慰？
你们买什么，用这种高价，
付出了痛苦，付出了惧怕？

你们播种子，别人来收获；
你们找财富，别人来收罗；
你们织衣裳，别人来穿用；
你们造兵器，别人来搬弄。

播种子，可别让恶霸来收获了；
找财富，可别让骗子来收罗了，
织衣裳，不要让懒虫来穿用吧；
造兵器，为你们自卫来搬弄吧。

缩进你们的地窖、小房，
别人住你们装点的厅堂。
干吗挣你们打造的铁链？
你们炼的钢向你们瞪眼！

用犁头、锄头、铁锹和布机，
你们给自己构筑坟地，
你们给自己织造裹尸布，
等大好英国做你们的陵墓。

12　给——①

佩西·白舍·雪莱

音乐，柔和的声音一断，
会在记忆里继续震颤；
芳香，不怕紫罗兰病倒，
还会在激起的快感里活跃。

玫瑰瓣，虽然花已经凋谢，
还能把恋人的床铺堆砌；
你一旦走了，对你的思念
爱情会用来在上头睡眠。

---

① 本诗为 1820 年作，最初发表于雪莱夫人 1824 年编印的《遗作诗集》（*Posthumous Poems*）。每节四行，每行为扬抑格四音步。译文每行四顿，aabb 一节的韵式，译文一律照用。

13　希腊古瓮曲[①]

约翰·济慈

你是"平静"的还未曾失身的新娘，

　　你是"沉默"和"悠久"抱养的女孩，

林野的史家，你赛过我们的词章，

　　讲一篇花哨的故事这样有风采；

枝叶缘边的传说缠绕你一身，

　　是讲的藤坡谷或者阿伽地山坳[②]

　　　一些神，还是人，还是神同人在一起？

这些是什么人，什么神？什么样小女人

　　不愿意？怎么样猛追？怎么样脱逃？

　　　什么笛，什么铙钹？什么样狂喜？

听见的乐调固然美，无从听见的

　　却更美；柔和的笛管，继续吹下去，

不对官能而更动人爱怜的

　　对灵魂吹你们有调无声的仙曲：

美少年，你在树底下，你不能抛开

　　你的歌唱，这些树也永不会光秃；

　　　勇敢的钟情汉，你永远亲不了嘴，

虽然离目标不远了——也不用悲哀；

---

① 　原诗作于 1819 年 5 月，1920 年发表。格律是抑扬格五音步一行，译文以五顿代
　　替，五行为一节；脚韵排列较复杂，五节中有两节完全一样，ababcdecde，另两节后
　　六行为 cdedce，有一节后六行为 cdeced，译文一律押 ababcdecde。
② 　藤坡(Tempe)和阿伽地，在希腊，是牧歌风光的传统象征。

她消失不了,虽然你得不到艳福,
　　你永远会爱,她也会永远娇美。

啊,幸福的幸福的枝条! 永不会
　　掉叶,也永远都不会告别春天;
幸福的乐师,永远也不会觉得累,
　　永远吹奏着曲调,又永远新鲜;
更加幸福的,更加幸福的爱情!
　　永远的热烈,永远都可以享受
　　　　永远的喘气,永远的年富力强;
远远的超出了人欲的纠缠不清,
　　并不叫一颗心充满了餍足和忧愁,
　　　　并不叫额上发烧,舌头上焦黄。

这些前来祭祀的都是些什么人?
　　神秘的祭师啊,上什么青青的祭坛
牵去的这条牛,让它对天空哀呻,
　　给她丝光的腰身都套了花环?
哪一座小城市,靠海的,或者靠的河,
　　或者靠了山筑起的太平的城堡,
　　　　出空了这群人,虔诚赶清早去进香?
小城市,你的街道会永远沉默;
　　也不再有一位生灵能回来讲明了
　　　　你何以从此转成了这般荒凉。

希腊的形状,希腊的姿态! 满处
　　雕饰了大理白石的男男女女,
树枝在摇曳,青草在脚底下起伏;

静默的形体，引我们越出了尘虑，

像"永恒"引我们一样：冰冷的牧歌！

等老年断送了我们一代的来日，

　　你还会存在，看人家受到另一些

苦恼的时候，作为朋友来申说

　　"美即是真，真即是美"，——这就是

　　你们在地上所知和须知的一切。①

14　"高高的庄园里许多鸟"②

阿尔弗雷德·覃尼孙

高高的庄园里许多鸟，

看天色已经是薄暮，

茆德，茆德，茆德，

它们就叫喊，就招呼。

茆德呢？在我们的树林里；

不是我还有谁陪着她？

她采着林场的野百合，

千百朵一块儿开花。

---

① 有的版本不仅把"美即是真，真即是美"加引号，而把这最后两行全括入引号，作为希腊瓮所说，也通。

② 长诗《茆德》（*Maud*，1855）第一部第十二章。原诗各行以扬抑格和扬抑抑格二三音步居主导地位，译文一律以三顿或三音组建行，偶有出格处，原诗韵式为二、四行押韵。

我们的树林里许多鸟，
歌唱得山谷都传响，
茆德在这里，在这里，
在这里百合花中央。

我吻她纤纤的素手，
她完全处之泰然；
茆德还不过十七岁，
她可是又高又庄严。

我得了她的欢心，
我敢得意，我敢夸！
茆德拿得稳上天堂，
只要低微保住她！

我认识她抱了鲜花束
走回家去的路线，
因为她脚踩过草地，
叫雏菊变成了红点点。

高高的庄园里许多鸟
唤她直唤得发昏，
茆德在哪里，茆德？
有人来向她求婚。

看啊，一匹马在门口，

小查理猖猖的要发狠①！

老爷，穿草野回转吧，

你不是她的意中人。

15　夜里的相会②

罗伯特·白朗宁

灰色的大海，黑色的陆地；

黄黄的半轮月又低又大；

小波浪惊失了它们的睡眠，

跳成了一道道火炽的发鬈，

船头推进了滑溜的泥沙，

息灭了速度，我到了小湾里。

一英里沙滩上暖和的海香；

三块田穿过了，农场才出现，

窗子上敲一下，急促的刮擦，

擦亮的火柴开一朵蓝花，

一个人低语，又害怕又喜欢，

反不及两颗心对跳得这么响！

---

①　小查理是狗名。

②　原诗最初发表于 1845 年出版的《戏剧浪漫史》（*Dramatic Romances*）集，与"早上的分别"合为"夜与晨"一首，作为两部分，1849 年白朗宁出版《诗汇集》，被分成两首，用今名，1863 年归入"戏剧抒情诗"（Dramatic Lyrics）组。原诗写作时间不详，据说白朗宁夫人直到 1845 年 10 月 27 日才从校样中读到，备加赞美说"……'夜与晨'多美呀……"。原诗音律基本上用抑抑扬格四音步为一行，不太整齐，译文一律用四音组或顿；韵式是 abccba，译文照用。

16　早上的分别①

罗伯特·白朗宁

绕过岬，大海突然来迎接，

太阳从山顶上透出来注目：

他面前是一条笔直的黄金路，

我面前是需要男人的世界。

17　多弗海滨②

麦修·阿诺尔德

今夜海上是风平浪静，

潮水正满，月色皎皎

临照着海峡；——法国海岸上，光明

一现而不见了；英国的悬崖，

---

① 原与"夜里的相会"合为一首，见前诗注。照一般情理看，"夜里的相会"是一个男人说的，"早上的分别"则应为一个女人说的，因此本诗第三行前的"他"（原为行尾的"him"）应为被送走的男人，第四行中的"我"孤单了，所以面临"对男人世界的需要"（need of a world of men）。但是据说白朗宁自己在 1889 年 2 月 22 日回答人家关于这首诗的解释，却表明两首（两部分）诗是一个男人说的："这是他的自白，供认（第一部分中包含的）这种认欢悦为自给自足可以持久的信念是多么转瞬即逝，不像当时所显得的那样。"所以这里的"他"就只能指第二行的"太阳"，这个男人是需要回到"男人的世界"。原诗用抑抑扬格四音步建行，略有出入，押 abba 韵；译文每行四顿，照原样押韵。

② 原诗发表于 1867 年，是一首当时少有的自由体诗，脚韵穿插得十分复杂，译文也照原样押韵。

闪亮而开阔,挺立在宁谧的海湾里。
到窗口来吧,夜里的空气多好!
只是,从海水同月光所漂白的陆地
两相衔结的地方,浪花铺成长长的一排,
听啊! 你听得见聒耳的咆哮,
是水浪把石子卷回去,回头
又抛出,抛到高高的岸上来,
来了,停了,然后又来一阵,
徐缓的旋律抖抖擞擞,
带来了永恒的哀音。

索福克勒斯在很久以前
在爱琴海上听见它给他的心里
带来了人类的悲惨
浊浪滚滚的起伏景象;我们也听得出①
一种思潮活动在这一片声音里,
在这里遥远的北海边听见它起伏。

信仰的海洋
从前也曾经饱满,把大地环抱,
像一条光亮的腰带连结成一气。
可是现在我只听见
它的忧郁,冗长,退缩的咆哮,
退进夜风的喧响,
退下世界的浩瀚,荒凉的边沿
和光光秃秃的砂砾。

---

① 索福克勒斯《安提戈尼》中有类似思想。

啊,爱,让我们互相

忠实吧！因为世界叫我们分明

看来像摆在眼前的一个梦境,

这么美,这么新,这么个多式多样,

实际上并没有光明,爱,幸福,

也没有稳定、和平、给痛苦的温慰;

我们在这里,像在原野上受黑暗包围,

受斗争和逃遁惊扰得没有一片净土,

处处是无知的军队在夜里冲突。

18 荒 春①

但特 · 盖布里哀尔 · 罗瑟提

流年转换的车轮又转了回来:

像一个女孩子让大风把她推着走,

风一扑,就忽而向前,忽而向后

俯仰着,满脸红光,眼笑眉开——

春天朝我欢笑着跑来了,无奈

我无从报之以微笑,冬天还依旧

捆住的枯枝尽把我纠缠不休,

害得我如今对春天不再关怀。

看吧,番红花是一片摧枯的火焰;

---

① 这是罗瑟提写于 1847 年至 1880 年,出版于 1870 年和 1881 年的《人生之屋》(*The House of Life*)十四行体诗组中的一首,每行抑扬格五音步,相当于译文的五音组或五顿,脚韵照意大利体,像译文所照用的 abba, abba, cdd, ccd。

白雪花就是白雪;苹果花仅仅
　结出苹果来让恶蛇设下了陷阱。
不,从这些春花,掉转你的脸,
不要看,直等到最后的百合茎上面
　白瓣的花盅萎缩了,环绕着金心。

19　歌[①]

克丽思绨娜·罗瑟提

噢,是什么从海上来,
　过了沙洲过浅滩;
是什么回到我身边来,
　航得快,航得慢?

一阵狂风从海上来,
　又呼又叫又悲叹;
没什么回到我身边来,
　航得快,航得慢。

命数是早有人安排,
　随我去罢不用管:
我不管是陆地还是海,
　航得快,航得慢。

---

① 见《王子历程及其它》诗集(1864),原诗是每行扬抑格四音步,译文改为一、三行三顿(音组),二、四行两顿(音组),原诗韵式每节都为 abab,译文照押。

20　初　步①

阿尔及南·查理·斯温本

走出一点点,多可爱,多温柔,
　　赛过了五月的花原,
婴孩的脚步简直还没有
　　走出一点点。

　　眼睛里饱含了破晓天,
抬起来看看母亲的眼眸,
　　歌唱都道不尽喜欢。

快乐得像春天笑看着招手——
　　第一片小叶子开始玩,
"爱"笑着、引着小脚步向前头
　　走出一点点。

---

①　见《回旋体诗集》(*Acentury of Rondels*,1882,题献克丽思绨娜·罗瑟提)。"回旋体诗"通常为 13 行,以两韵贯串全诗,以首行开头数字,用在两处,作为迭句。本诗是变体,共 11 行,首行数字,重迭三次,俱如译文,音步数与译文顿(音组)数亦相当。

21 倦行人 ①

托麦斯·哈代

我的面前是平原，
　平原上是路。
看，多辽阔的田野，
　多辽远的路！

经过了一个山头，
　又一个，路
爬前去。也许再没有
　山头来拦路？

经过了第二个，啊！
　又一个，路
还得要向前方爬——
　细的白的路！

再爬青天该不准许；
　拦不住！路
又从山背转下去。
　永远是路！

----

① 见 1925 年出版的《人生诸相集》(Human Shows)，原诗每节一、三行为三音步，二、四行为两音步，二、四行行尾都是"路"(the road)，译文相应保持原貌，二、四行收尾也一律用"路"字。

22　春与秋①

吉拉德·曼雷·霍普金思

玛格蕾,你可是在悲悼

金树林把叶子都脱掉?

你思路清新,是不是

关心树叶,当人事?

啊! 心一天老一天,

看这种光景就渐渐

冷漠了,也不会嘀咕,

任他世界枯,叶模糊,

你却要哭,要知道缘故。

孩子,名字是随便讲,

哀愁的根源总一样。

尽管心听到,灵猜到,

嘴没有能表明多少;

这是人天生受的罪,

你悲悼是悲悼玛格蕾。

---

① 原诗作于 1880 年,最初发表于 1893 年。它的音律是霍普金思首创,后来对英美
现代诗发生了很大影响的所谓"突跃式节奏"(Sprung Rhythm)的一个例子,这里
是每行照意思的着重点,以三个重音作为三拍,译文不可能用这种音律,只是一
律每行用三音组或顿(第九行出格,开头多一个"你"成一顿)。霍普金思在这首
诗里用字上也刻意求新,意思却也平平。

23 "仙子们停止了跳舞了"①

阿尔弗雷德·爱德华·霍思曼

仙子们停止了跳舞了，
　　离开了印花的草原，
印度的那一边吐露了
　　黎明的那一片银帆。

蜡烛火烧到了烛台儿，
　　窗帘缝放进了阳光，
年轻人摸一摸口袋儿，
　　直嘀咕拿什么付账。

［据《英国诗选》，卞之琳编译，商务印书馆，1996 年出版］

---

① 原诗每行抑扬格三音步，译文相应用三顿或三音组，原韵式是每节 abab，a 都是阴韵，译文也照样，"舞了"协"露了"，"台儿"协"袋儿"。原诗虽见于 1922 年出版的《最后的诗》(*Last Poems*)，写作年代可能与 1896 年出版的《歇洛浦郡少年》(*A Shropshire Lad*)集所收各诗相距不远。

法国诗 12 首

1 音 乐①

查理·波德莱尔

音乐有时候漂我去,像一片大洋!
　　向我苍白的星儿,
冒一天云雾或者对无极的穹苍,
　　我扬帆起了程儿;

直挺起胸膛,像两幅帐篷在扩张,
　　膨胀起一双肺儿,
我在夜色里爬着一重重波浪,
　　一重重波浪的背儿;

惊涛骇浪中一叶扁舟的苦痛

---

① 见作者《恶之花》(1857)"忧郁与想往"辑。原诗为变体十四行诗,单数行有十二音
节,双数行有六音节(加无声 e),音式为 abab,cbcb,ded,eff,照法国诗传统单双数
行交叉押阳韵和阴韵(即带无声 e)。译文以五顿配单数行,以三顿或三音组配双
数行,前八行韵式略有改变,成 abab,acac,也试配阴韵(即"儿"化字或补"着"字
的轻音收尾)。

全涌来把我搅着，

无边的洪流上，好风和骚动的暴风

又把我抚着，摇着。

有时候，万顷的平波，像个大明镜

照着我绝望的魂灵！

2　喷　泉①

查理·波德莱尔

你这双美目疲倦了，怪可怜！

不要张开吧，多宁神休息，

尽这样躺躺吧，这样慵懒，

你本就这样获得了惊喜。

庭心的喷泉专喜欢饶舌，

整天又整夜，不肯停一停，

它今晚轻轻来施布狂热，

把我的爱情在其中沉浸。

水柱一分散，

---

① 见《恶之花》"补遗"辑，最初发表于《小杂志》(La Petite Revue，1865 年 7 月 8 日)。原诗三节正文，两节迭词，正文每行八音节，行中大顿以在第四音节后为主，迭词一、三、五行为五音节，二、四、六行为四音节，正文韵式都为 abab，cdcd，迭词为 ababab，都以单数行用阴韵，双数行用阳韵，互相交叉。译文以四顿配正文，以两顿配迭词单数行，以一顿配双数行，不算音节（单字）数，脚韵照原式，但不分阴阳韵。

万花开，
让月华渲染
好色彩，
水珠像泪点
洒下来。

你的灵魂也如此，只一经
欢狂的闪电强烈的点燃，
它便又快又猛的一纵身，
想投到令人神往的长天，
于是力竭了，它无可奈何，
变无数惆怅的细流往下注，
沿着不露痕迹的斜坡
直灌到我的心坎的深处。

水柱一分散，
万花开，
让月华渲染
好色彩，
水珠像泪点
洒下来。

你啊，夜使你出落得这样美，
多么温馨是：俯就到你胸前
赏心谛听不远的水池内
萦回着一缕永恒的幽怨！
良夜、淡月、涓涓的水流、
四周的不时微颤的疏林，

你们这一片纯洁的清愁

都无非是我的爱情的明镜。

水柱一分散，

万花开，

让月华渲染

好色彩，

水珠像泪点

洒下来。

3 海 风①

斯台凡·玛拉美

肉体真可悲，唉！万卷书也读累。

逃！只有逃！我懂得海鸟的陶醉：

没入不相识的烟波又飞上天！②

不行，什么都唤不回，任凭古园

映在眼中也休想唤回这颗心，

叫它莫下海去沉湎，任凭孤灯，

夜啊！映照着白色掩护的空纸，

---

① 见《诗集》(1887) 及其后各集，最初发表于 1866 年 5 月 12 日《当代巴纳斯》杂志，据考订为 1865 年所作。原诗格律是传统的亚历山大体，每行十二音节，有行中大顿，押偶韵，阴阳韵交叉，译文每行以五顿相配，自然也有不固定的行中大顿，押韵照原样，但未用阴韵。

② 这行在译文中较突兀，虽然一样是五顿，但每顿一音节（一字）到四音节（四字，包括收尾虚字），应如此划分顿："没入/不相识的/烟波/又/飞上天"。

任凭年轻的女人抚抱着孩子。①
我要去！轮船啊，调整好你的桅樯，
拉起锚来，开去找异国风光。

一个厌倦，经希望多少次打击，
还依恋几方手绢最后的告别！
可也说不定，招引暴风的桅杆，
哪一天同样会倒向不测的狂澜，
不见帆篷，也不见葱茏的小岛……
可是心，听吧，水手们唱得多好！

4　收旧衣女人②

斯台凡·玛拉美

你用一双尖锐的目光，
穿透外表，直看到内蕴，

---

① 照原文字面严格说，"抚抱着孩子"是"奶孩子"（"给婴儿喂着奶"）。

② 见作者诗辑《下里巴人歌》（*Chansons Bas*，1889）。玛拉美当时应画家作画配诗，编集刊《巴黎人物》（*Les Types de Paris*）出版的需要，提供了一组短诗叫"街头人物"（Types de la Rue），后收入《诗集》（*Poésies*，1898）改了诗辑名。诗人各方面受波德莱尔影响明显，这辑诗也有点像《恶之花》里的"巴黎风光"辑，写街头小人物。本诗似可理解为：说话人（歌者，诗人）自己穿了破旧衣服，受到收破烂女人注目（注意"尖锐"［vif］一词的分量），由此切身感到下层小人物的穷苦，若有所得，撇下自己外表穿着的考虑，一身轻，昂首走去，"像一个天神"。原诗调子轻松，意义深刻，饶有遗味。译文最后一行，字面原意就如此，但借用《红楼梦》中"赤条条一身来去无牵挂"一句的几个字眼，可能会引起佛家思想的联想，与此处不相干，或无大碍。原诗四行，每行七音节，行中大顿不固定，韵式为 abab，译文以每行四顿相配，押韵照原样，但加了行内韵——"双""表""光（了）""条"。

也就剥光了我的衣裳；

我来去赤条条，像一个天神。

5　三年以后①

保尔·魏尔伦

小门推开了，在那儿震颤，

我又到小园里独自徘徊，

清晨的阳光满地泼晒，

朵朵花含一颗湿津津的星点。

什么都没有改变。你看：

葡萄架和几张藤椅还在，

白杨仍在诉无尽的悲哀，

喷泉仍在吐银白的呢喃。

和从前一样，玫瑰在悸动，

骄傲的大百合摇曳迎风，

来去的灵雀像都认识我。

站在列树巷尽头的地方，

---

① 见《土星人诗集》(1866)"忧伤"辑。原诗为十四行体，每行十二音节，行中大顿大体在四、六、八音节后，译文每行较缩短，为四顿，行中大顿不固定，原诗脚韵安排为 abba，abba，ccd，ede，阴阳韵交叉，译文照原样，但未用阴韵。

维蕾达也依旧,一身剥落,①
亭亭的,披拥了木樨草余香。

6　感伤的对话②

保尔·魏尔伦

古老的公园里,冰冻而冷清,
刚刚走过了两个人影。

眼睛发死而嘴唇松垮,
谁也听不清他们的谈话。

古老的公园里,冰冻而冷清,
两个鬼影提起了旧情。

"可记得我们从前的欢狂?"
"为什么要我还记住既往?"

"一听见我名字还心里忐忑?
睡梦里还总梦见我?""不。"

"啊! 幸福无比的日子,

---

① 维蕾达(Velleda),德卢衣德教女先知,公元 69 年,协助日耳曼居今荷兰一带部族
首领,反抗罗马帝国统治,坚持斗争,终被杀害。巴黎卢森堡公园有她的雕像。
② 见《喜庆集》(1869)。原诗每行十音节,行中大顿不固定,译文每行以四顿相配,原
诗为偶韵体,阴阳韵交叉,译文也双行一韵(个别韵只是近似),但未用阴韵。

我们的亲嘴多有味!""也许是。"

"当时天多美,希望多高!"
"希望早已向黑天里烟消。"

他们就在荒草地蹓跶,
只有夜听得见他们的谈话。

7 死 叶①

亥米·德·古尔蒙

西摩妮,到林中去吧,树叶掉了,
把石头,把青苔,把小径全都罩了。

西摩妮,你可爱听死叶上的脚步声?

它们的颜色多柔和,色调多庄严,
它们在地上是多么脆弱的残片。

西摩妮,你可爱听死叶上的脚步声?

它们的样子多愁惨,黄昏一到;
它们哭得多伤心,晚风来一扫!

---

① 见作者唯一诗集《遣兴集》(1912)。原诗是一般十二音节的亚历山大体,译文每行
以五顿相配,押韵保持原貌,惟不分阴阳韵交错。

西摩妮,你可爱听死叶上的脚步声?

踩在脚下,它们像灵魂样啜泣,
发一阵鼓翼或是曳裙的细息。

西摩妮,你可爱听死叶上的脚步声?

来吧:我们将一朝与死叶同命。
来吧:夜已到,夜风带我们飘零。

西摩妮,你可爱听死叶上的脚步声?

8　风　灵①

保尔·瓦雷里

无影也无踪,
我是股芳香,
活跃和消亡,
全凭一阵风!

无影也无踪,

---

① 原诗见《幻美集》(1922)。瓦雷里以风灵(中世纪克尔特和日耳曼民族的空气精)
喻诗人的灵感。它飘忽无定,出于偶然或出于长期酝酿,苦功通神,突然出现,水
到渠成。它在诗中出现,易令人莫测高深,捉摸不定;最后一转,神奇的出现了一
个形象,一个女子换内衣的一瞥,一纵即逝。瓦雷里这路象征诗,意义可以层出
不穷,这里也不一定限于诗创作,也可以引申到一切创造性劳动。

神工呢碰巧？

别看我刚到，

一举便成功！

不识也不知？

超群的才智

盼多少偏差！

无影也无踪，

换内衣露胸，

两件一刹那！

9　失去的美酒①

保尔·瓦雷里

有一天我向海洋里

（不记得在什么地方）

作为对虚无的献礼，

倒掉了宝贵的佳酿。

---

① 原诗见《幻美集》(1922)。瓦雷里在《精神的危机》一文中说："一滴葡萄酒注在水里，差不多不能使水变色，呈玫瑰色的薄晕以后，即自行消失。这是物理现象。现在，在消失了复归澄清以后，假定在似乎又变成纯粹的瓶水中，我们看见，这里那里，有几滴暗沉沉的纯粹葡萄酒现形——那多么可惊异！……这种迦拿的现象［即耶稣把水变葡萄酒的奇迹］在精神界物理上未始不可能。"结果似可说，海虽恢复了表面的明净，一切总有所不同了。

谁要你消失呀,芳醇?

是听了占卜家劝诱?

也许是我忧心如焚,

想着血,就倒了美酒?

一贯是清澈的沧海

起一阵玫瑰色薄霭,

就恢复明净的原样……

丢了酒,却醉了波涛!……

我看到咸空里腾跃

深湛的联翩形象……

10 石 榴①

保尔·瓦雷里

坚硬而绽开的石榴

经不起结子太多,

我想见丰硕的成果

爆开了权威的额头!

---

① 原诗见《幻美集》(1922)。石榴在这首诗里成为智能的象征,主旨在表现智能的力量,因此思维的形象(石榴)和诗本身都显得硬朗,结实。第一节讲石榴子爆开,第二节讲刻苦,坚定功夫,第三节心得突至,最后回过来深入冥想到人类头脑的结构(建筑)。进裂的石榴使诗人回想起智力活动的紧张时刻,认为瞥见了心灵活动的秘密。

开裂的石榴啊,阳光

灼烤就你们的傲骨,

使出苦炼的功夫

打通了珠宝的隔墙,

干皮层灼灼的赤金,

和一种力量相应,

迸发出红玉的香醪,

这一道辉煌的裂口

使我的旧梦萦绕

内心的隐秘结构。

11　海滨墓园^①

保尔·瓦雷里

这片平静的房顶上有白鸽荡漾。^②

它透过松林和坟丛,悸动而闪亮。

公正的"中午"^③在那里用火焰织成

大海,大海啊永远在重新开始!^④

---

① 原诗见《幻美集》(1922)。

② 海面比房顶,三角帆比白鸽。荡漾,原文为"marchent",有双重意义:"行驶"与"漫步"。汉译文只能舍其第二义,以求达到像在法文里一样,一读即知指"白帆"的效果。

③ "中午"(原文大写)也是天正中的太阳,把天空一分为二。

④ 海面阳光闪烁,像是火焰织成;波浪不断起伏,像"永远在重新开始"。原文用字,形声处很多,显出静中有动。

多好的酬劳啊,经过了一番深思,
终得以放眼远眺神明的宁静!①

微沫形成的钻石多到无数,
消耗着精细的闪电多深的功夫,
多深的安静俨然在交融创造!②
太阳休息在万丈深渊的上空,③
为一种永恒事业的纯粹劳动,
"时光"在闪烁,"梦想"就是悟道。④

稳定的宝库,单纯的米奈芙神殿,⑤
安静像山积,矜持为目所能见,
目空一切的海水啊,穿水的"眼睛"⑥
守望着多沉的安眠在火幕底下,⑦
我的沉默啊!……灵魂深处的大厦,⑧
却只见万瓦镶成的金顶,房顶!

---

① 瓦雷里不信教,应是无神论者,却往往用多神论的形象。这里的"神明"及以后的
"神祇",在汉语里不加"们"字,也可以是多数。
② 心(人)与境(海)合一。
③ "休息"与下行的"劳动",对立统一。全诗里用了不少"纯粹",在汉语里意味不一;
这里有"十足""彻底""绝对"意。
④ 《作品集》本将"时光"和"梦想"都改为大写。"时光"不动,只是不动的太阳照射海
面而闪闪发光。冥思即慧悟,合为一体。
⑤ 罗马神话里的米奈芙即希腊神话里的雅典娜,亦称芭拉斯,丘比特(即希腊神话里
的宙斯,天帝)(今译"朱庇特"——编者注)从头脑里生出的女儿,主智慧与艺术。
她的神像传说为特罗亚城安全的保障。这里"宝库""神殿"都是指静海。"稳定"
上应"平静""安静""宁静",下启"安静像山积""安眠""沉默"等,重复用词,除了一
般加强效果外,瓦雷里还常用于逐渐调整诗思。
⑥ "眼睛",原文大写,眼睛的人格化,象征化。
⑦ "火幕"指海面,表里又是一个对立,和下二行一样。
⑧ "我"(说话人)与海在此合为一体。"大厦"应和上下文的"神殿"和"房顶"。

"时间"的神殿,总括为一声长叹,①
我攀登,我适应这个纯粹的顶点,
环顾大海,不出我视野的边际,
作为我对神祇的最高的献供,
茫茫里宁穆的闪光,②直向高空,
播送出一瞥凌驾乾坤的藐视。③

整个的灵魂④暴露给夏至的火把,
我敢正视你,惊人的一片光华
放出的公正,⑤不怕你无情的利箭!
我把你干干净净归还到原位,⑥
你来自鉴吧!⑦ ……而这样送回光辉
也就将玄秘招回了幽深的一半。⑧

正像果实融化而成了快慰,

---

① "时间的神殿",一说与下行的"我"即说话人同位,而说话人在诗中是代表动、变、消逝的时光;一说指天,承接第二节末行的"时光",也与第二节首行的"米奈芙神殿"(指海)并行,大海的神殿后接以天空的神殿。但这里人与海或与天都已基本合一;"神殿"为人的一声"长叹"所围绕,"顶点"为人的视野所环抱,以小包大,也是象征派易见的手法。这里原文的"太息"译成"长叹",符合"望洋兴叹"的成语。
② "闪光"指闪烁的海面。
③ 非意谓大海蔑视天空或太阳,是指沉思者献出他最宝贵的"倨傲"。
④ "灵魂"指下行的我。"夏至"意指不动的太阳或"绝对"("绝对"又可译成我国旧说的"太极")。
⑤ 应第一节里的"公正的中午"。
⑥ 指返光。
⑦ "你来自鉴吧!"(或"看你自己吧!")最初在刊物上发表时作"光天的明镜"。最初的升调到此结束,短促的降调从此开始。
⑧ "玄秘"(或"玄影")指神秘的无名实体。第三节临末说话人(诗人,人)与大海合一,本节与太阳由并列而对立。"个人"的主题由此开始。

正像它把消失换成了甘美,

就凭它在一张嘴里的形体消亡,

我在此吸吮着我的未来的烟云,①

而青天对我枯了形容的灵魂

歌唱着有形的涯岸变成了繁响。②

美的天,真的天,看我多么会变!

经过了多大的倨傲,③经过了多少年

离奇的闲散,尽管是精力充沛,

我竟然委身于这片光华的寥阔;

死者的住处上我的幽灵掠过,

驱使我随它的轻步,而踯躅,徘徊。

啊,为了我自己,为我所独有,④

靠近我的心,靠近诗情的源头,

介乎空无所有和纯粹的行动,

我等待回声,⑤来自内在的宏丽,

(苦涩、阴沉而又嘹亮的水池,)

震响灵魂里永远是在来的空洞。⑥

---

① 说话人(人,诗人)预先品尝将来的死亡。

② 浪拍"涯岸",涯岸消隐,只听得一片繁响,引起本行和下行里"变"的题旨。

③ "倨傲"和沉思,在第三节里发挥了,到此撇下。

④ 这一节进入了实体的内涵,幽黯与苦辛。

⑤ "等待"的"回声"是"纯粹的行动"的反应,亦即刺激在身体上引起的反应所造成的回响。

⑥ "永远是在来的空洞",既是时间的,也是空间的。思想家探索自我的意义,在前头永远是"空洞"。"变化"的意象又出现了,而这一意象也预报了第二十一节里提到的阿基利永远追不上乌龟的形象。

知道吗，你这个为枝叶虚捕的海湾，①
实际上吞噬着这些细瘦的铁栅，②
任我闭眼也感到奥秘刺目，
是什么躯体拉我看懒散的收场，
是什么头脑引我访埋骨的地方？
一星光在那里想我不在的亲故。

充满了无形的火焰，紧闭，圣洁，③
这是献给光明的一片土地，
高架起一柱柱火炬，④我喜欢这地点，
这里是金石交织，⑤树影幢幢，
多少块大理石颤抖在多少个阴魂上；
忠实的大海⑥倚我的坟丛而安眠。

出色的忠犬，把偶像崇拜者⑦赶跑！
让我，孤独者，带着牧羊人⑧笑貌，
悠然在这里放牧神秘的绵羊——
我这些宁静的坟墓，白碑如林，

---

① 从枝叶间看海景，海湾似被枝叶所捕，原文"假俘虏"一词中的"假"字也可以引起另外的意味。
② 咸空气使坟园的铁栅栏生锈，而"铁栅"一词也可以引起多一层联想。
③ 与上节的悲调相反，本节转为开朗。现在不再是说话者"暴露给夏至的火把"（第七节），而是坟园和死者"献给"了"光明"。
④ 指坟园里阳光照射的火炬似的柏树。
⑤ "金"可以指阳光，也可能指石碑上刻的金字。
⑥ "忠实的大海"启下节"忠犬"的意象。
⑦ 指教徒，特指基督教徒，可说是大胆的"亵渎"。
⑧ 诗人——牧羊人，取代了基督。

赶开那些小心翼翼的鸽群,①
那些好奇的天使、空浮的梦想!②

人来了,未来却是充满了懒意,
干脆的蝉声擦刮着干燥的土地;
一切都烧了,毁了,化为灰烬,
转化为什么样一种纯粹的精华……
为烟消云散所陶醉,生命无涯,
苦味变成了甜味,神志清明。③

死者埋葬在坟茔里安然休息,
受土地重温,烤干了身上的神秘。
高处的"正午",纹丝不动的"正午",④
由内而自我凝神,自我璀璨⑤……
完善的头脑,十全十美的宝冠,
我是你里边秘密变化的因素。⑥

---

① 在《圣经》里白鸽是圣灵的象征。这里的"鸽群"有多层意义,指海面的白帆,也指石碑上有雕饰的白鸽(亦即"偶像")。"小心翼翼",实指"人"把白鸽刻在碑上。

② "空浮的梦想"指基督教不朽说的空梦。"好奇的天使"可能也是刻在石碑上的守卫神。

③ 呼应第八节的"苦涩""阴沉",这里转为说话人(人,诗人)面对所谓"绝对"境界而欢欣。"清明",摆脱了一切幻觉。

④ "正午"(或"中午")原文照例是大写。

⑤ 无所不知的"绝对"("太极")的鲜明形象,与第八节形成对比。

⑥ 本节开头,说话者(诗人,生者)羡慕死者,温暖舒适,解脱了生命的永久的"神秘",然后想到"正午"的完整,想到一种不容人智的不安定来搅扰的境界。说话者,人,一个相对的存在,经常不安定的,不甘屈服。他宁要生、变、冒险,宁要存在的悲剧性而使人崇高的喜悦,而不取虚无的纯洁。说话人(诗人,人)在此又面对"绝对"("太极"),这里又表现为"正午",太阳,却已是一个高傲的对手。

你只有我一个担当你的恐惧！①
我的后悔和拘束，我的疑虑，
就是你宏伟的宝石发生的裂缝！② ……
但是啊，大理石底下夜色深沉，
却有朦胧的人群，靠近树根，
早已慢慢的接受了你的丰功。③

他们已经溶化成虚空的一堆，
红红的泥土吸收了白白的同类，④
生命的才华转进了花卉去舒放！
死者当年的习语、个人的风采⑤
各具一格的心窍，而今何在？
蛆虫织丝在原来涌泪的眼眶。

那些女子被撩拨而逗起的尖叫，
那些明眸皓齿，湿漉漉的睫毛，
喜欢玩火的那种迷人的酥胸，
相迎的嘴唇激起的满脸红晕，
最后的礼物，用手指招架的轻盈，
都归了尘土，还原为一场春梦。

---

① 本行重又发挥个人或自我的主题，这在以后各节里就消失了。
② 因为不断追究宇宙的意义，人成为本来是完美的世界这个钻石的裂缝，但通过考虑这个世界，也就主宰了世界。
③ 而死者，相反，站到了虚无一边。这一节下半，又像第七行末行，从阳面转入阴面，转入降调。
④ "白"也含"空白"的意思，意谓这些死者都已经成了无名氏。"同类"，指泥土，符合"人是泥土造成的"说法。
⑤ 个人，个性的主题正在消失。

而你,伟大的灵魂,①可要个幻景

而又不带这里的澄碧和黄金②

为肉眼造成的这种错觉的色彩?

你烟消云散可还会歌唱不息?

得!都完了!我存在也就有空隙,

神圣的焦躁③也同样会永远不再。

瘦骨嶙峋而披金穿黑的"不朽"

戴着可憎的月桂冠冕的慰藉手,

就会把死亡幻变成慈母的怀抱,

美好的海市蜃楼,虔敬的把戏!

谁不会一眼看穿,谁会受欺——

看这副空骷髅,听这场永恒的玩笑!④

深沉的父老,头脑里失去了住户,⑤

身上负荷着那么些一铲铲泥土,

就是土地了,⑥听不见我们走过,

真正的大饕,辩驳不倒的蠕虫⑦

---

① "伟大的灵魂",呼应第十三节的高傲,带讽刺意。据瓦雷里自称"灵魂"在此指"生命的野心"。

② "澄碧"指海,"黄金"指太阳。

③ "神圣的焦躁"指虔诚信士亟欲求得死后再生的喜悦。也可能指"天才即长期的忍耐",而瓦雷里诗《蛇》中也有"天才!噢,长期的焦躁!"

④ 直接摈斥不朽说。从此以至最后接受海上将起的风暴,使整诗成为变动世界、相对世界、官能世界的赞歌。

⑤ "深沉"就是"深埋"。"住户"显然是内容(思想等等),接上节的骷髅。

⑥ "就是土地了",变成了泥土,呼应第十五节"红红的泥土吸收了白白的同类"和第十六节"都归了尘土"。

⑦ "大饕""蠕虫",就是动、变、感知、消逝的时光之类。变动之类在第十三节、十四节导致自傲,此处引起苦恼。

并不是为你们石板下长眠的人众，

它就靠生命而生活，它从不离开我！

爱情吗？ 也许是对我自己的憎恨？

它一副秘密的牙齿总跟我接近，

用什么名字来叫它都会适宜！

管它呢！ 它能瞧，能耍，它能想，能碰，

它喜欢我的肉，它会追随我上床，

我活着就因为从属于它这点生机！

齐诺！① 残忍的齐诺！ 伊里亚齐诺！

你用一枝箭穿透了我的心窝，

尽管它抖动了，飞了，而又并不飞！

弦响使我生，箭到就使我丧命！②

太阳啊！ ……灵魂承受了多重的龟影，③

阿基利不动，尽管用足了飞毛腿！

不，不！ ……起来！ 投入不断的未来！④

我的身体啊，砸碎沉思的形态！

我的胸怀啊，畅饮风催的新生！

---

① 齐诺（纪元前约 490—约 436）（齐诺生卒年众说纷纭，此处与原稿保持一致。——
   编者注），伊里亚出生的希腊哲学家，以著名的"飞箭不动论"（说飞箭每刹那都在
   箭程的一点上，行动等于零，零加零不会有增）和"阿基利永远追不上乌龟喻"（说
   追者必须在时间的每一区分里先达到被追者同时起步的地点，因此距离虽然不
   断缩短以至最小极限，追者永远落后于被追者），否定运动的存在，亦即否定生命
   本身。
② 瓦雷里自己解释："感使我觉［使我醒］，接着是知［反省，意识］刺透我。"
③ 太阳在这里比作迟迟不动的乌龟。"龟影"引起说话人（诗人）阴郁的感情。
④ 由上节哲学语调准备了过渡，此节表现从苦恼中脱出，重由降调转入升调，以至全
   诗的结束。

从大海发出的一股新鲜气息

还了我灵魂……啊,咸味的魅力!

奔赴海浪去,跳回来一身是劲!

对! 赋予了谵狂天禀的大海,

斑斑的豹皮,绚丽的披肩上绽开

太阳的千百种,千百种诡奇的形象,

绝对的海蛇怪,为你的蓝肉所陶醉,①

还在衔着你鳞鳞闪光的白龙尾,

搅起了表面像寂静的一片喧攘。

起风了!② ……只有试着活下去一条路!

天边的气流翻开又合上了我的书,

波涛敢于从巉岩上溅沫飞迸!

飞去吧,令人眼花缭乱的书页!

迸裂吧,波浪! 用漫天狂澜来打裂

这片有白帆啄食的平静的房顶。③

---

① 蛇,在瓦雷里诗中都象征感、知、动、变等等。

② "起风"也象征解放。

③ 回到全诗开头,首尾呼应,也互相对比。

12 在森林里①

于尔·苏佩维埃尔

在不计岁月的森林里
一棵大树砍倒了。
一个垂直的空当，
紧临躺倒的树干，
发出了柱形的震颤。

寻找吧，寻找吧，鸟群，
在这个高耸的记忆里，
趁它还喃喃细语的时候，
寻你们筑巢的老地方。

［据《英国诗选：莎士比亚至奥顿，附法国诗十二首，波德莱尔至苏佩维埃尔》，卞之琳译，湖南人民出版社，1983 年出版］

---

① 见作者诗集《无罪的苦役犯》(*Le Forçat innocent*，1930)。本诗似介乎后期象征主义与超现实主义之间，想入非非，而决非语无伦次（思维总有逻辑，梦呓不可能是艺术），亲切动人，却也不能确定它的含义或寓意，只像中国有一路传统抒情诗一样的呈现特定境界。原诗就像译文一样的无韵自由体。

法国散文诗4篇

1　时　钟[①]

夏尔·波德莱尔

中国人从猫眼里看时辰。

有一天，一个传教士在南京郊外散步，发觉他忘了带表，就向一个小男孩问，现在是什么时候了。

天朝的这个小家伙，先迟疑了一下，然后，灵机一动，回答说："我会告诉你。"一会儿，他回来了，手抱着一只肥硕的大猫，和它瞪眼相看了，就毫不迟疑，肯定说："正午还差一点。"确实如此。

至于我，如果我俯就姣好的翡丽尼[②]——名字叫得多好，人更是女性的光荣，又是我心怀的骄傲、灵府的芳香呢，我不论白昼或黑夜，在光天化日下或在朦胧阴暗里，从她可爱的眼睛深处，总清清楚楚地看得见时刻，总是同一个时刻，一个空阔的时刻，庄严宏伟有如太空，无分无秒——一个不动的时刻，时钟上标不出，而轻如一声叹息，快如一瞬眼波的流盼。

如果有人不识相，偏来干扰，如果哪一个鲁莽急躁的妖怪，哪一个促狭捣乱的魔鬼，跑来对我说："你这么专心致志在那里看什么？你在这个

---

① 原文编入 1869 年出版的《散文小诗集》《巴黎的忧郁》（*Petits Poèmes en prose—Le Spleen de Paris*）。
② 翡丽尼，法文 Féline，原意为猫属，也作女性人名。

生物的眼睛里找什么？你在那里看见时辰吗，你这个放荡懒散的凡人？"
我会毫不迟疑地回答说："对，我看见时辰；那就是永恒。"

这，夫人，可不是一支实在高明的情曲，而且不跟你自己一样的花枝
招展吗？说实话，我把这番矫饰的多情编织得锦上添花，自得其乐，以致
我一点也不会要求换取你什么了。①

2　秋天的哀怨②

斯特凡·玛拉美

自从玛丽亚③丢下了我，去了别一个星球——哪一个呢，猎户星，牵牛
星，还是你吗，青青的太白星？——我总是珍爱孤独。不知有多少个漫长
的日子我挨过了，独自同我的猫儿。我说"独自"，就是说别无有血有肉的
生灵，我的猫儿是一个神秘的伴侣，是一个精灵。那么我可以说我挨过了
漫长的日子，独自同我的猫儿，也独自同罗马衰亡期的一个末代作家；因
为自从玉人儿去世了，真算得又稀奇又古怪，我爱上了的种种，皆可一言

---

①　这一段是后加的。据巴黎贡纳尔（Louis Conard）出版社 1926 年《波德莱尔全集
本》雅克·克雷贝（Jacques Crépat）注释，此诗定稿入集出版以前，先曾在刊物上
发表过三次（1857、1861、1862），1869 年版单行本所收的与 1862 年发表稿，除个
别字眼以外，基本一致，而与首二次发表稿颇多歧异。主要有：（1）第四段第一句
最初为"至于我，当我抱起我的好猫，我亲爱的猫咪——它既是它本属类的光荣，
又是……"，后改为"当我抱起这只奇特的猫咪……"；（2）第三次改稿，与换用"翡
丽尼"取代"猫咪"同时，加了定稿的最后一段。翡丽尼似非虚构女友而实有其人
（因在《恶之花》第二版里曾有"致敬我亲爱的翡丽尼"一语），至于是谁，则无可
考。译者认为，这一改就显出全篇原先纯属抒情性的，到此一转而成讽刺性的，
自嘲和讽世了。
②　原文最初发表于 1864 年（作者 22 岁），1887 年首次收入单行本《诗文集》
（*L'Album de vers et de prose*）。
③　玛拉美的妹妹，13 岁病死。

以蔽之日:衰落。所以,一年之中,我偏好的季节,是盛夏已阑,凉秋将至的日子;一日之中,我散步的时间,是太阳快下了,还在淹留,把黄铜色的光线照在灰墙上,把红铜色的光线照在窗玻璃上的一刻儿。对于文学也一样,我灵魂所求,快慰所寄的作品,自然是罗马末日的没落诗篇,只要是它们并不含一点蛮人来时的那股返老还童的气息,也并不口吃地学一点基督教散文初兴时的那种幼稚的拉丁语。

我就这样子读一篇这一类心爱的诗(这种诗的脂粉要比青春的红晕更使我陶醉哩),伸手抚弄这一只纯洁小兽的软毛,忽听得一架手摇琴①唱起来了,消沉的,抑郁的,就在我的窗下。它唱在白杨巷中,白杨叶在我看来就在春天也是愁惨的,自从玛丽亚跟了丧烛从长巷走过,最后一次走过了。伤心人的乐器,是的,真是的:钢琴是闪烁的,小提琴会给黯惨的情怀带来光亮,可是手摇琴呢,在记忆的黄昏里,却使我颓然沉思了。此刻它喃喃地唱一支快乐的俗曲,能把欢欣灌进城厢的心坎的一支陈旧的滥调:为什么它的叠句直荡进我的灵府,像一支传奇的谣曲一样的催人下泪了?我慢慢品味它,不忍向窗口投一个铜板出去,为的怕搅扰我自己,怕发觉这架乐器并不是独自在歌唱。

3　冬天的颤抖②

斯特凡·玛拉美

这座萨克森钟,走得很慢,在那些花朵与神像之间敲着十三点,从前是谁的呢?想想看,它还是从萨克森邮车里运来的,不知在多少年前。

---

① 　手摇琴(即筒琴)是旧时西欧街头卖艺者单人携带,支柱演奏的乐器。
② 　原作写于1864年,在刊物上发表后,最初收入1887年版《诗文集》。

（怪影挂在磨损的玻璃窗上。）

你那面威尼斯镜子，深得像一泓冷冷的清泉，围着翼兽拱抱、金漆剥落的边岸；里头映着什么人呢？啊！我相信，一定不止一个女人在这一片止水里洗过她美的罪孽了；也许我可以看见一个赤裸裸的幻象哩，如果多看一会儿。
——坏东西，你老说鬼话……

（我看见蜘蛛网结在大窗子顶上。）

我们的衣橱很老了：看这炉火怎样的照红它惨淡的木板；都有它那样年纪了，那些疲乏的帐幔，掉漆靠椅上的那幅花毡，墙壁上的那些古雕刻，以及我们所有的古董。你不觉得吗，就是这几只孟加拉雀和那只蓝鸟也给时光抚摩得褪色了？

（不要想那些蜘蛛网，任它们颤动在大窗子顶上。）

这一切你都爱，就为了这点我才能同你住在一块儿。你不是很愿意吗，满目旧情的妹妹，愿意我有一首诗上出现这些字眼，"残象的雅致"？新东西使你不快；它们嚣张的鲁莽使你害怕，你又会感到不得不使用它们，这可真格外为难了，因为你本来就不好动。

来，掩上你那本日耳曼旧历书，你看得那么仔细，虽然它出版了不止一百年了，它报告的国王都死完了，来，躺在古毯上，让我的头搁在你慈悲的两膝间灰淡的袍子上，幽静的孩子啊，我要跟你谈几个钟头；这儿再没有田野了，街道又是空的，我要跟你谈我们的家具……你心不在焉了？

（这些蜘蛛网颤栗在大窗子顶上。）

4　年轻的母亲①

保尔·瓦莱里

这个一年中最佳季节的午后像一只熟意毕露的橘子一样的丰满。

全盛的园子,光,生命,慢慢的经过它们本性的完成期。我们简直可以说一切的东西,从原始起,所作所为,无非是完成这个刹那的光辉而已。幸福像太阳一样的看得见。

年轻的母亲从她怀里小孩的面颊上闻出了她自己本质的最纯粹的气息。她拢紧他,为的要使他永远是她自己。

她抱紧她所成的东西。她忘怀,她乐意耽溺,因为她无尽期地重新发现了自己,重新找到了自己,从轻柔的接触这个鲜嫩醉人的肌肤上。她的素手徒然捏紧她所结成的果子,她觉得全然纯洁,觉得像一个完满的处女。

她恍惚的目光抚摩树叶,花朵,以及世界的灿烂的全体。

她像一个哲人,像一个天然的贤人,找到了自己的理想,照自己所应该的那样完成了自己。

她怀疑宇宙的中心是否在她的心里,或在这颗小小的心里——这颗心正在她的臂弯里跳动,将来也要来成就一切的生命。

[据《西窗集》,波德莱尔等著,卞之琳译,安徽教育出版社,2007 年出版]

---

① 原作见瓦雷里《诗文选》(*Morceaux choisis—Prose et Poésie*,1930 年初版),应为早期作。

四

阿索林小集

[西班牙]阿索林

1 小哲学家自白(九章)①

(一)"阿索林是古怪的"

听主妇对我说:"把你的帽子放开吧。"我觉得窘极了。我把它放到什么地方去呢?我怎样把它放开呢?我笔直的坐在一张靠椅的极边上;把手杖搁在两腿间,帽子搁在膝头上。怎样把它放开呢?放到什么地方去呢?墙上我看见他们的女儿所画的花卉画;天花板上装点着蓝云,云间有一些燕子在飞。我在椅上稍微扭动了一下,回答主妇的一句话:"今年真是热。"于是,谈话中止了,我就观察陈设。现在有一种可怕的思绪使我不安了:这些嚣张的新陈设品对称地安排着——或者,更糟了,故意不对称地安排着——这些从劝业场或是骨董铺里挑来的陈设品,我当然不愿意人家要我批评。我想得出来什么话来说呢,对于这些触目的叠椅,椅背倒装,漆白垩,仿螺钿纹,没有一个高雅的房间不会有的?我作何感想呢,对于壁炉檐上的花瓶以及瓷器上的小画?主人打破了沉默,问我对于最近

① 这9章出自作者的自传体小说《小哲学家自白》(*Las confesiones de un pequeño filósofo*,1904),出书后作者本名"何瑟·马丁内兹·路易士"反而少为人知了。据美国《日晷》(*The Dial*)杂志英译文转译。

的危机有什么意见;我抓住了他的话头,好像一个沉溺的人抓住了一根稻草,希望得救,因为内心的纠葛正在拖我下去呢;可是我发觉我对于最近的危机没有什么意见。

接着又是一段长时间的沉默。延续下去的时候,我尽摸手杖的柄。临了主妇不相干的拉扯了几句,我又是唯唯诺诺地漫应几声。

为什么我要作这些拜访呢? 不,不,这些童年的感觉在我是太亲切了。我从不曾有过拜访的念头,在那些天花板上画燕子的房间里我不能作任何感想,对那些人我也想不出什么话来回答他们的谈论。而这就是为什么,一听人告诉他们说我是很聪明的——这一点我不相信——他们客气地表示同意,摇摇头,加上一句:"是的,是的;可是阿索林是古怪的。"

(二)孤独者

他住在我们的对门,是一个好清洁、不爱说话的人,常带着两条狗,主要的乐趣是在于种许多树。……每日,在一定的时间,他坐在俱乐部花园里,有几分忧郁,有几分厌倦;过了一会儿他开始吹吹哨子玩。于是一桩奇事发生了:园林里所有的小鸟全高兴地加入了,大家啭着,大家唱着;他走来走去,把他带在口袋里的面包屑给它们撒一些。他全认识:小鸟,两条平静的灵猩,树,就是他所有的朋友了;他用名字来称呼小鸟,当它们在细沙上扑来扑去的时候;很亲爱的他怪这一只昨天没有来,欢迎那一只今天第一次来。等它们都吃完了,慢慢地走开,背后跟着两条沉默的大狗。

他在城里做了许多好事;可是人是又无常又不仁。有一天,因为他们的忘恩负义而厌恶,而气忿,他下乡去了。现在他再也不进城一步,再也不与人来往;他过一种索居的生活,一手经营了、亲自照料着几座茂密的园亭。为的怕这太脆弱,不合他住,他筑了一所小屋在山顶上,预备在那儿等死。

那么你要说了:"这个人用他的全力来厌弃人生。"不,不;这个人并没有失去希望。每日有报纸从城里送给他,我记得。而这些日报正是一线光明,它们作成了一个脆弱的爱结,这个东西就是那些最讨厌人类的人也会保持的,而且因此他们才会在地面上生存呢。

(三)"晚 了"

常常地,每逢我回家,碰到家里人都吃完了晚饭已经有一个钟头或是半个钟头了,我就挨骂,因为"晚了"。在乡下小城里实在有太多的时间,无穷尽的虚日,大家不知道干什么好,然而,总是晚了。

为什么晚了? 凭什么说晚了? 我们有什么了不得的大事要实践,用得着计较,一分钟也不放松? 有什么隐秘的定数压在我们的头上,使我们不得不一分一秒的数时刻,在这些静止的、灰暗的乡下小城里? 我不知道;可是我可以告诉你,这种总是晚了的观念就是我一生中基本的观念;不要笑。如果我回头看看,我可以看出:就因为有这种观念,所以我才有这种不可解的悬虑,这种对于我所不知道的东西的渴望,这种狂热,这种不安定,这种一代代连续下来的东西所给我的牵挂,又可怕又恼人。

且让我问一句,虽然我自己在这一点上并不曾吃过大亏,你可知道虐待小孩子是怎么一回事? 你的暴行第一次弄得一个小孩子流眼泪的时候,你就叫他尝到忿怒、悲哀、嫉妒、仇怨以及虚伪的滋味了。而这些眼泪也就永远抹去了他所见到的人生的笑容,渐渐的,无法挽救地融去了那种隐秘的、不可名状的感通,二者间该有这种感通的,既然一方面人家带我们到世上来,一方面我们亲爱的来延续人家的个性、人家的观念。

(四)上书院去的路

葡萄藤的卷须转黄,灰暗的秋天的黄昏近了,我的忧郁也随着浓了起来,因为我知道已经到上学去的时候了。我第一次作这种旅行才八岁。我们从莫诺瓦乘车往叶克拉,走下山谷来,爬上山头去;我们带着干粮在身边:一张烙饼,几块炸肉片,一些腊肠。

当这个愁惨的日子一天天近了，我看到我的衬衫整理好了，被单、枕套、手巾、食巾烫好了。……于是，在我出发的前一天，一只有粗皮盖的箱子从阁楼上搬下来了，我的母亲把我的衣服装在里面，很仔细。我也得提起那套银食器；现在我有时候沉思地望着食器架，看到那上面放着那一套服事我八年，如今破旧了的银食器；我一看到它们总觉得有一股真情涌上心来了。

从莫诺瓦到叶克拉是六个或八个钟头的路程。东天发白我们就动身，下午很早就到了。马车颠簸在崎岖的石道上；我们有时候歇一歇，在道旁的橄榄树底下吃一点点心。想起来也觉得十分可喜的，我记得清清楚楚，怎样从半路上高处一个石凹里，望过一片暗沉沉的牧野去，就可以隐约地看到高楼的白尖顶，新教堂的大圆顶闪耀在太阳光里。

于是，一种说不出的难过袭来了；我觉得好像已经被一把拖出了乐园的欢悦，扔进了一个地洞的黑暗了。我记得有一次我怎样想逃走；那个老仆人现在还常常笑我呢，当他告诉我这个故事的时候。我跳下马车，逃过田野去；他捉住了我，哈哈大笑说："不，不，安托尼奥，我们一定得上叶克拉！"

可是的确我们到底不得不上叶克拉：马车向前走去了，我又进了那个阴森的夜城，我又看到自己无法挽救地成为了一条没有头的链子的一节，闲步在走廊上，或是，不作声也不动，坐在课堂里一张长椅上。

·

(五)卡乐思神父

我进书院后第一个见到有学者风的牧师是卡乐思·拉沙耳特神父，那个有学问的考古家。他还给我留下了一些很愉快、很亲切地回忆。他很老，很瘦，有一副端正的面貌，一对灵活的、聪明的眼睛；他常常在阔廊下踱来踱去，步子很小；他的一举一动都显得说不出的文雅。他眼睛的一闪中，他声音的一转中，似乎都有些东西——后来，过了许多时候，我留意观察他的时候，我清清楚楚地看出了这一点——一种忧郁的气色，它甚至于能镇静最会闹的孩子,使他们在他身边怅然若失,帖然就范。仿佛命运有意要在人生的门口就碰见许多悲伤的、消沉的、顺从的人。……

当卡乐思·拉沙耳特神父在院长室里见我的时候,他握了我的手,拉我到他身边去;于是他把手搁在我头上,我不知道他那时候说些什么,可是我现在还可以看到他含笑地低着头,用澄清的、忧郁的眼睛来看我。后来我常常从远处看他,私心敬佩,每逢他悄悄地走过大厅,脚上穿着苎麻底的鞋子,头低到一本书上。

可是拉沙耳特神父并没有在书院里待多久。他走后,留下的只是一些埃及的石像,生硬、对称、饶有古风,是他当年发掘圣多斯山地时期发现的。大概他那个怀乡病的灵魂在复现古代中找得到消愁之道吧,在那些悲哀的,石头的教士和哲学家中认得出一代代从嘲讽和希望中混过来的他那些弟兄们吧。

(六)叶克拉

“叶克拉,”有一位小说家说过,“是一个消沉的城。”这是真的;我的心境就养成在这个城里。它有宽阔的街道,两旁排列着肮脏的房子或是颓圮的废址;城的一部分坐落在一座童山的脚上;一部分展开到一小片田野上,一色青青,无非叫那一片平阳、灰色嵌橄榄色的种地更显得荒凉罢了。

城里有十座或是十二座教堂;钟声什么时候都会响;劳动者带着棕色的帽子走过去,虔信的妇女来往不绝。每过一忽儿就有一个愁容满面的人从街上跑过,一路摇铃报告我们的邻人中有一个死了。

一到复活节前一星期,这种忧郁的遗传便达到极顶了;一大队一大队的人,穿着连头巾的黑袍子,黄袍子,栗色的袍子,整列而行,抬着许多流血的基督、悲苦的圣处女;喇叭的嘎声在远处哀号,钟声徐鸣;各处教堂里都有一个大十字架,两边点四支蜡烛,伸出伤惨的两臂,掩到石板的上方,在本堂的黑暗中,虔信的妇女悲叹,哭泣,吻那双被钉子穿透的脚。

这种忧郁,在一个冬天特别冷、食物少、房子没有顶的破城里,一世纪一世纪地承继下来,仿佛已经成为了一种悠久的陈金,一种参不透的氛围,包含了痛苦、任纵、缄默、对于生命颤动力难堪的弃绝。

(七)读书的嗜好

一会儿以前教师出去了;人生乐事中什么也比不上这些短促的、快意的喘息时间了,要知道我们这一群孩子,尽让那个讨厌的家伙看牢了,屏息静气,一动也不动,呆坐在长凳上,正难为他这一走呵。绝对服从的姿态、极力约束的举动以后,接上来了自由行动,狂跳乱舞,眉开眼笑。死板的呆定以后,接上来了生命力,丰满而活跃。这种生命力,在这儿,在我们之间,在这个照着太阳光的教室里,在这一刻教师不在的机会中,就表现在爬凳子,拍桌子,发疯一样的从这一边跑到那一边。

可是不管怎样,我总是不跑,不叫,也不敲;我入了一种迷。我的迷就是一心看我带在口袋里的一本小书告诉我什么东西。我不记得谁送我这本书的,也不记得什么时候开始读它的;可是我知道得清清楚楚,这本书使我极感兴趣,因为它是讲的妖婆、妖法、神秘的魔术。它是黄面的吗?是的,是的,一点也不错;这个细节还没有溜出我的脑子呢。

而这也是事实,在孩子们闹得天翻地覆的扰攘中,我打开小书,开始读起来了;我从不曾经历过一种快乐,如我读这本书所经历的一样深,一样切,一样纯粹。突然间,在我出神的时候,我觉得一只手粗野地一把抓到书上来了;我张起眼睛来一看,扰攘已经平息了,教师把我的宝贝抢去了。

我不说我的苦恼,也不想夸张这个印象——一种永远抹不掉的印象,这样一种从快乐到痛苦的突变,如何深切地刻在一个孩子的心上。

(八)早催人

逢到我偶尔在舅父安托尼奥家里过夜,我照例如此,如果是一个节日的前晚,大清早——那些漫长的冬天的黎明——我常常听到"早催人"的歌。所谓"早催人",就是组织念珠祈祷兄弟会的乡下人,大家这样叫罢了。我不知道那支凄婉的、哀求的、单调的曲子到底是谁谱的:听说是一位有点儿疯的音乐家的作品。……

常常是,听到它的时候,我正蜷缩在床上有点儿粗糙的白纱被窝里;我常睡在客厅里;壁炉檐上边挂一幅大画,画的基督在粗暴的大兵中;床是一张大木床,漆成绿色和黄色;我记得有一把水壶,常搁在角落里,老是空着。

起初我只听到一阵遥远的嘈杂声,像一群飞虫的营营声,夹着一只铃的叮叮声;于是人声清晰的听到了;最后很近了,就在露台底下,歌唱队突然发出宏大的歌声来,哀求的,凄恻的,颤抖的:

别丢下我们吧,圣母玛利亚,

愿大慈大悲,垂怜我们啊。……

他们满腔热诚,唱得出神了。我听着,激动到深心里了,听了这种熬煎的音乐;发泄野蛮的悲哀的音乐,一位有点儿疯的神秘音乐家的作品。

我听到它在那儿,在我的窗下响一会儿,于是,慢慢地,它消隐到远处去,一直到变得只是一缕细细的、不容易听出来的悲鸣。

过了一会儿,隔壁铁匠铺子里的铁锤开始在铁砧上闹起来了;他们正在给星期六乡下人带来的犁头打磨锋口。再过一会儿,一片隐约不定的苍白开始在窗口露出来了。

(九)三宝盒

如果人家要我把童年时在那些阴沉黯淡的城市里所有的感触概括的叙述一遍,我一时总不能置答。我一定只写下三句话:

"多晚了!"

"我们可以干什么呢?"

"现在他就要死了!"

这三句话在读者看来会觉得生疏吧;可是实在一点也不奇怪;它们把西班牙民族的心理概括住了;它们表明了听天由命、悲哀、逆来顺受、令人寒心的死感。我绝不想创任何笼统的哲学;我不喜欢学说与学理,因为我知道我所不知道的情形会改变事件的趋势;或者,比我见解高深的人也许会从我所搜集的事实中推出旁的定律与结论,和我所推出的大不相同。我绝不想建立任何含糊的哲学:不如让我们各自从事实中看出各自的观念吧。可是就我个人而论,我相信我们民族的忧郁——如巴尔达沙·格拉辛(Baltasar Gracian)所指出——是我们干枯了的乡土的一种产物;相信死感是忧郁的一种直接的、不可免的结果。而这种感觉,这种死感呢,正统治着每一个西班牙乡下的城镇,用了专且横的威权。小时候,我常听人说一个邻居或是一个朋友病了;说话的人或是听话的人就迟疑了一下,于是说:

"现在他就要死了!"

这就是三句老话之一,三只神秘的打不开的宝盒之一;我们民族的心灵就锁在这三件东西里。

2. 村　镇(一章)①

奥蕾丽亚的眼睛

西思多纳是一个雅致、时髦、舒适的旅馆;乌耳白罗亚伽是一个疗养院。人家一定会说,西思多纳,从它那些宽阔、对称、客厅一样的走廊看,正像一个近代的耶稣会书院;乌耳白罗亚伽,从它那些窄而曲折,刷白灰,低顶的通道看,就像一个朴素的圣方济宗女修道院。两个泉场的位置是相仿的,各据一个山谷的中心;可是在乌耳白罗亚伽,山谷窄一点,泉流急一点,栗树也小一点;并且,一种捉摸不定的预感,一种漠然的压迫——起初不过是偏见——把你缠住了,当你走近大门的时候。可是你不妨勉为其难,装作自在,摆脱预感,跨过门槛去。构造上这所建筑是积累而成的一堆,随年代,应需要,一所所添筑了许多园亭。主要的部分坐落在一个凹里;下去四级。……现在我们站在门口了;来跟我进这个窄门洞。门洞后是一个空洞的长廊,临了是三柱分列的场地。这里有一个小门通地下室,地下室里有一缕澄清的活水从地下射出来。再走前几步,我们就看见一个小客厅,壁上安置长椅,盆里种花草。我们走过一个天井,又碰到一个走廊,又钻进一个门廊;这里我们就看见邮务室,主管医生的办公室以及长长的陈列橱,橱内装满了零星的小东西。再走前去:又是一个客厅,又是一个走廊引我们到"研粉室"与蒸气浴室。……我们退回来;我们再走压水室,医药室,邮务室,随我们原先经过的长廊走,找上楼的阶梯。到那儿一看,我们是在一个狭巷里,两边是一些小门;地板是硬木做的,擦过蜡,发亮的;一条反光的长迹消失到远处去,新鲜、浓郁的野草味以及氯化物的、醇精的气味扑鼻而来。为什么不随走廊走去呢? 你知道还有什么

---

① 　原书名 *Los Pueblos*,初版于 1905 年。本章据《日晷》杂志英译本转译。

比探究一所生疏的屋子更有趣吗？你知道有什么可喜的感觉还胜过出乎意外的感觉一件又一件你所不习惯而现在正涌现到眼前来的东西和动作呢？

这个走廊接到另一个。向右转；过一个短短的客厅，出一扇玻璃门；走上几级，你就发觉你是在一个阔梯的一端，面对了更多的台阶，你得走下去才可以走到一个大客厅，里面四壁都安置着长椅，装着许多画风景的镜子，放了一架直立的钢琴，它的红背鲜明的从那一片背景里突出来。这就够了吗？你已经从这个新环境里得到一个综合的印象了吗？所有这些回廊，所有这些梯阶，所有这些厅堂，都是寂静无人的；地板发亮；墙壁都是刷白的。在寂静中你也许不时听到一声短促而干涩的咳嗽，或是一声冗长而沉重的咳嗽。你觉察到这些亲切在氛围中，一些浓厚的乡土味，在地板高低不一的房间与通道的交错中，在陈设的简单中，在床铺的高深中，在仆人们坦白、直率的举动中，在菜品确实的淡泊中。……你与我——意在体会这些道地西班牙的细节。不多一会儿，当你在那个地方再待过一个钟头，你的胃口一定满足了。因为你到那时候一定会觉察到你所呼吸的空气不但带浓厚的乡土味，而且——由于合乎逻辑的必然的结果——氤氲着一种如梦的忧郁的浪漫味。你听到过人家说起这些水的效力吧？你知道害病的"审美家"（就按字面上的意义讲）挤到这些泉边不是？你否认在苍白的面色、眼睛底下的黑圈、纤弱以及一种隐约的悲剧的绝望之间有密切的关联吗？如果你爱这些浪漫风的乡间女孩子，那么温柔，那么抑郁，那么脆弱，那么好幻想，她们会哭会叹，霎时高兴，霎时悲哀，她们在箱子底里藏一帧退色的照片，一些打过某咖啡馆或某旅馆印戳的信件，她们培养寄生草，在钢琴上弹"傀儡丧曲"，她们从一本包在报纸里的书上读冈波亚莫尔①与白克尔②，她们对一面镜子一瞥，看她们有没有失去了美貌，她们在阴沉的冬日，从窗帘后偷看一个陌生人走过，也许

---

① Campoamor(1817—1901)，西班牙政治家兼诗人，著有诗、剧及哲学论著等。
② Bécquer(1836—1870)，西班牙诗人兼小说家，所作诗近似海涅，小说近似爱伦坡与霍夫曼。

正是一个风流公子,他会改革她们的生活吧……如果你爱这种女孩子,到乌耳白罗亚伽来吧。这里我认识优拉丽亚、华尼达、罗拉、嘉尔曼、玛丽亚、恩丽纪达。而尤要者,我看到奥蕾丽亚一对恍惚、惆怅的眼睛。

"你做些什么事呢,奥蕾丽亚?"我昨夜听到一个伴她跳舞的年轻人问她。

"什么事也不做,"她回答,"我看河里的水……"

奥蕾丽亚倚在桥栏上,显出一种心凝神释而优雅的姿态。伽瓦尔尼①就喜欢这种姿态,总爱把 1850 年代柔弱的美女放在园中的露台上,或在沙发上凭倚。奥蕾丽亚看河里平静的水;可是她出神而凝定的眼睛看不见河里平静的水。远望去她的样子缩小了,一幅剪影衬着黄昏的灰天。

这是大路要游人转向泉地去的时候了;可是你不要遵守这种不变的常套。在疗养院背后,紧靠在溪畔,有一个广大的白杨林。向那边移动你的脚步去。地上铺着细草泥,一边斜坡上盖着栗树;另一边苹果树低亚,丛密,枝叶掩到水面上。三四行白杨把这个林子分成几条林阴路。这些树干是细、直、娉婷的;枝叶离地面颇高,因此你经过这个多叶的地方好像经过许多柱子撑一个大绿顶的曲径。你若走倦了,你坐一会儿在河岸上,在一个阔潭边。水蜘蛛在水面上,溜来溜去,忽行忽止,四足伸长了,敏捷而不定。一会儿它们急速地前进了,一会儿突然地、猛烈地停住了,转过来了。每一动在水面上作成一个小圈,这个和那个联结了或是交错了,描成一幅变化无常的缠花边。

可是夜来了。你得回疗养院去。一口钟已经坚持着响起来了。你再穿过底层的通道,再上楼到正层去。灯已经点了,擦亮的木板上长长的反光,像一条水银带,消失到远处去。一阵响亮的人声,像一阵善歌的唱诗班在吟哦,送到你的耳朵里;游客们在礼拜堂里作——照例每晚都作——念珠祈祷。于是,你的耳朵里带着这个神秘的吟诵声,你随走廊走去,第一次留意到挂在门上有旧式的迷人的小铃,狂乱的电铃的老祖宗。这个

---

① Gavarni,即 Sulpice-Guillaume Chevalier(1804—1866),法国漫画家。

细节早已够把你浸到一个悠远的罗曼史古梦中去了。你还要什么呢？可是最可观的还在来呢。晚饭后到客堂里走一走。这儿你看到华尼达、罗拉、嘉尔曼、恩丽纪达、优拉丽亚，你看到奥蕾丽亚惆怅的眼睛，凝神而看不见什么的注视一把扇子上的风景。几声漫长而宏亮的音弹在钢琴上，这些俏丽、苍白的女子站起来了，走到中央去，慢慢地前进又后退，握一握手，有礼地一屈膝又退了回来；临了跳一种无精打采的朗绥舞，我们的母辈、祖母辈常穿着盛装跳这种舞。伤感与梦现在把你支配着。大家要玛丽亚唱歌；玛丽亚不肯，撒娇地含笑，板起面孔来，咳一声，最后开始唱一支萎靡的、忧郁的、哀婉的歌。

当你走开的时候，你的灵魂里装满了一种莫名其妙的感情。长廊寂静。你也许听到远处突然来一声咳嗽，短促而干涩，或冗长而顽强。你上床去睡觉；梦想奥蕾丽亚做梦似的大眼睛，自以为感觉到了最大的荒唐，最大的迷惑，自以为轻微的感觉到了爱。

[据《西窗集》，波德莱尔等著，卞之琳译，安徽教育出版社，2007 年出版]

第二编

小　说

短篇小说

1　爱芙林[①]

[爱尔兰]詹姆士·乔伊斯

　　她坐在窗口看暮色侵入林阴路,她的头靠着窗幔,她的鼻腔里有尘染的印花布的气味。她是疲倦了。

　　很少人走过。从最后那所房子里走出来的人走过了,正在回家去;她听见他的脚步声沿着水泥的人行道托托地响去,接着就在那所新造的红房子前面的煤渣路上沙沙地响了。从前那儿有一块场地,他们每晚同人家的孩子们在那儿玩耍。后来有一个从贝尔法斯特来的人买下了那块场地,在那儿造了房子——并不像他们那些棕色的小房子,而是鲜明的砖房子,上面有发亮的屋顶。从前林阴路一带的孩子们常常在那块场地上一块儿玩耍——德文家、瓦透家、邓家的孩子们,跛脚的小基奥,她同她的弟兄和姊妹。厄奈思却从来不玩的:他太大了。她的父亲常常用他的黑荆树手杖把他们从那块场地上赶出去;常常由小基奥望风,当他看见她的父亲来的时候便吆喝一声。可是那时候总仿佛很幸福。她的父亲那时候还不怎么坏;而且她的母亲还在。那是在很久以前了;她同她的弟兄和姊妹都长大了;她的母亲是死了;小邓也死了;瓦透家已经搬回英国去了。一

---

①　本篇译自作者的短篇小说《都柏林人》(*Dubliners*,初版于 1914 年)。

切都变了。现在她也要像人家一样地走了，离家了。

家！她向房间里巡视，把熟稔的东西都检阅一下，她曾经把那些东西每星期拂拭一次，拂拭了那么些年了，老觉得奇怪：尘沙到底从哪儿来的。也许她永远也不再看见那些熟稔的东西了，从前却从不曾梦想到将来会同它们分离啊。可是她在那许多年中从不曾寻究出那张发黄的照片上那位牧师的名字，尽看它挂在那架破旧的小风琴上边的墙上，傍着那张彩印的对玛格利·亚拉科克（Margaret Alacoque）圣女许下的愿书，他是她的父亲的学友。每逢他指点那张照片给来客看的时候，她的父亲常常是随便凑一句：

"他现在是在墨尔本了。"

她已经同意走了，离家了。这个办法到底好不好？她把这个问题从各方面来考虑。在家里究竟有屋子住，有饭吃；周围有她一向认识的人。自然，她总得辛苦的，在家务上，也在职业上。当他们发觉她跟一个汉子逃走了，他们在合作社里会怎样说她呢？说她是一个傻子，也许；她的位置会登广告招人来补的吧。嘉凡小姐可乐了。她总有意激恼她，尤其是每逢有人在听着的时候。

"希耳小姐，你不看见这些女士们在等着吗？"

"别那么愁眉苦脸吧，希耳小姐，我请你。"

离开合作社，她不会掉多少眼泪的。

可是在她的新家里，在远方一个不熟悉的国度里，就不会有这样的情形了。那时候他要结婚了——同她，爱芙林。那时候人家要尊敬她了。就是现在，虽然她已经过了十九岁了，她有时候还觉得有身受父亲虐待的危险。她知道就是这个使她心悸的。当他们长大起来的时候，他从不曾打骂过她，像他常常打骂哈利和厄奈思一样，因为她是女孩子；可近来他开始威吓她，说他要怎样对付她，要不是看在她那个亡母的面上。现在她是没有人保护了。厄奈思已经死了，哈利做了装饰教堂的事情，差不多总在乡下什么地方。而且，每星期六晚上为了钱项照例的争吵也使她感觉到说不出的烦腻了。她总把她挣得的薪水——七个先令——全数拿出来,哈利能寄多少总寄多少出来,可是要向她的父亲拿一点钱就麻烦了。他说她常常浪费钱,说她没有头脑,说他不愿意把他辛辛苦苦挣得的钱给她扔在街上,还有许多许多,因为他到星期六晚上脾气往往来得坏一点。最后他常常把钱给她了,问她想不想办些星期日饭菜。于是她就得赶快冲出去买东西,紧紧地把她的黑皮钱袋捏在手里,一边在人丛里往前挤去,很晚了才回家,带了大堆的食物。她很辛苦地料理家务,照应两个归她管的年幼的孩子按时上学,按时吃饭。这是辛苦的工作——辛苦的生活——可是现在眼看要同它分离了,她却并不觉得那是全然要不得的生活呢。

她要同弗朗克去探索另一种生活了。弗朗克是很和善的,有丈夫气的,坦白的。她得乘夜班船走,做他的妻室,同他住在布宜诺斯艾利斯,那儿他有一个家在等着她。她第一次见他的情形她记得多么清楚啊;他那时正寄住在大街上她常到的一所房子里。似乎是不多几个星期以前的事情。他正站在大门口,他的尖顶帽子耸立在脑后,他的头发向前掩到一个紫铜色的脸上。于是他们成为相识了。他每晚在合作社外边会她,送她回家。他带她看《波希米女子》,她很得意,当她同他坐在戏院里一个她不大熟悉的地方。他非常爱好音乐,也会唱一点儿。人家知道他们是在通股勤了,他唱到那个女孩子爱一个水手的时候,她总觉得心里愉快地乱着。他常常开玩笑地叫她"宝贝"。最初,结识了一个男人在她是一件很兴奋的事情,后来她渐渐喜欢他了。他有许多关于远方各国的故事,他起初在亚兰公司一艘开往加拿大的船上当一个茶房,一镑钱一月。他对她说起他曾经在上面做过事的许多船的名字,各种职位的名字。他曾经航过麦哲伦海峡,他给她讲许多关于可怕的巴答哥尼亚(Patagonia)人的故事。他已经在布宜诺斯艾利斯安顿下来了,他说,又说他来故国无非是过一个假期罢了。自然,她的父亲已经看穿了底细,不许她睬他。

"我知道这些水手小子。"他说。

有一天他同弗朗克闹起来了,以后她得秘密地会她的情人。

林阴路上的暮色深了。她膝上两封信的白色变得模糊了。一封信是给哈利的;还有一封信给她的父亲。厄奈思原是她最中意的,可是她也喜欢哈利。她的父亲最近老起来了,她注意到;他会想念她。有时候他倒也怪有趣呢。不久以前,她病了,一天没有起床,他给她念一篇鬼怪的故事,给她在炉火上烤面包。还有一天,那时候他的母亲还在,他们全家到赫斯(Howth)山去野宴。她记得她的父亲戴了母亲的帽子逗孩子们发笑。

她的时间已经迫近了,可是她还是坐在窗口,头靠着窗幔,呼吸尘染的印花布的气息。远远地在林阴路那头她听到有人玩手摇琴,她懂得那支曲子。奇怪的是它偏在这一晚来提醒她给母亲的约言,她答应管家,说是能维持总维持下去呢。她记得母亲害病的最后一夜;他仿佛又在门厅那边那一个紧密的、黑暗的房间里,她听见外面有一支忧郁的意大利曲子。后来玩手摇琴的被打发走了,给了六个便士。她记得她的父亲大踏步走回病室里来说:

"倒霉的意大利人! 到这儿来啦!"

她沉思的时候,她母亲一生的可怜的幻象打动了她的深心——那一生平庸的牺牲,疯癫的结局。她颤抖起来了,当她又听到她母亲的声音,痴痴地重复着说:

"Derevaun Seraun! Derevaun Seraun!"①

她突然怕得站了起来,逃走! 她一定要逃走! 弗朗克会救她。他会给她生命,也许还有爱情。她要生活。为什么她不该有幸福? 她有求幸福的权利。弗朗克会挽她在臂弯里,抱她在臂弯里。他会救她。

……

她站在北城车站上涌来涌去的人丛里。他握着她的手,她知道他是在对她讲话,把船钱什么的事情说了又说。站上满是兵士,带了棕色的行李。从铁棚宽大的门里她瞥见那艘船的一大堆黑影,碇泊在码头旁,亮起了许多舷窗。她一句话也不回答。她觉得她的面颊又苍白又冷,从苦恼的云雾里祈祷上帝引导她,指示她什么是她的本分。船向雾中发出一声

---

① 原文为盖尔语(Gaelic,爱尔兰人用语),但查不出意义,可能就是病人的疯话。

漫长的愁惨的汽笛声。如果她走呢,明天她要同弗朗克一块儿在海上了,开到布宜诺斯艾利斯去了。他们的船票已经买好了。在他给她把一切办好以后,她还能罢手吗?她的苦恼引起了心上的作呕,她不断地搬动嘴唇,沉默中热切的祈祷着。

一阵铃声响在她的心上。她觉得他抓住了她的手:

"来吧!"

世界上所有的海全在她的心上翻滚。他正把她拉进海里去:他要把她淹死了。她用两手抓住了铁栏杆。

"来吧!"

不!不!不!这是不可能的。她发疯似地揪住了铁栏杆。在翻滚的海里她发出一声惨痛的呼号。

"爱芙林!爱薇!"

他冲到栏杆那一边去,叫她跟他走,人家吆喝他快走,可是他仍然叫她。她用苍白的面孔向着他,被动地,像一只无告的小兽。她的眼睛不给他看出一点爱恋,或辞别,或认识的表情。

2　在果园里①

[英国]维吉尼亚·伍尔孚

米兰达睡在果园里,躺在苹果树底下一张长椅上。她的书已经掉在草里,她的手指似乎还指着那句"Ce pays est vraiment un des coins du monde où le rire des filles éclate le mieux..."②仿佛她就在那儿睡着了。她手指上的猫眼石发绿,发玫瑰红,又发橘黄,当阳光,滤过苹果树,照到

---

① 本篇译自英国托·斯·艾略特主编的《准绳》文学杂志(The Criterion)。
② 原为法文,译意:"此地实系世界上女子笑声最清脆之一隅。"

它们的时候。于是,微风一吹,她的紫衣起涟漪,像一朵花依附在茎上。草点头。一只白蝴蝶就在她的脸上扑来扑去。

她头上四英尺高的空中挂着苹果。突然发一阵清越的喧响,仿佛是一些破铜锣打得又猛,又乱,又野蛮。这不过是正在合诵乘数表的学童,被教师喝住了,斥骂了一顿,又开始诵乘数表了。可是这个喧响经过米兰达头上四英尺高的地方,穿过苹果树枝间,撞到牧牛人的小孩子,他在该上学的时候正在摘篱笆上的黑莓,使他的拇指在棘刺上刺破了。

接着有一声孤寂的号叫——悲哀,有人性,野蛮。老巴斯蕾,真的,是泥醉了。

于是苹果树顶上的叶子,平得像小鱼抵住了蓝天,离地三十英尺,发一阵凄凉愁惨的音调。这是教堂里的风琴奏"古今赞美歌"的一曲。声音飘出来,被一群在什么地方飞得极快的鸫鸟切碎了。米兰达睡在三十英尺之下。

于是在苹果树和梨树顶上,离睡在果园里的米兰达三十英尺高的地方,钟声得得,间歇地,迟钝地,教训地,因为教区里六个穷女人产后上教堂感恩,教区长谢天。

再上去一点,教堂塔顶上的金羽,尖声一叫,从南转东了。风转向了。它嗡嗡地响在旁的一切之上,下临树林、草场、丘陵,离睡在果园里的米兰达多少英里。它刮向前去,无目,无脑,遇不着任何能阻挡它的东西,直到转动了一下,它又转向南了。多少英里之下,在一个像针眼一般大的地方,米兰达直站起来,大声地嚷:"噢,我喝茶去怕太晚了!"

米兰达睡在果园里——或者她没有睡着,因为她的嘴唇很轻微地动着,仿佛正在说:"Ce pays est vraiment un des coins du monde … où le rire des filles … éclate … éclate … éclate …"于是她微笑,让她的身体尽全重量垂到大地上,大地举起来,她想,把我驮在它的背上,像一片叶子,或是一个皇后(想到这儿的时候,孩子们正在诵乘数表),或者,米兰达继续想下去,我也许躺在一个崖石的顶上,海鸥在我的头上叫。它们飞得越高,她继续想下去,当教师斥骂孩子们,打真麦直打到指节出血,它们越是深深地看进海里去——看进海里去,她重复一下,她的手指松了,她的嘴唇轻轻地闭了,仿佛她漂在海上,于是,当醉汉的吆喝在头上响,她异常感奋地吸了一口气,因为她以为听到了生命喊出来了,从一张红嘴里的粗舌头,从风,从钟声,从甘蓝菜的曲线的绿叶。

很自然的她是在结婚了,当风琴奏"古今赞美歌"的一曲,于是,当钟鸣在六个穷女人产后上教堂以后,迟钝的、间歇的得得声使她认为大地为马蹄声震动了,一匹马向她疾驰过来了("啊,我只要等一等!"她叹息),她觉得什么东西都早已开始动了,嚷了,驰了,奔了,围绕她,越过她,接近她,成一种款式。

玛丽在劈柴,她想;披亚曼在放牛;大车从草场来;骑马人——她描出人、大车、鸟、骑马人在田野上作成的线来,直等到他们似乎被她自己的心跳赶出去,赶得转来转去,赶过去。

多少英里之上的空中,风转向了;教堂塔顶上的金羽叫了;米兰达跳起来嚷:"噢,我喝茶去怕太晚了!"

米兰达睡在果园里,她睡着了,还是没有睡着呢?她的紫衣伸展在两株苹果树之间。果园里一共有二十四株树,有的微倾,有的一直长上去,远远地伸出树枝去,而且作成许多红的或是黄的圆滴。每株苹果树都有足够的地位。天空和树叶极相称。微风一吹,对墙的枝条微倾了,又回复了。一只鹊鸰从一角斜飞到一角。小心翼翼地,一只鸫鸟向一只落地的苹果跳去;从另一面墙上一只燕子贴草地扑来。树干的上冲被这些动作牵住了;全体被果园墙关得紧结在一起。多少英里之下地心是夹住在一起的;表面上因颤动的空气而起皱;横过果园的一角,青上划了一段紫线。风在转向,一球苹果摆得那么高,以至于抹去了草地上的两头牛("噢,我喝茶去怕太晚了!"米兰达嚷着),苹果又直挂过墙头了。

3　无话的戏剧①

[法国] 阿尔培·阿克雷芒

再没有哪个家庭比他们的更平静了。从他们住的房间上，从家具的安排上，从装饰品整齐的配置上，看得出他们生活有规律。

他们已经结婚了二十多年，看来很幸福。没有一点儿显赫的气派！他们生性怕热闹。喜欢严肃！

他们不掩藏一点儿怨恨，大家会退让几步，知道是少不了的，在共同生活中。他们商量的时候，是关怀的。他们讨论的时候，老是用一种声音的。

实在是，他们两个都很懦怯。

男的是小说家。他的名字，侣仙·瑞协，却从未超出过某种程度的声誉。但这样他已经满足了。如要财运亨通，著作风行，他就得常进沙龙，参与盛典；而他总不愿意去。谦虚极了！他的朋友们说。实在呢：缺少胆量！

每逢他回家的时候，他总要吻他女人的前额，对她说一句难得改变的话：

"我想，我不在家，你不至于太寂寞吧，我爱？……"

他所得到的差不多总是一样的回答：

"不。家里有这许多事情要做呢。可是见到你回来我当然很快乐……"

瑞协夫人此外还分去她丈夫的一部分工作，可是极有分寸。他按期在《大日报》上发表短篇小说，担任打字的是她。她把它们重抄，把它们装到信封里，把它们寄出去；这个卑微的工作已够叫她自信为助手了。

唉！她一点也想不到会有什么戏剧来威胁她。

---

① 本篇译自法国《当代短篇小说选》(*Anthologies des Conteurs d'Aujourd'hui*)，译文发表时，未注明原文出版社名和出版日期，现未查明，也不知作者是否尚在人世。

怎么,五十岁年纪了,像侣仙·瑞协这样一个人,他也会叫一个不大相识的离了婚的女人弄糊涂了?然而事实是这样发生了。

这个离了婚的女人名叫奥尔丹西亚·巴莱思迦。生得漂亮,带一副女流氓的老脸皮,她来对付这个小说家了,他呢,接近她,心想如果有这样一个伴侣帮忙,他应有多大的事业了。

正因为他懦怯,她随意捉弄他。正如她不妨问他讨一个贵重的小东西,她问他讨一个日子跟她结婚。第一步他得离婚。啐!这是容易的小事情。结婚了整整二十三年,他的女人当然不再爱他了。他们在一块儿过活,说是为了感情不如说是为了习惯罢了。分离不会使人悲伤的。

奥尔丹西亚·巴莱思迦说话的时候用一种热烈的声音,用一种泰然的指挥人的口气。她完全征服了侣仙·瑞协,他虽然在回家的时候还是一样吻他女人的前额,对她说:

"我想,我不在家,你不至于太寂寞吧,我爱?……"

"不。家里有这许多事情要做呢。可是见到你回来我当然很快乐……"

晚上他思索实现他计划的方法了。很明白的,他不必像一个贼一样逃走的。为的要叫良心安静,他得相信他家庭的幸福已经成为一句空话,爱情已经没有了。为了这件事情他得干干脆脆谈判一下。只要事实认清了,分离自然会闯进来的。

对啦,可是怎么可以叫两个懦怯的人在一块儿干干脆脆谈判一下呢?

我们只要想起侣仙·瑞协是小说家,就不会怪他,在这种情形之下,从他的想像里找出一个新鲜办法了。

为的要向他的女人和盘托出他们相互间的处境,他写了一篇小说,用了想像的人物说明了他们的历史。为的一定要叫她了解,他此外还留心引几件琐事,十分真切,叫瑞协夫人看来不会猜不到这篇小说的深意。写到结局,他叫这一对夫妇离婚了,详述一番,说这个女人,没有爱情,走开了,不曾落泪,回到南方去,住下来,靠了足够的养老金,接近老家过着幸福的日子……

当他拿了这篇稿子叫瑞协夫人打字的时候,并非无动于衷。可是奥尔丹西亚·巴莱思迦一定快乐了。他赶快去把他的大事告诉她。

当他回家的时候,他想看他的女人怎样来接待他。

"我想,我不在家,你不至于太寂寞吧,我爱?……"他说,声音有点迟疑……

她回答他,和平时一样的镇静:

"不。家里有这许多事情要做呢。可是见到你回来我当然很快乐……"

难道她不了解吗?侣仙以为她把这篇小说留到明天抄了。他自己解释。这篇小说却早已被她用打字机打好,细心地重读过,寄给《大日报》去了。

为什么她不声张呢?她的缄默实在不可解。显然的,她也懦怯啊。可是现在处境已经露出狰狞的真面目了。问题只在作一个结论,一点也没有什么可怕的,他们似乎该说话了。困难却在于提起这个问题。啊,早已解决了!

等到小说发表了,侣仙·瑞协才得到了解释。他的女人已经把他的小说结局改过了。那一对夫妇还在进行离婚,出于男人的要求,女人呢,她结婚了二十三年,还把她的爱情保持得一尘不染,虽然她也许讲得不好,说是伤心死了。

这就是一个答复!

侣仙·瑞协了解了。就在那一天他跟那个不相识的女人断绝来往了。可是正如他的女人并不对他提起她那次偶然的合作,他从不对她说起他已经看过了那个新结局。世间有的是这种无话的戏剧!

"我想,我不在家,你不至于太寂寞吧,我爱?……"他问,只是比平常亲密一点儿,当他回家的时候。

"不。家里有这许多事情要做呢。可是见到你回来我当然很快乐……"他的女人回答他,一边向他伸出两臂来……

[据《西窗集》,波德莱尔等著,卞之琳译,安徽教育出版社,2007 年出版]

二

中长篇小说

1 史万家一边(第一段)①

[法国]玛瑟尔·普鲁斯特

　　有一个长时期,我常常睡得很早。有时候烛火一熄,我的眼睛就闭了,简直快得来不及对自己说:"我睡觉了。"而半个钟头以后呢,一想到该是睡觉的时候了,我又会醒来;我想把书本放开,以为还在手里呢;还想把烛火吹灭;我在睡着的时候,对于刚才读的东西,也不曾停止思索,可是我的思绪已经转上另一条路,有点儿特别;仿佛我自己已经成为书中的题材了:一座教堂,一曲四重奏,佛朗梭第一与查理第五之争。这种印象在我醒来的时候还会停留几分钟;它并不搅扰我的神志,可是像鳞片一样的罩在我的眼睛上,使它们无从认清洋蜡已经不在燃烧了。于是我开始觉得它不可领会了,像转生以后想起前生来一样;书中的题材离开我了,我去凑合与否可以随便了;同时我的视觉也恢复了,吃了一惊,发觉我周围竟是一片昏黑,又愉快又舒泰,颇适于眼睛,或许更适于我的心神吧,在我的心神看来,它是没来由的,不可思议的,真是一个昏黑。我心里想该有几点钟了;我可以听到火车的汽笛声,一忽儿近一忽儿远,像森林中一只小

---

① 　这是《史万家一边》(*Du côté de chez Swann*, 1913)开篇第一段,也就是整套长篇小说《往昔之追寻》的开篇第一段。别人编选的《普鲁斯特作品选》(*Morceaux Choisis de M. Proust*)曾把这一段题为《睡眠与记忆》。

鸟的歌声在点明距离,为我画出一幅荒凉的田野,那儿有一个旅客正在赶路,上邻近的车站去;他所走的小路将永远刻在他的记忆里,为了重重的兴奋,由于生疏的地方,由于不习惯的动作,由于最后的交谈,由于陌生的灯下一番告别的话在夜静中还跟随他,由于回家的快乐就在目前了。

我把面颊轻轻地贴着枕头的面颊,那真好,又丰满又鲜嫩,好像童年的面颊。擦一支火柴看看表。快半夜了,正是这种时候:一个久病者,不得不出了远门,不得不躺到一家陌生的旅馆里的,病势急转,忽然醒来,睁开眼睛来一看,倒很高兴,门底下有一线日光。好了,好了!天早就亮了。一会儿伙计会起来了,他可以按铃了,他们会来照应了。有人来照应的期望给了他忍受痛苦的勇气。不错,他相信听到脚步声了:脚步声走近来了,于是又远了。门底下的一线光也不见了。刚半夜呢,有人刚关了煤气灯,最后一个伙计也走了,他得整夜躺着挨受痛苦了,不会有人来看一看。

我又睡着了,有时候醒一会儿,只一会儿,刚够我听到壁板的响声,开一开眼睛配一配黑暗的万花筒,在知觉的一闪中尝一尝身外的睡眠,睡眠中沉浸着家具、房间,房间里我仅占一小部分的天地,而睡眠的无知觉呢,我又快要去分受了。或者,在沉睡中,我一点也不费劲地回到了实际上永不再来的童境,重受到种种幼年的恐怖,如叔祖拉我鬈发的恐怖,虽然后来是消失了,因为后来有一天——在我是开新纪元的一天——我的鬈发终于剪去了,这件事我在睡眠中可忘了,为了挣脱叔祖的手,一醒就想起来了,然而还仿佛为的预防起见,我赶快把脑袋整个地埋到枕头里,趁我还没有回到梦的世界去。

一个人睡着了,他的周围便环绕着成串的时辰、成套的流年与大千世界。醒来的时候,他自然而然把它们观察一下,一瞬间认清了他在地面上的地位,他睡过了多少时间;可是这种程序却容易混杂,容易紊乱,好比说,失眠了一夜,早上睡眠袭来了,当他正在看书,在一种和平常睡觉不相同的姿态中,他只要一举手就可以拦住了、拉回了太阳,初醒来的时候,他就不知道时辰了,以为刚就寝呢。再好比说,他在一种更反常的姿态中朦胧睡去,说是饭后坐在靠椅里吧,那宇宙便整个地错乱了,这张神椅就用全速力载他穿过时间与空间,到睁开眼睛的时候,他一定以为早几个月在一个异国睡下来的了。可是在我就够了,只要,在我自己的床上,睡眠浓得融解了我的意识;因为这样一来,我就完全不知道我睡觉的地方,夜半醒来的时候,既然闹不清我是在哪儿,我最初甚至于还不能断定我是谁;我只有最原始的一点儿生存的感觉,就是在下等动物意识界深处颤动的一点儿;我比穴居的野人还缺少人性;然而记忆呢——还不是记得我正在的地方,而是记得我曾在、或许会在的地方——来了,好像从天上放下来一条绳把我吊出虚无的深渊,仿佛我自己是不能自拔了:于是一刹那凌驾了多少世纪的文明,如烟云过眼,石油灯来了,翻领衬衫来了,终于渐渐地重把各成分凑起来还我自我了。

我们周围的东西所以不动,也许是因为我们确认它们是此而非彼,因为我们对于它们的观念不动的缘故吧。因为常常是这样,每逢我如此醒来了,我的心神竭力地挣扎,徒然地追究我是在哪儿,这时候一切旋转在我的周围,在黑暗中:物件,地方,岁月。我的身体,困得不能动,使劲地想根据了疲乏的姿势,记认四肢的位置,由此推知墙壁的方向,家具的安排,由此再造,由此称呼所在的住处。它的记忆,肋骨的、膝头的、肩膀的记忆,连续不断地推演出一个个它曾经睡过的房间,同时四周围看不见的墙壁呢,变化着配合每一个想起来的房间,在黑暗中乱转着。甚至于当我的思绪还在时间与形式的门槛上踌躇,还没有认清了环境来识别所在的房间呢,它——我的身体——却想起了每一个房间里床是什么样的,门开在什么地方,太阳光怎样照进窗子来的,外边有没有走廊,我去睡觉的时候想到过什么,醒来的时候看见过什么。我僵硬的肋骨,好比说,想找出一个定向,自以为对着墙壁,躺在一张有床顶的大床上,于是我立刻对自己说:"啊,我到底睡着了,妈妈总不来看一看!"我仿佛在乡下,在祖父家里(他老人家死了许多年了);我的身体,贴床这一边,忠实地从过去保留下一种我永远忘不掉的印象,使我想起夜灯点在波希米玻璃盏里,样子像一只圆瓶,用链子从天花板上挂下来,使我想起西亚纳云石做的火炉架,在孔勃亥乡间我的寝室里,在祖姑母家里,在遥远的往日,这些往日在刚醒的片刻呈现是呈现了,可是还不大清楚,在完全醒过来的一瞬间却十分鲜明了。

于是记忆换了一种新姿态;墙壁转到另一个方向去:我仿佛在乡下圣罗太太家中我住的房间里;天哪!现在至少总有十点钟了,他们该吃完晚饭了!我一定睡过时候了,我每次同圣罗太太散步回来总要睡一睡,然后换衣服。想起来已经过了好多年了,在孔勃亥的日子,哪怕走得最远,回来得最晚,我总还看得到夕阳的红光照在我寝室的玻璃窗上呢。现在同圣罗太太住在汤嵩镇,生活是大不相同了,兴趣也不相同,现在我只喜欢在晚上出去散步,在月下走那些我小时候常常在太阳光里玩的路;我的寝室呢,我一回到那儿就要睡着了,不去换衣服吃晚饭,当我们散步回来,我老远就可以看到它,窗口露出灯光来,遥夜中一星孤独的灯火。

雨横风狂,烟花零乱,这些记忆却不过一阵阵涌现几秒钟;常常是这样,恍惚片刻,不知身在何处,我不能区别造成恍惚的一大串假想,正不下于我们看电影里马跑,不能分开连续不断的一串姿态。可是我已经重见了,一会儿这一个,一会儿那一个,我生平住过的房间,而且终于在醒后便接上来的白日长梦中把它们一一巡视:那些冬天的房间,那儿,每逢我去睡觉的时候,我一股脑儿钻进了一种巢窝,用各色各样的材料构成的,枕头角,被面,床沿,一条披肩,一份晚报,这种种我都给胶合在一块儿,用了鸟儿作巢的忍耐;那儿,每当严寒的时节,我享受与外界隔绝的乐趣(有如海燕巢居在洞底里享受大地的暖气),那儿,炉火常常整夜地生着,熊熊的火光织满一屋,我睡在温润的空气中,仿佛裹着一件大氅,类似一个无壁的壁龛,一个暖洞,就坐落在房间的中心,一个热带,边界老是伸缩,因为温度总起变化,当一阵阵冷气溜到我的脸上来,从屋角,从窗边,从离火炉远的地方;——那些夏天的房间,那儿我常常乐意与暑夜合一,以至心凝神释,那儿月光常掩到半开的百叶窗上,放下一张仙梯,直安到我的床跟前,那儿我常常觉得像在露天睡,像一只山雀被轻风摆定在太阳光的一点上;——或是那个路易十六式房间,那么绮丽,我第一夜睡就不觉得怎样不舒服,细细的柱子轻轻地撑住天花板,那么雅致的隔开榻位;或是那个天花板极高的小房间,样子像空心的金字塔穿出两层楼,一部分钉着桃花心木的板壁,我一进去,闻到不习惯的香草气,就觉得心神迷乱,并且认清了紫罗兰色的帐幔跟我作对,时辰钟对我傲慢,高声饶舌,旁若无人;——那儿一架又古怪又残忍的镜子,方脚的,斜跨过墙角,在我寻常的视域中平静的环境里辟一个前所未见的天地;——那儿我的神思,老不安定,一连好几个钟头地挣扎着,想伸上去探一探屋子的真形,一直到顶上去套一套它奇形怪状的尖筒,因此苦恼过好多夜,我的身体呢,直躺在床上,眼睛向上边翻着,耳朵张着,鼻管窒息着,心跳着,直到习惯改换了帐幔的颜色,镇静了时辰钟,带来了慈悲相给狞恶的斜镜子,掩蔽了(若不是完全驱散了)香草气,明显地减低了天花板的高度。习惯! 这是手段高明而动作迟缓的管事啊,他开头总先叫我们的心神在一种暂时的安排中苦恼几个星期;然而不管怎样,找到他总是运气好,因为没有他帮忙,全凭自己的气力,我们就永远无法使任何房间合我们住了。

当然,我现在是清清楚楚地醒着,我已经翻了最后一个身,"明确"之神镇压住周围的一切,把我安顿在被窝里,在寝室中,把一件件东西安排得差不多各得其所,在朦胧中看起来:衣柜,书桌,火炉,两个门,临街一个窗子。但是也徒然,虽然我明知道我并非在那些屋子里,那些屋子的影象,在清醒的愚昧中,即使我不曾确实地见到,我相信总可以见到,因为我的记忆开始活动了;平常我总不打算立刻再睡;我把大半夜的工夫用去回忆我们往日的生活,在孔勃亥祖姑母家里,在巴尔贝克,在巴黎,在潼西艾尔,在威尼斯及其他各处;回忆那些地方,在那些地方认识的人,在那些地方见到的种种,人家告诉我的种种。

[据《西窗集》,波德莱尔等著,卞之琳译,安徽教育出版社,2007年出版]

2 新的食粮(第一卷)

[法国]安德雷·纪德

译者序

一、一个结晶——一部分的乐园

安德雷·纪德在思想上和艺术上的演变大可以拿来说明他的任一本重要作品的组成,反过来他这种演变也可以用他的任一本重要作品来说明,至少到某一阶段为止的演变,可以在某一阶段的作品里找到它的映影或缩影①。道理寻常:一沙一世界,一即一切,沧海勺水,勺水见沧海,或用纪德自己的话来说,"艺术品是一个结晶——一部分的乐园。"②自然这应用到任何作家,差不多全属可通,而再放大来看,艺术也无非"以特殊表现一般而已"③。不过,纪德却是一个极端的例子。在他,正如以一篇《纪德研究》而成为此方面的权威,启发了所有纪德研究者的耶克·里维埃(Jacques Rivière)所说,"每一个感情都牵连全颗心";在他,"爱一件东西就是,而且尤其是,爱其他一切"④。而里维埃更恰当地在他的《研究集》中纪德篇的头上,用了纪德在《尘世的食粮》里说的一句话作为题语,"我把我的全财产都带在身上,就像颜色苍白的东方女人,在她们的身上带了她们的全部家私。"里维埃的《研究集》里的纪德篇写在 1911 年,而纪德自己

① 除了他的自传《倘若麦子并不死》和《日记 1889—1939》那不在话下,因为这两本书本身就是一种解释,把他生命史上的全部演变阐明无遗,这里说的作品只限于他的创作。

② 见《纳蕤思解说》,《浪子回家集》的第一篇。

③ 纪德在《赝币制造者》里也借爱德华而强调了这一点。

④ 见里维埃的《研究集》(Études)。以后引到里维埃的话都见于该书的纪德篇。

在1925年出版的《赝币制造者》里也就借主人公爱德华而说了"我想把一切都放进这部小说"。所以在他往往一本书里就包含了他的精神生活的全部的来踪去迹，哪怕表面上看来纪德的著作往往前一本和后一本完全不相同。当然各书能解释纪德到若何程度亦有不同，而《新的食粮》正就是最足于解释纪德的若干部之一，而且因为出版较晚，又是把纪德的演变解释得最全的最小的一本书。那么，不是更方便吗，如果这本小书里还有些片断足以用来解释这本书的发展，也就解释了纪德的演变？里维埃说过纪德的"一个句子就包含了全部书的安排"。同时还说过他的声调（ton de la voix）就泄漏了他的灵魂，里维埃自己研究纪德就从文体上下手，结果十分成功。我们现在就索性推到极端（pousser jusqu'au bout——为了解释的方便，有些地方原都不妨推到极端），就在《新的食粮》的开头部分找出这一段作为我们的公式：

> 在枝头雀跃的斑鸠，——在风中摇曳的枝条，——吹侧小白帆的海风，——在掩映于枝叶间的海上，——顶上泛白的波浪，——以及这一切的欢笑、蔚蓝、光明，——我的妹妹，是我的心在对自己讲述，——在对你的心讲它的幸福。

虽然意义上也有可说的，这一段引来作为公式的价值，主要是在于这里——尤其是前五句——所包含的节奏和运动，或如里维埃所说的风格和章法（composition ou manière de composer）。

通常讲纪德的文体的都把他的发展过程分作早晚两期，早期终于《尘世的食粮》，而即以该书为代表；晚期始于《不道德人》，而以该书与《窄门》为代表。晚期也可以直推到《赝币制造者》，而以该书为顶点，但该书似又可算是开了另一个时期，不是纯粹的第二期产物了。第一期书，如里维埃所说，"不管是诗的或思想的（idéologique）都是照内在的运动（mouvements intérieurs）而具形"。把纪德的精神活动的姿态表现得最明显的也就是这一期的风格。而这一种"风格的美处"，里维埃说得好，"不在某一点，也不在某一个字，也不在某一个意象，而只在句法

(Syntaxe)"。他的用字,他的意象,往往是平淡无奇,可是经过流动,就像小石子在溪水里非常生色,非常生动。也就从里维埃把纪德这一期中的"字句的运动"比作水流"充满了方向"以来,大家提到这一种风格总同意用"运动"来说,同意说它们"流动"(Fluides)。而最能道出这一种姿态的还是里维埃自己的这一段话:

> 像早晨的空气,被太阳的影响一步一步地接触到了,渐渐地充满了一千种看不见的细流,一忽儿放纵,一忽儿缓缓地回转,这个灵魂在事物面前就如此注满了不固定。它感觉到它们的温煦,它一举一动都招来一番心乱。沉默的来去,歧异的趋势,抓住了它;它一任愉快的萦回所摆布;每一道从外来的光线都在它身上唤醒种种轻微的回荡、冲动、抛弃、欲念,象征风在空中骤来骤去的踪迹;献身与引退;突进的爱情,随又被悔恨袭占;等待的踌躇;精微而随即放弃的倾向。这一切动弹,就是它们操纵了风格。……

"清露晨流,新桐初引",也就是这一种境界,只是这里更充满着受感动的一颗心的悸动,或者甚至于流贯着颤抖,氲氤着不安定、期待、放任、矜持、生怯、低徊、逡巡、反复、摇曳、一步一回头……

风格如此,章法也相仿。题为"恋爱试验"的那篇所谓"解说"①,每一段都重新开始,纪德在《赝币制造者》里也说要把小说写得每章都不借上一章的余势,而这部小说也就差不多写得有点像这样,而极端的例子还是非小说的《尘世的食粮》,那本书里甚至"每一句都与另一句平行",如里维埃所说,"每分钟书都在重新开始"。"一堆观念和感情",也对的,可是就"无始无终"吗?我们也有理由和里维埃稍持异议,而认为其中还是有进行(Progrès),只是一种波浪式差池的进行,或者螺旋式的进行而已。

当然用这一种描写全部风格与章法的话,来描写我们作为公式的这一小段文字有点称不起,可是对于这些地方,这个公式也具体而微了。分

---

① 见《浪子回家集》。

析起来看,这一段里前五句在安排上可不是一呼一吸,放出去,马上收回来,随又放出去,不断的重新开始吗?这些平淡的意象也就靠字句的流动而放光。它们的步伐也就是摇曳生姿。它们的进行说是断吧,实在还是续的,并不是乱堆在一起的,上一句里潜伏了下一句里的东西,像浮在水流里的木片,被一浪打下去,过了一程又出现了,也就像编织的缠花边(arabesque),意象相依相违,终又相成,得出统一的效果。有些字眼与意象显得是重复的,可是第二次出现的时候跟先一次并不一样,另带了新的关系,新的意义。

这样的写法,虽然纪德并不存心跟象征派一样,照音乐的办法写文章,徒然的想用文字模仿声音的语言,因他自己在早年就说过:字句的波动而前进,"照有旋律的思想的曲线,借一种微妙的相互关系"①,但结果还是一种音乐的效果,正如《赝币制造者》全部小说也就是如哈蒙·斐南台士(Ramon Fernandez)所说的,"一套小说批评的管弦乐妙构"(une magistrale orchestration critique du roman)②。而《尘世的食粮》就安排上说,也正如里维埃所说的有点像该书第四卷里翡乌索里(Fiosole)小山脚下,月光里那些情人的语声所作成的,松散而飘忽的,这种微妙的交响乐:

> 月亮从橡树枝间出现了,单调的,可是跟平时一样美。一组组,现在他们谈话了,我只听到一些零散的字句,我觉得每人都对其余一切人讲爱情,而不在乎是否旁的什么人有没有听。

《新的食粮》也多少有点像这样的安排。

这样的安排(虽然纪德并不是写诗),也就是诗的,抒情诗的,因为抒情诗的行进决不是沿一条直线,而一个意象一个意象的,一个境界一个境界的,像云一样一卷一卷地舒展。

———————————

① 见《安德雷·瓦尔特笔记》。
② 见斐南台士:《纪德论》。以后引到的斐南台士的话都见于此书,此书出版在1931年,与早二十年写的里维埃的那篇《纪德》同样是纪德研究的名著。

　　而说来奇怪,这样的安排也可以说是科学的,自然科学的。斐南台士在他的《纪德论》里把纪德的这一个特点,科学精神与科学方法,说得非常透彻,纪德读了以后也甚以其说为是,特别以此说为喜①。的确,依照科学精神与科学方法,判断是不该遽下,而应先通过观察、怀疑、不偏执、不肯定自己没有证实的道理,让同情由一种批评精神来校正,于是乎踌躇,于是乎不断的重新开始。所以,例如《尘世的食粮》,照斐南台士说来,那"就是一种真正的种种感觉的分类,纪德在那里从事于给这些感觉剥去它们的偶然的牵涉,为了尝试它们的纯粹的反响。甚至于这部作品的组成,在它的诗装之下也令人想起科学家和心理学家的精密的观察"。而《赝币制造者》里爱德华写小说的方法,也就是一种科学方法。除此以外,我们可以说,这也是一种实验室里的办法,不断地全部地披露过程,不光是揭出结论,而且不遗弃命题。纪德最擅长写日记,爱用日记体作小说、游记,其原因,除了爱真挚,也还是这种科学态度。

　　正如诗的精神与批评的精神贯穿了纪德的作品,他的风格"是一种批评的风格",斐南台士说:"批评自己的风格,批评创作者内在的步调(démarches),批评我们对于事物的觉识,因为字句就分析自己。而有时这又是诗的风格,总回复到最初的印象,字句的运动,不是向感觉转就是避开感觉的暗示。"

　　这样不断的重新开始,自然也就不免时常重复,可是②第二度的出现跟第一度的出现不但总有些不同,且大多由无足轻重的地位,进到主要的地位,即使由主要的地位退居到次要的地位,也还是新陈代谢式地方便了或者帮助了新东西的向前突进,因此层层叠叠地推涌前去,愈涌愈远,正如纪德自述他最初被他的表妹(就是他后来的夫人)拒绝了他的求婚,并没有挫折他,反而把希望带得更远。许多观念,许多感情,都一度潜伏,再

---

①　见《日记》页 1046。

②　斐南台士说"可是"(mais)是一篇纪德研究文中最自然的句读(Ponctuation),就是纪德的书名上也见出他对近于重复的喜爱:《借口集》《新借口集》;《乍得回来》《苏联回来》;《日记抄》《日记新抄》;《尘世的食粮》《新的食粮》……

度以更严重的意义而重见。这种例子俯拾即是。即以手法而论,在纪德的第一本书《安德雷·瓦尔特笔记》(Les Cahiers d'André Walter)里就写了瓦尔特准备写一部小说而写日记,记下过程,在稍晚一些的讽刺小说《沼泽》(Paludes)里就书中有书,而且书名也就叫《沼泽》。这只是一个芽了,若再提取几十年后写的《赝币制造者》里爱德华的为了写小说而作日记,也就把小说名叫作《赝币制造者》——那成了《赝币制造者》全书的中心,而《赝币制造者》又是二十万字以上的一部长篇小说了。又如"超越前去"(Passer outre)的说法,远在1893年写的《恋爱试验》里就出现了,可是那时候仅露端倪,到几年以后写的《尘世的食粮》里就成了重要的观念,到更后就成了纪德的中心观念之一,最后简直成了《新的食粮》的一个骨干。而在《新的食粮》里,纪德自己也就把"进步",喜悦的"进步",这一个观念溯源到《窄门》。自然到《新的食粮》里这个观念也就成了全书的骨干,因为"超越前去"也正就是"进步"。这也就是纪德的进步,螺旋式的进步。

老超越前去,这样的进步,表面上又自然会常常显得前后互相抵触。不断修正,不断扬弃(例如《尘世的食粮》里不放过任何欲念的主张到《新的食粮》里遭了废弃,而他在那里另外提出了"选择的德性"),本就是新陈代谢的条件,可是尽管纪德不看重一贯,他在一切演变里比任何人都一贯。忽略了这一点,就易生误会。这里随便举一个例子。一位名叫弥尔敦·史丹斯布里(Milton H. Stansbury)的英国(或美国?)先生在他的《今日法国小说家》(French Novelists of Today)一书[1]的纪德篇里就说了这样的一句话:

> 可是在他委诸本能中,在这种灵魂与肉体不断的再生中,在他不解的渴中,这位《尘世的食粮》之热心的巡礼者回过来悲叹一切的空幻,而扔掉了他的书。

如果我们没有了解错,这句话不是等于说纪德以为《尘世的食粮》尽是废

---

[1]　史丹斯布里的《今日法国小说家》出版于美国本色尔凡尼亚大学出版部(1935)。

话,说了半天,结果是一笔勾销吗?而原书上怎样说呢?在前言里:

> 当你读了我以后,抛掉这本书——而出去吧。我愿意给了你出
> 去的欲望……别把我的书带在身边……

在尾声里:

> 扔掉我的书;摆脱它,扔掉我的书,对你自己说这里无非是生活
> 面前千种可能的姿态的一种而已。找你自己的姿势……

因为他愿意

> 我的书教你关心你甚于它自己,——然后关心其他一切甚于你
> 自己。

原来纪德在书里讲的道理也就是摆脱一切的道理,而"得鱼"就应该"忘
筌",本没有什么自己打自己嘴巴的地方。

由此不能不令人想起,简直也可以说就由于这样的误会,纪德在他五
十岁以后的小小十年里,引起了社会上的两次不小的风波,思想上,尤其
是政治思想上两度的所谓"转向"。

首先,1925 年的 7 月 8 日写完了他的大作《赝币制造者》,仿佛也就一
下子摆脱了它似的,连等它在巴黎出版都不等,纪德就在 8 月 18 日出发
往刚果去旅行,去采集奇异的蝴蝶去了。在《尘世的食粮》的时代,他还只
旅行到了北非洲,现在是往赤道非洲去,更远了一步。这一次他带回来的
收获却是一本《刚果纪行》(*Voyage au Congo*)和其后的一本《乍得回来》
(*Le Retour du Tchad*)。他在这两本旅行记里揭发了殖民地人民被压迫
的黑幕,帝国主义者当局的罪状。要讲点世故,纪德最好不发表它们,可
是他好像觉得骨鲠在喉不得不吐。发表了以来,他就颇受了一部分人的
攻击,而获得了大多数有心人的热烈拥护。随着他在以后几年里大读社
会问题书,马克思、恩格斯等等,而发表了《日记抄》《日记新抄》,随了他参
加当时的左倾青年的集会,大家就众口一辞说他"转向"了。

他自己则不承认"转向",在一个集会上公开地说了:

请不要在这里说什么"转向"吧。我从来没有改变过我的方向，我一直向前走着。极大的差异是：在长时期内，我只瞧见我的面前有着空间和自己的热心的照射。现在我却向着什么东西走去，我知道我的不确定的希望在某处组织起来，我的梦想正在变成事实……①

于是他于 1936 年夏天到他的"梦想正在变成事实"的地方——苏联——去作了一次巡礼。虽然在完全与充满了原始森林的大自然的舞台非洲中部居反对方向的那块地方的人丛里，也有许多事情叫他感动得流泪，纪德在那里也得到了不小的失望，也许是因为事先的期待太殷了。他回来了，带来了一本《苏联回来》——又是一本《回来》！世故的朋友们劝他不要发表，可是他也同样抱了基督教忏悔式的什么都无隐的精神，还是发表了。这一次引起的骚动更大，因为被激起惊讶的不再是顽固分子，而都是敏感的有头脑的热心人。而针对了同阵营里骚然的抨击、挞伐，他索性发表了《苏联回来补》(*Retouches à mon Retour de l'U.R.S.S.*)。好，这又不是"转向"了吗？

纪德当然更不会承认了。实在顺着一条螺旋式的道路走去，在一条曲线上，我们能说到哪一点算是"转向"呢？也许他只是走快了一点而已。这也许只是诡辩或文字游戏，可是这正是纪德的思想与艺术的发展史上的一个特色。（他自己原是在《尘世的食粮》里说过有福的是这样一个人："他在地面上一点也不执著，而携带一种永久的热诚穿过多种经常的变动。"）我们甚至可以说合乎辩证法——问题是，讲起辩证法来，这里好像是渎用了它，也许正因为不"唯"什么，成了不断的翻筋斗。自然我们的地球上本来也无所谓上下，我们全是在某一点或面上相对的立下了标准，而也只有从此出发我们才有可为。纪德在《新的食粮》里讲得果然很好。

断了奶的孩子却不是忘恩的，如果他推开他的母亲的乳房。

① 用黎烈文译文（见于他的《邂逅草》），原被引于爱伦堡的《纪德的路》（该文见《一个俄国人眼中的几位法国作家》）。

可是孩子也不能太早的断了奶啊。"超越前去"固然势所必需,可是也不能尽是用接吻式或蜻蜓点水式;"超越前去"必先自己站住了脚跟。这里就牵连了某一特定阶段里的历史任务(mission historique)①,这里也牵涉了某一特定阶段里的现实问题。纪德在后期中口口声声要现实,他实际上却还是理想家。他太驯良了。尽管他在一生中对别的影响上起了不小摧陷廓清的作用,他醉心的还是建设,如他在《新的食粮》里所说的"我的精神,归根结蒂,还是为了组织而工作,为了建设"。他被苏联吸引去的时候也就在苏联开始建设以后的阶段,也就在他认为他的梦想被部分实现了的阶段。一个理想家总不容易放过任何看不过去的事物。如果我们局外人平心静气的来读,纪德在《苏联回来》和《苏联回来补》里并没有什么恶意,他不过还是取了宗教的忏悔精神、科学的"一切公开"(tout ouvert)的态度。可是原认纪德为"转向",原庆幸他"转向"的许多人——自然也都是好心人——大惊小怪了,苏联当局也严厉谴责了,于是群起而攻之,因为他们原也跟纪德一样的充满了不容忍的感情。实在也不能怪他们,敌对的阵营里不是正利用了纪德的话来加强了反击吗?这也非纪德的初衷,他并没有因此就一笔抹杀了寻求光明的这一方面而反身投入另一方面而肆其破坏原阵营的工作。这可又怎么解释呢,除了说他是一个理想家,一个艺术家?不错,我们要说一个艺术家。艺术当然需要植根在现实里,可是艺术品究竟不是现实(这也是纪德爱说的),艺术世界里的尺度不能应用于现实世界,正如现实世界里的尺寸不能应用于艺术世界。参加行动对于艺术创作是有益的,可是在行动里就必须顾到行动的实际,参加行动就得沉下心来专心一意地追随或领导政治、政策、战术、战略。还是根据了一颗天真的童心或者相反的一种超然的艺术态度,在现实里若不是全然无用就是出乱子。譬如,艺术作品里,甚至于哲学思想上,尽可以如纪德早先那样的推崇"真挚的行动"的绝对价值,可是在实际应用

---

① 斐南台士在《纪德论》中也说到,虽然他的书出版于1931年,远在《新的食粮》出版以前,更远在这里所讲的纪德所引起的风波以前了。

上,就要看它的相对作用如何了。更如,在艺术作品里一个人尽可以发抒他把解放当作自由本身的精神,尽可以发挥"开始的哲学"(这两点都是斐南台士从纪德身上指出的),因为在那里端倪就可以独立,在做一件事情上就不同了,因为欲有所成,开始了必须守成,因为起事不等于成事,一步未了又跨出一步,等于废事。这里也牵涉了宣传与艺术的分歧。为眼前的实用起见,作家尽可以写标语、传单,可是,千万别以为这样就是在创造艺术(顶多可以说是正在从事将无意中丰富艺术的实际生活),要不然,明天忽然逼于现实的需要而必须抹去今天的标语、传单,必须写起完全相反的标语、传单来,心上就难免尴尬了。惟有表现时代的艺术品才有永久性,不错,可是也就在它表现到时代的深处,不在表现了瞬息万变、朝三暮四的浮面,而在表现现象,以意识到本质的精神。艺术如有什么实用,也许有很大的实用,多分看不见的,极少马上可以见效的,我个人在别处说过:"一管笔是一支枪(从事宣传工作者的口头禅),对的,可是究竟是比喻的说法,事实上不是一支枪,面对面当然抵不过一支枪。"参加过政治工作的艺术家当然会更深刻地感到这一点。所以说来奇怪,见解上忽略了历史任务的纪德,在生活上又无意中获得了一种历史意义(Signifiance historique)。这在纪德的情形下又不足为奇。"他是歌德一类的作家,"斐南台士说得好,"每一部作品在内部的价值以外,还代表一种文化的演变中的一个阶段,造成一种文化的那种发现与证实的过程中的一个经验。"纪德的《尘世的食粮》,一本讲摆脱一切因袭的束缚,放纵官能的趋向,歌颂与自然的直接的来往的小书,虽然在出版以后的最初十年里一共只销了五百本,却正是一种时代的呼声,从巴黎的沙龙与俱乐部的窒息的空气中①喊出来的呼声,或者向那里喊进去的呼声,也许是粗野的呼声,叫闻者都悚然而又雀跃,叫罗杰·马丁·杜·伽尔(Roger Martin du Gard)小说里的年轻人听了就相约而逃出巴黎,奔赴马赛码头②,叫后一辈的小说家

---

① 纪德自己在《倘若麦子并不死》中也讲到这一点。

② 见马丁·杜·伽尔(1937 年诺贝尔文学奖得主)长篇小说《谛波尔一家人》(*Les Thibault*)第一卷《灰面笔记本》(*Les Cahiers gris*)。

把生活或眼光放到纸醉金迷的巴黎以外去,甚至法国以外去,去 décivilisé(摆脱文明),去吸吮生命的源泉,去接触原行,总之去生活而创作,例如马尔洛(Malraux),例如圣·狄瑞披里(Saint-Exupéry),例如桑宋(Chamson)①,也许不是我主观的杜撰,如果说他们也都是得了这一种呼声的启发。是的,纪德,若不是单独也当是与少数一些人同时的,不仅是代表了而且是启发了一个时代。而现在,他如果不是启发也就是代表了一个时代——当他第一度所谓"转向"以后,也正是许多年轻作家采取同一方向的高潮的开始,而当他第二度所谓"转向"的时候,大家还对他大张挞伐,可是到西班牙人民政府失败了以后,到第二次世界大战爆发以后,大家又怎样呢?也许最明显的例子倒见于英国,30 年代前期轰轰烈烈地主宰了一时代的左倾作家,都好像"回来"了,而总是"他们发现了",约翰·雷曼(John Lehmann)所说的"政治活动和政治主张对他们究竟不会是很容易解决的问题"②,"一个共同的灰色笼罩了一切"③。这又岂止在一个英国而已。这自然更不是纪德的影响,而是在这个时代里许多人所共同走上的道路,只是纪德恰好又走在许多人的前头。关于这些人,雷曼也就说,"他们的行动可以说并不是圆圈式而是螺旋式,他们有了一个很确切的进展",他们增加了社会意识等等。这也正好是说明了纪德,他自己在后来的《日记》里还是说几年的研读马克思不是白费,他进去了又出来了。然而,"转向"也罢,"进步"也罢,他还是一贯。虽然他自己不在乎一贯(例见《新的食粮》),虽然他再三说他自己身上的矛盾。纪德老爱讲他自己身上的互相抵触的根源,例如他在《倘若麦子并不死》里,提起他一出自北部诺曼第,一出自南部于塞司(Vzes)的母家和父家的时候:

---

① 里维埃也说,他离开了象征主义,回复到人性,"给我们指了路"。圣·狄瑞披里的中篇小说《夜航》及桑宋的短篇小说集《山·水·阳光》(或照原名直译为《地·水·火·风》),已有陈占元中译本。

② 见雷曼的《欧洲的新文学》(*New Writing in Europe*),《塘鹅丛书》本(1940)。

③ 转引自德路(Elizabeth Drew)的《现代诗的诸方向》(*Directions in Modern Poetry*),美国诺敦书店(Norton and Co.)出版(1940)。

> 要讲不同,无过于这两家了;要讲不同,在法国也无过于这两省了。它们在我身上集起了它们的矛盾的影响。

他常爱确立这南北两省的影响于精神的特点:南部明净,令人易感到官能的快乐;北部沉重,令人倾向于撇弃浮面而探索深度;后者适于基督教精神,而前者宜于异教精神。虽然在这里严格地讲起来,诚如斐南台士所说,在逻辑上只能算是相反而不是矛盾。没有关系,纪德总还是在那里一再提调协或统一,直到 1937 年的日记里还提到说:

> 一种总想调协的要求折磨我,这是我的精神上的一个乖僻,这也许是我的一种心性。我愿意照布莱克(Blake)所说的叫天堂与地狱通婚:"个人主义与共产主义……你怎能调协这两个对敌者呢,就算在你自己身上。"我的朋友马丁·杜·伽尔笑对我说,"这是水与火啊。"从它们的通婚就产生了蒸气。①

他甚至说:

> 大家坚执一见。唯物论者不知道他只有用了精神才否认得了精神,唯心论者又不承认他就是需要物质来思考。

不错,如上边说过的,纪德也不是由否定价值的认识上走向他所谓的"共产主义"的,也难怪到 1937 年,就在讲了上述那些对立以后,他又说了:

> 这些冲突,我在外边遇到它们以前就已经感觉到它们在我身上活动了。我认识它们,而也就凭我个人的经验,我才知道一个人在斗争里如何消磨了自己,如何白费气力。我长久在我的本性里相反的成分之间,维持了这种斗争,直到有一天我问了自己说:有什么好处

---

① 本来这种天堂与地狱一类的对立(不同于中国由道家出发的阴与阳的对立,那是不牵涉善恶问题的),都是基督教的影响之下看出来的,也就影响了西洋整个的精神活动,我们现在照日文转用来的"转向"原为 conversion,也还是宗教的说法(改宗)。而纪德当初倾向于共产主义,也还是出发于基督教的人道主义的精神。他在 1933 年的日记里也就说了:"不错,这不只是文字游戏:在 Communisme 里也正有 Communion"(圣餐礼或神会或共享)。

呢？从此我就不再追寻斗争和一部分的胜利，而追寻了协调；为了我终于明白协调里的各成分愈相违，谐和愈丰富。同样，在一个国家，那是一个阴晦的乌托邦——如梦想一党压倒另一党；梦想一个极权国家，在那里被压服的少数不再能发表意见；在那里，更坏的是，每个人，全体人都千篇一律的思想。合唱队用一个声气歌唱的时候，就不能再有什么和谐的问题了。①

这果然说得动听，可是也只有说说而已。天下这样的善意人自然不少，可是相反方面的野心家也就总不缺少，既然不能不有不相同。而现在呢，譬如，纪德从法国在 1940 年对德国停止抵抗以后，听说就居住到非沦陷区，可是《法兰西新评论》要在巴黎复刊，因为要发表他的文章，就发生了问题而搁浅了——这是现实。而现在德国军队开入了非占领区，我们也就不由不为这位老先生抱了深切的担心。现实逼使人非此即彼，而我们相信纪德的痛恨纳粹主义还是而且是比痛恨什么主义都强烈。纪德向往的马上就得到的协调怕只有在艺术里可以开花。是的，还是让我们回到纪德早年所说的话去吧：

我常常自认我之所以从事艺术工作者，就因为我只能靠它而实现那些太相异的成分的协合。②

也就让我们还是回到艺术作品上来吧。艺术作品调协相反的倾向中，最明显的例子无过于纪德的《浪子回家》了。浪子回来而他的弟弟出去。两个主题，诚如斐南台士所说，"造成诗的两重的厚度，每一个对于另一个尽了启迪的功用，而两者互相融化于一种音乐的沉默，那里继续着觉察不出的颤动"（或照我们的现成话来说"余音袅袅"），或简直就是一种音乐的和谐，画家在帆布上的调和色调，在那里"不但相反的超乎时间与空间，而在一种一致里调协了，而且和谐的力量在一个永久的主题上结晶了"。把这

---

① 见《日记》页 1294。
② 见《倘若麦子并不死》。

番话应用到后来的演变上,我们也尽可以说纪德在现实生活上的两个不相同的"回来"——从刚果和乍得"回来"和从"苏联回来"——也惟有在《浪子回家》一样的"回来"里才可能得到调协。浪子回来而他的弟弟出去——这里包含了永久性,可是这不是尼采所谓的"永久的回复"。浪子的弟弟是年轻一代人,他如果再回来总是跟浪子不一样的回来,而他自然也有更年轻的弟弟。不错,明年的春天会再来的,可总是另一年的春天了,园子里的花木会一样的开花,可是多少总是改变了一点,增加了枝叶或者相反的衰老了一点,而衰老了一点也是让下辈多舒展了一点,总之,不能不算是进了一步。纪德的晚期内两个"回来"的戏剧,总是他思想史上的两大急剧而确切的激变,而我们也恰好在我们开头所引的那一段话里,那一个公式里,相应地发觉了首五句闪烁的字句以后,比较上是急转直下的最后三句的紧张与明确的节奏。

二、从《尘世的食粮》到《新的食粮》

而这个公式不但说明了纪德的文体,说明了文体里透露出来的思想的演变,而且也说明了文体的演变——演变的两个阶段。

当初纪德第一度所谓"转向"的时候,曾经如上边所引的说过"在长时期内我只瞧见我的面前有着空间和我自己的热心的照射。现在我却向着什么东西走去",这也可以说从空洞、不确定的境界转到了切实、明确的境界。与之相应,我们这个公式里,经过了前五句摇曳,闪烁的节奏里现身的斑鸠、风、枝条、海浪,经过了急剧的好像要把什么都放进去的拦腰一束,就急转直下,明白地说出了意义,——"是我的心在对自己讲述——在对你的心讲它的幸福"。可是这更清楚地说明了纪德从《尘世的食粮》一类早期的文体到后期的小说的文体的演变。他的文体到小说时期变成了明确、简练、干净利落、爽脆有力,每个字都有了它自己的个性,其意义不再系于字句的流动,而流动也不再见于字句的表面,而到了深处,变成了看不见的潜流,代替了字句的颤动,看得见的只是书在流泻。这种可以说后期的文体如《赝币制造者》的文体，卸却了一切铅华，简直成了透明，达到某一种意义上的古典主义的造诣。可是至少早年的那种晨风式的流动还是会回来的，纵然多少有点不同，于是就有组织上与《尘世的食粮》大同小异的《新的食粮》。这本小书简直是融合了两种文体，因为一方面其中大部分，尤其是前一部分，文体极似《尘世的食粮》，而另一方面"邂逅录"和最后一部分却又正是小说时代的文体。

比较起来，《尘世的食粮》里抒情的成分（Lyricism）多于冥想的成分（Meditation），换句话说，诗多于哲学①。而从《尘世的食粮》到《新的食粮》，正如文体所表现的，也正如我们的公式里所表现的——从风花雪月到人——长长的岁月里修养上也有了极大的变化。因为纪德在这一段时期内已经从自传到了小说，从个人的享受到了对于别人的关怀。创作上既然召起了人物，纪德的"惟一的操心"，如里维埃所说，"从此就在于忠实地表现他为他们所发现的一切思想，他认出该由他负责的一切行动，一言以蔽之，讲他们的故事"。纪德早就只爱了"一个讲得好的故事"（un récit bienfait），因为，如斐南台士替他说的，"再没有一种文体比小说（roman）更变化多端、层出不穷，在那里诗应该协助，应该阐明，而不歪曲最日常、最平凡的现实"。这不但决定了纪德的艺术的途径，也决定了他向人生里的投身。他觉得"光是打开了人生，尝尝那里的多样性是不够的，还得经验这种多样性，像别些人一样的经验它"。因为纪德的理想小说，如他在《赝币制造者》里所阐明的，也如斐南台士给他摘要说出的"不是画的'我'，也不是画的'别一个'，当作惟一的人物的'别一个'，由于赋给他的重要性和对他的熟悉而不同于别些人的，而是画的'全体'，还不是反映于一个'我'中的'全体'，而是'每一个'所表现的，所经验的'全体'"。或者，换一种看法，照纪德早先在《倘若麦子并不死》里说的，小说家教他"关怀别人，跳出自己"。也就是这一种趋势协合了天下为怀的宗教心，使他倾

---

① 苏台（Paul Souday）在他的《纪德论》一书中讲到《浪子回家集》一书是纪德的最美的一本书，说它是诗与哲学的结合，其实纪德的每一本书都是诗与哲学的结合。

向的社会主义,因为社会主义者与小说家简直没有多大分别了,如果小说家是这样一个人:

> 我的心只为了同情而跳;我只藉了别人而生活;藉了代理,或者可以说,藉了通婚;我觉得我生活得最强烈的时候,也无过于当我避开了自己而变成随便怎样一个人的时候。①

而这种思想发展下去也就成了或者同时成了《新的食粮》里的一个中心思想。不错,《新的食粮》还跟《尘世的食粮》一样地讴歌喜悦,教人放纵欲望,享受官能世界,接触自然②,可是已经不如《尘世的食粮》里那样地不负责任,例如幸福就有了个是否剥削别人的幸福的限制,而自然也往往只用来说明人了,例如说自然史是最好的人类的历史③。《尘世的食粮》的作者对于人生的经验其实还是很少,还不知道或者忽略了现实,例如只有到后来在《梵蒂冈的地窖》(*Les Caves du Vatican*)里才提到了《尘世的食粮》的旅途上也该少不了的跳蚤、臭虫、蚊子,而《新的食粮》里的"轮番曲","出于抒情的表现",在这里就让"邂逅录","出于事实的表现",来代替了④。《尘世的食粮》和《新的食粮》写的同样可以说是初醒的境界,可是在同样的年轻的精神里也显出了年龄的并非徒增的痕迹。同样对于生活中的一切都惊讶、赞叹,《新的食粮》的作者已经不如在《尘世的食粮》里那么天真烂漫,不再那么的纯凭主观,而且不由纪德自己,充满了成熟而炉火纯青的睿智。《尘世的食粮》还是一个孤独者的作品,到《新的食粮》里,虚拟的对象娜塔纳哀,那个纪德现在觉得悲凉的名字,换成了洪亮的"同志"。在《尘世的食粮》里否定的精神重于肯定的精神,破坏的精神重于建设的精神,到《新的食粮》里也反过了比例。

---

① 《赝币制造者》里爱德华说的话。
② 见《日记》页 1080。
③ 在这种地方纪德跟歌德的见解很相似,自然可以说受了歌德的影响,同时与两不相干的英国 D. H. 劳伦思也不谋而合,尤其是写《花与人》一诗的劳伦思。
④ 见玛尔洛的论《新的食粮》(该文有黎烈文的译文,见《邂逅草》并经《创作月刊》编者转载于该刊第三期)。

从这些演变上看来,浮士德那样的追求无尽,在活人的纪德身上也找到了最适于舒展的一块突出的沃土。纪德的价值也就在他的演变上,在他的出名的不安定(inquiétude)上,大家也就说他就在不安定里得到他的宁静(sérénité)。这句话我们也可以或者应该改过来说,他的每一本创作也就是宁静的一度结晶,一度开花,古典主义的理想之一度实现①。自然开了花,他又超越前去了。"扔掉我的书",他说,可是尽管实际生活上得了"鱼"就不妨或应该忘了"筌",艺术上却不能抹杀工具的价值,过程的价值,"筌"的价值。尽管时过境迁,这一种结晶是超出时间的,因为它"开花在时光以外"②。一种冲势,一种 élan,在纪德是素所心爱,在精神价值上当谁也珍惜。这里又见出了艺术的永久性。而《新的食粮》又正是在曲线的向比较上算正面的那一个方面转去的时期的一个结晶,因此里边也特别充满了明朗、阳光;上引的我们的公式,撇开了节奏,我们在内容上也就面对了"在枝头雀跃的斑鸠,——在风中摇曳的枝条,——吹侧小白帆的海风,——在掩映于枝叶间的海上,——顶上泛白的波浪,——以及这一切的欢笑、蔚蓝、光明……"

三、一个遗嘱或一种福音

纪德起意写《新的食粮》也确乎就在海边,地中海边。那是远在 1922 年,在他五十三岁的时候。纪德写东西很少一起意就立刻写下来,如他写《浪子回家》。也许也就因此,因为长期的酝酿,他的作品才包含了许多时期的痕迹,尤其是《新的食粮》,这本小书从想写到 1935 年出版,算起来整整的孕育了十三年。在 1922 年的 7 月 12 日,他在《日记》里提起了他要写《新的食粮》。他是在叶尔(Hyeres)海滨,据他在那几天的日记里所描写

---

① 纪德在《倘若麦子并不死》里曾经提到他老早就有古典主义的倾向,说他当初和一个同样年轻的朋友,在首次出发北非洲以前,互相激励去追寻"平衡、完整、健康的理想。这我相信就是今日我们所谓的'古典主义'"。

② 见《纳蕤思解说》。

的看来,正是他后来在 1934 年 8 月 18 日所说的"一切都浴在一种璀璨的蔚蓝里,就像我在写《食粮》(《尘世的食粮》)的时代"。从此到 1928 年写下了许多零篇。他就在那一年说了:"我当时不知道为什么缘故,总以为不久于人世了,而常愿意把《新的食粮》当作一个遗嘱,那在我的计划里该是我的《尘世的食粮》的一个晚成的副本。"当初他生怕这一本书会只成一个草案,"并不是因为我的思想改变了方向,因为许多事件使我的思想取了确切(précise)的方向"。他不勉强写,因为他一开始就要写得像《尘世的食粮》一样的自然而真挚,用他自己的话说:"我只有在不由我自主的时候才写得了它。要比什么都不加以计划。"书终于写出来了,宛然一本福音书。

不错,虽然纪德劝人家不要听信人家的说教,他这种抒情的冥想对别人也总是一种说教。"我的心在对你的心讲它的幸福",对了,他正如我们那个公式里到最后所点明的,他是宣传"幸福",或者如他自己在 1929 年 8 月 14 日所说的"扩大喜悦"。而这本小书的性质也更可以用书中的一句话来说明它是什么——"爱与思想的交流"。而从这个交流中飞溅出了多少本质(matter)与表现方法(manner)都到了化境的水花,每一颗都晶莹透剔,一如《纳蕤思解说》里所说的"结晶",全都足于提高人的感情与思想。例子俯拾即是,要举简直就是抄全本书。纪德要把这本书写得自然而真挚,要举作样本,我们也不妨顺着原书的次序,信手拈去。这里就是充沛了一切的生之喜悦:

> 一切准备喜悦的组成,而喜悦马上在这里活了。蠢蠢的悸动在树叶中,分之于花中,即成其所谓芳香;于果中,即成其所谓美味;于鸟中,即成其所谓灵性与歌声。……你就称之为果,当喜悦成甜汁的时候;而,当它成歌声的时候,鸟。

随了"新的亚当",我们就到了一个目的与手段合一,宇宙与自我合一的简直是乐园里所独有的境界:

> 新的亚当,今天是我在命名。这条小河,是我的渴;这片林荫,是

我的睡眠;这个裸露的孩子,是我的欲望。我的爱借鸟歌以为声。我的心嗡嗡地飞鸣在这个蜂房里。可移动的天际,就做我的界限,在斜射的阳光下,你退得更远了,你渺茫了,你发蓝了。

基督教的利他主义在这里也变成了可捉摸的喜悦的源泉:

> 仿佛一斧砍倒了自私观以后,我的心里立刻涌出了如许的喜悦,尽够我用来灌溉另外一切的心了。

由不重目的而重过程出发也可以感到"刹那即永恒":

> 于一切过逝者都是常在的,神并不栖止于对象,而于爱;我现在知道在刹那里尝永恒了。

我们随了这一句也就感到了风吹弦动式的感激:

> 空气的最轻微的一抚摩也在我的心里唤起了一声感谢。

克己中完成肯定,在这里得到了服人的诠释:

> 凡是你不曾赠与的一切都占有你。没有牺牲就没有复活。一切都惟靠贡献而开花。

从基督教引到社会主义的思考变成了官能自己的推理:

> 在别人的悲惨上发迹的幸福,我不要。剥夺他人的富足,我不要。倘若我的衣服剥裸了他人,我宁愿裸行。啊,我主基督你广开食桌!天国的盛宴就在于人人都邀请。

"与人乐乐"的平民化主张不再是一种浮夸的肆言,而成了一种真切的告白:

> 我爱野店的饭菜甚于华宴的山珍海味,公园甚于高墙围绕的最美的名园,我不怕在散步中携带的书本甚于最稀罕的版本,如果我要独自欣赏一件艺术品,它愈加美,我的悲哀愈加压倒了我的喜悦。

从这种神与人的相依为命里,我们也了解了精神与物质的相互关系:

创造主需要创造物,因为如果他不创造什么,它就根本不再是创造主了。结果彼此相关,相依到如此密切,直可以说彼此不能相缺,创造主少不了创造物,人需要神,不会胜过神需要人,我们想像到一无所有,较易于想像到无此之彼,无彼之此。

"天行健"或新陈代谢的永生观念又在具体的形象里化了一次身:

明日的喜悦惟有待今日的喜悦让位了才可以获得,每一个波浪的曲线美全系于前一个波浪的引退,每一朵花该为果子而凋谢,果子若不落地,不死,就不能准备新花,是以春天也倚仗冬天的丧忌。

一切在人或"仁者人也"的道理在这里闪耀着像一颗星:

没有什么不是非人性的,除了人自己。

热心的感染在这里也简直诉之于目了:

我燃烧得如此强烈,似乎我可以把我的热心传给其他一切人,有如传烟卷的火,而且这样只有使我的热心愈加抽旺了。

理想对于现实,对于进步的重要也得了一次雄辩的推崇:

多少年轻的意气自以为充满了勇敢而由于加诸它们的信念的这一个名词"乌托邦"以及怕明达人认为想入非非的这一种恐惧,一下子就泄气了。倒像人类的大进步并不归功于实现了的乌托邦,倒像明日的现实并非造成自昨日和今日的乌托邦……

从自然使命中我们也认识了多样性的美处:

松鼠不嘉纳蛇的爬行。乌龟和刺猬蜷缩的时候,野兔飞奔而逃了。

又如,除了世界人也会变的说服,死之恐惧的祛除,造成痛苦责在人类的证明,用苞衣由保护而自后妨碍芽的历史发展来比的迷恋过去的驳斥,眼睛"不要抬起来对天空而对地平线"的劝喻,"只要人助进,一切可能都可以实现"的信念,由年轻人接去了希望等于"延长青春"的感觉……在这本书里都阐明到纤尘不染的空明。

自然所有这些思想，这些感情，都是交织起来的，在这本书里，还是像在纪德所有的书里，尤其像《尘世的食粮》里，一样的取了听其自然发展的方式。低徊，反复，似矛盾非矛盾，此起彼伏，仔细分析起来，还有线索可循，因为这是照纪德的灵魂的最真挚的发展，也就是我们所举的那个公式里的发展。而这本书本身里也就反映了从《尘世的食粮》到《新的食粮》的演进。例如，这本书的第一部分还多少更接近《尘世的食粮》：抒情的成分重于思索的成分，爱重于思想，诗重于哲学。第一卷里的确还有几首用诗体写的诗而到后来就完全绝迹了，或者纯由"邂逅录"来代替了。就是"邂逅录"，它们原先在文体上与诗截然不同，正如《尘世的食粮》与《不道德的人》《窄门》等截然不同，可是到第二卷起，"邂逅录"也逐渐变成了不再纯讲故事而用对话体一类的格式，而融合了故事与哲学甚至于诗的格式——也像到了纪德文体上的演变的最后一个阶段。又如，这本小书开头的情调或声调，还有点摇曳、闪烁、悸动、朦胧，像瓦雷里的《年轻的芭尔该》和《黎明》里的破晓时分的样子，然后太阳出来了，也好像小孩子产生了，周遭的一切都光华灿烂，直到第一卷临了，由"幸福而能思"的一点转到了第二卷整个地对于人生问题或者玄学问题的深思，然后到第三卷里又由"获得了确信，而摆脱了确信"，把问题解决了或者交代了，他重新来摧陷廓清或发挥阐扬起许多较实际的问题，于是到第四卷末尾，给大家具体的解脱了死的恐惧，揭出了永生的切实想法，人类不但可以延续而且进步的信念。随了思想、感情，到后来，文体也比开头的那些流动的字句来得更明确、干脆了，例如跟上引的早先那些例子显然有了不同的这种字句：

　　诗，别再在梦里传写了，想法在现实里发现它。如果它不在那里呢，放它进去。

　　把所有结果子的树枝都拉下来凑你的手，凑你的嘴唇。推倒墙垣，打倒栅栏，不让小气的独占来在上边写："禁止入内，此系私产。"

而，也还是在最后一部分里，纪德才把"在来的读者"称起了虽然是并不属于任何一党的断然的一声"同志"。

昆明，十一月二十日（1942）

附记 解释纪德，本来是极艰难而多半是吃力不讨好的工作，困难恰就如大家所指出的在于他把一切都说出来，因此不可能给他下定义。他又变得那么快。他又是一个艺术家而不像一个哲学家一样地建立了一个思想的系统。要抓住这样一个微妙的灵魂的变幻，就难免穿凿，何况像这样断章截义地挑出了一段文字来解释。不过让我们得一个比较具体的印象，正因为纪德的变化太多端了，用这样一个公式来穿凿的解释起来倒是简单、明白。照纪德的思想推想起来，解释的文字也应该尽于当钥匙的作用，因为纪德自己引导人也往往只引到门口为止，留下的都是被引导者自己的事情。现在如果这里既是一把没有铸错的钥匙，读者也应该超越它，而去追踪纪德，甚或进一步而超越纪德。

《新的食粮》第一卷

一

你啊，你将在我不再听见大地的声音，我的嘴唇不再饮它的露水以后才来的——你啊，你以后也许会读我的——我是为了你而写这些文字；因为你也许还不十分以生活为异，你也许不如你应该那样的惊叹这令人瞠目的奇迹——即你的生活。我有时候觉得你将要带了我的渴而饮，觉得使你俯就你所爱抚的那另一个生物的，早就是我自己的欲望了。

（我惊叹欲望如何一钟情就朦胧了。我的爱如此弥漫，如此一下子笼住了他的全身，以至于，宙比德，我会化成了云，连我自己都觉察不到呢。）

飘荡的微风，

抚摩了花朵。

我用了全心来听你，

世界第一朝的清歌。

早晨的清兴，

初生的光明，

沾露的花瓣……

不要太延仁，

顺从最温柔的劝言，

就此让未来

轻轻地把你浸遍。

看来得如此偷偷地，

太阳的温暖的抚循。

纵然最生怯的灵魂

也不由不委身，于情。

人是为幸福而生的，

全自然都如此教训。

　　一片弥漫的喜悦浸浴着大地，那是大地应太阳的呼召而渗出来的——当大地使这种气氛受了感动，元行在其中早就活了，虽然还顺从的，却闪避了原先的严凛……我们看见令人兴奋的错综从法则的混乱里生出来了：季节的推移，潮的涨落；水的蒸发与化雨；时日的平静的交替；风的周期的往复；早就活跃的这一切，一种和谐的节奏把它们摇曳。一切准备喜悦的组成，而喜悦马上在这里活了。蠢蠢的悸动在树叶中，分之于花中，即成其所谓芳香；于果中，即成其所谓美味；于鸟中，即成其所谓灵性与歌声。因此生命的回复、表现以及消失，正仿佛水的循环，蒸发在阳光中,然后又凝聚在雨露中。

每个动物都无非是一团喜悦。

一切都爱生存,而一切生物都自得其乐。你就称之为果,当喜悦成甜汁的时候;而,当它成歌声的时候,鸟。

人是为幸福而生的,全自然都如此教训。都是求欢乐的努力使得草木萌发,使得蜂房注满了蜜,人心注满了仁慈。

在枝头雀跃的斑鸠,——在风中摇曳的枝条,——吹侧小白船的海风,——在掩映于枝叶间的海上,——顶上泛白的波浪,——以及这一切的欢笑、蔚蓝、光明,——我的妹妹,是我的心在对自己讲述,——在对你的心讲它的幸福。

我不大知道谁把我放到了地上,人家说是神;如果不是它,该又是谁呢?

的确,我在生存中感觉到如此炽烈的喜悦,以致有时候我竟怀疑是我早就渴望生存了,即便在我还不存在的时候。

但我们把神学的讨论留给冬天吧,因为这上面有许多叫人烦恼的地方。

焕然一新。我把一切都一扫而空。完事了,我赤裸裸挺立在处女地上,在重新殖民的天面前。

啊!我认识你,太阳神,你在结霜的草地上披开你丰厚的头发。带了解放的弓而来吧。你的金箭透过我紧闭的眼睑,直穿到黑暗:它得胜了,内部的妖怪被征服了。给我的皮肉带来色与热,给我的嘴唇带来渴,给我的心带来眩惑。在所有你从天心投到地上来的绸绎中,我要抓住那最可爱的一条,我不再附着在地上了,我摇曳在一道光线的梢头上。

我所爱的你啊,孩子!我愿意也带你飞奔。赶快用一只手抓住光线,前面就是太阳了!抛掉压舱石。哪怕最轻的过去也别再让有一点重量绊住你。

不要再等了！不要再等了！拥塞的路啊！我超越前去，现在是轮到我了。阳光已经在向我招引，我的欲望是最可靠的向导。我爱上了一切，今早。

千百道光华的线条在我的心上交错，打结。用了千百种脆弱的明亮，我织一件神奇的衣服。神从其中笑过来，我向神微笑。谁说牧羊神死了呢？隔了我气息的云雾，我看见了他。我向他伸出嘴唇去。可不是他吗，今早上我听见低声地说了：你等什么呢？

我用心和手拨开所有的覆纱，直到我面前只看见光辉与裸露的东西了。

> 饱含了慵困的春天，
> 我恳求你的矜怜。
>
> 你啊满怀了懒意，
> 我把心委之于你。
>
> 我的游移的思绪，
> 随微风而飘来荡去。
>
> 一片柔和的细流
> 用蜜来把我浸透。
>
> 啊，听也罢，看也罢，
> 都隔了一层睡纱。
>
> 就隔了我的眼睑，
> 我承受你的光线。

> 抚摩我的好太阳；
>
> 原谅我的懒洋洋……
>
> 太阳你如此纵情，
>
> 请饮我无蔽的深心。

新的亚当，今天是我在命名。这条小河，是我的渴；这片林荫，是我的睡眠；这个裸露的孩子，是我的欲望。我的爱借鸟歌以为声。我的心嗡嗡地飞鸣在这个蜂房里。可移动的天际，就做我的界限，在斜射的阳光下，你退得更远了，你渺茫了，你发蓝了。

这里是爱与思想的微妙的交流。

空白页闪亮在我的面前。

正如神变人，我的观念来顺从节奏的法则。

我的至福的图像，我这位从事再造的画师在这里展出最栩栩的、最生动的颜色。

我将只能由翅膀抓住文字了。是你吗，我的喜悦之斑鸠？啊！别再向天上飞去了。在这里停下吧，休息吧。

我偃卧在地上。我的近旁是树枝，挂满了鲜明的果实，直垂到草地上；它点触青草，它擦过，它抚摩最柔嫩的草穗。一阵鸠声的重量在把它摇曳。

我在这里写，是为的，以后，让一位就像我在十六岁时候，而比我更自由，更完成的少年，在这里找到他迫切的疑问的答复。要是他的疑问将是什么呢？

我和当代无大接触，时辈的玩意从来不叫我感觉多大的兴趣。我俯出现在。我超越前去。我预感到一个时期，那时候大家简直要不了解我们今日看起来似乎十分切要的事情了。

我梦想种种新的和谐。一种文字的技术,更微妙、更坦白,没有修辞,不想法证明什么。

啊!谁将把我的心灵从逻辑的重链之下解放出来呢?我的最真挚的情愫,我一把它表白出来,就牵强了。

人生尽会比人所公认的更美。智慧不在理性,而在爱。啊!我一直到今日为止,生活得过于谨慎了。听新的法则先必须没有法则。解放啊!自由啊!直到我的欲望所能及的地方,我要去,我所爱的你啊,跟我来吧,我要把你带到那边去,愿你能走得更远。

邂逅录

我们整天自娱以悉照舞蹈的办法来作我们生活中的各种动作,宛如熟练的体操运动员一举一动,目的全在于造成和谐与节奏。照一种练好的节奏,马克往唧筒处取水,先抽水,再提取水桶。我们熟悉往地窖取酒瓶,拔瓶塞,饮酒的一切动作,我们把这些动作一一分解了。我们按拍子碰杯。我们也发明了一些应付生活中困难情形的步调;另一些以备揭发内心的不安;还有些用以掩饰它们。有慰问的和庆贺的三拍快步舞(Passe-Pied),有狂想的两拍双人快步舞(rigodon),也有三拍双人小步舞(menuet),名为正当的企望。像在著名的芭蕾舞剧里,有口角的步法,吵架的步法,也有和解的步法。我们善于做协调的动作;可是完美的舞伴的步法是自己会跳的。我们所能发明的最有趣的步子是一块儿走下大草场去入浴的步子:这是一种很快的动作,因为我们要流汗而至;我们是跳跃而下,草地的斜坡正利于我们的大踏步。一只手像追电车似的伸前去,另一只手牵我们掩在身上的飘动的浴袍;我们到水边的时候,弄得气都喘不过来,我们立即狂笑着投进水去,一边背着玛拉美的诗句。

可是这一切,你也许要说,还缺少一点随便,够不上抒情:啊!我忘了,我们也有自然流露的两脚相拍的轻盈舞。

自从我能以自信不需要幸福的一天,幸福就开始栖止在我身上了!是的,自从我自信不需要什么以达到幸福的一天。仿佛一斧斫倒了自私观以后,我的心里立刻涌出了如许的喜悦,尽够我用来灌溉另外一切的心了。我明白最好的教训是榜样。我担起幸福来当一种天职。

怎么!于是我想,如果你的灵魂与你的肉体终于要分离的,赶快实现你的喜悦吧。如果你的灵魂也许是不灭的,你不是将有永恒足够你致力于不会使你的官能感觉兴趣的事情吗?你所穿越的这个美丽的国土,你要鄙弃它,摈绝它的媚惑吗?就因为它们不久便要从你的手里夺去的?你的行程愈速,你的目光愈贪婪;你的飞逝愈急,你的把握愈匆遽!那么,为什么,我这个刹那的情人,要不甚缱绻地抱吻我知道我不能挽留的对象呢?无常的灵魂,赶快!要知道最美丽的花也就是最早谢的花。快俯就它的清芬!不朽的花没有香味。

天然喜悦的灵魂,别再怕什么,除了会玷污你清歌的东西。

可是我现在明白,于一切过往者都是常在的,神并不栖止于对象,而是爱;我现在知道在刹那中当平静的永恒了。

那种喜悦的境界,如果你不会长处下去,不要太想法达到它吧。

> 柔和的眩惑,
> 迎我的清醒,
> 我并不企望
> 无形的虚境:
>
> 我只是爱你,
> 无瑕的蔚蓝。
> 轻如爱俪儿
> 如果我留恋

> 天宇的一角，
> 我的命就完。
>
> 再没有什么，
> 比你更实在。
> 听你即闻你。
> 一心尝此蜜，
> 我不愿再待。

今天，仿佛一个人，知道笔尖上多蘸了一点墨水，生怕弄一个污迹，信手描一个文字的花环。

二

是衷心地感激使我每天都发现神的。一醒来我就以生活为奇，我不断地惊讶着。为什么痛苦之消除所带来的快乐少于快乐之终了所引起的痛苦呢？这乃是因为在悲愁里你就想起你所失去的幸福，而在幸福的怀里，你决不会想起你所免去的悲苦，是因为幸福在你是自然的。

每一个生物都应得一份幸福，全看自己的官感，自己的心能容受多少，哪怕仅仅被人剥夺去一点儿，我就是被劫了。我不知道在未生前我是否曾要求过生命；可是在我生存的现刻，一切在我都算是应得。可是我的感激是如此温柔，爱在我是如此必然的温柔，以致空气的最轻微的一抚摩也在我的心里唤起了一声感谢。感激之需要教会我把所遭遇的一切都造成幸福。

失足之恐惧把我们的精神钉牢在逻辑的栏杆上。世间有逻辑，也有逻辑所抓不住的东西。（不合逻辑使我恼，但过分逻辑又使我累）有些人自己讲理，有些人尽管让人家有理。（如果我的理智以我的心跳为非，我倒以我的心为是）有些人可以不要生活，有些人可以不要理由。倒是没有了逻辑,我才意识到自己。我最亲爱的,最愉快的思想啊！我何必再想法使你的诞生被认为正出呢？今早我不是在普鲁塔克(Plutarque)的罗牟拉斯(Romulus)与泰绥(Thésée)合传的开端读到了那段话,说这两位伟大的建国者,因系"私生"而被认为神子吗？

我现在全然为我的过去所拘束。今日的动作,没有一个不是被昨日之我所决定的。可是突兀、飘忽、不可替补的现刻之我却脱避了:

啊！倘能脱避了自己啊！我要跳过自尊心使我屈就的拘束。我的鼻孔对着风敞开。啊！起锚,去作最贸然的冒险……但愿这对于明日不发生什么后果。

我的精神绊倒于这个名词:后果。我们的行为的后果:后果生的后果。我除了一种后果将无所期望于自己了吗？因果,妥协,预先划好的前程。我不愿再走了,我愿跳:一跺脚推回了,拒绝了,我的过去;不再有诺言要遵守:我已经许得太多了！未来,我会多么爱你,不忠实的！

哪一阵海风或者哪一阵山风将要载你去翱翔呢,我的思想！青鸟,抖着,拍着翅膀,你息在这块陡峭的岩端,现在能带你到多远,你就向前进多远,贯注了你的全神,你早已突进了,你遁入未来了。

啊,新的不安！种种还没有揭出的问题！昨日的苦恼使我厌倦了:我已经尝尽了他的苦味;我不再相信它;我俯瞰未来的深渊已经不感觉头晕了。深渊的风啊,带我去！

三

每一种肯定都在克己中完成。你在自己身上舍去的都得生,凡是想法肯定自己的都否定自己。完全的"享有"惟有以"赠与"证明。凡是你不曾赠与的一切都占有你。没有牺牲就没有复活。一切惟有靠贡献而开花。你企图在自己身上保护的一切都萎缩。

你从何而知道果子熟了呢？——从这一点,从它的离枝。一切为了赠与而成熟,于贡献中完成。

充满了美味的,快乐所包裹的果子,我知道你必须放弃自己然后才萌发。那么死了吧!死了吧,你周围的这种甜蜜。这种甘冽的丰腴的果肉,死了吧!因为它属于大地。让它死了好叫你活下去。我知道"一只果子若不死,还是一只"。

主啊!允许我不为了死而死吧。

凡是美德都在放弃自己中完成。果子的极端甘美就是在指望发芽。

真正的雄辩放弃雄辩;个人惟有在忘却自己的时候才肯定自己。想到自己的,必阻碍自己。我从没有比美人不再自知其美的时候更赞叹美人,最动人的线条也就是最忍让的线条。基督是在放弃自己的神性的时候才真正变成了神。反过来,放弃自己于基督中的时候,神才创造了自己。

邂逅录

给若望·保罗·阿雷格莱(Jean Paul Allegret)

1

那一天,在市内随意溜达,我们在赛茵路上遇见了——你可记得——一个穷苦的黑人,我们看了他许久。那是在菲席巴雪尔(Fischbacher)书店的前面。我说这一点,乃是因为我们要抒情意味多一点,结果往往失却事实的正确性。作为停步的借口,我们假装看陈列窗;可是我们看的,实在是他,那个黑人。穷苦,毫无疑义他是的,而他的穷相因他竭力不让它露出而愈加显著;因为这是一个很讲究体面的黑人。他戴一顶高帽,穿一件合适的礼服;可是帽子像马戏班的帽子,礼服又烂得不像样;他当然有衬衣,可是那也许只有在黑人身上才显得白吧;他的可怜相在破鞋上尤其看得出,他迈着小步,仿佛再没有什么目标,不久将不能再走了;每跨三四步,就停一下,揭下烟囱帽,用它扇扇,虽然天气很凉,然后从口袋里掏出一方肮脏的手帕,用它擦擦额上的汗水,然后放还原处;他的广额上掩了一团银白的乱头发;他的目光是恍惚的,仿佛对于人生已无所期待的,他似乎不看见迎面的过路人;可是当行人停下来看他的时候,他赶快为了保持尊严,重新把帽子遮好,而且重新走起来了。他刚才一定拜访了一个人,他从那个人期待过刚才拒绝了他的事情。他从神情上看来像一个再没有什么希望的人。他从神情上看来,像一个行将饿死的,然而宁愿饿死而不甘乞求的人。

无疑的,他想表示,而且向自己证明,做一个黑人也不能就甘受屈辱。啊! 我真愿跟着他,知道他到哪儿去;可是他什么地方也不去。啊! 我真愿跟他打招呼,可是我不知道如何才不致伤了他敏感的自尊心。而且我不知道,你那时跟我作伴的,你对于出自人生的一切,感觉多大的兴趣。

啊! 不管怎样,我还是该跟他招呼呵。

2

就在同一天,稍晚一些,由地下铁道归来,我们看见这个可爱的小个儿,拖来拖去地抱着一个贮鱼的玻璃缸。缸上罩着布,边上豁一块,可以看见里边的东西,全部裹上了纸。我们起初不晓得是什么,可是他如此谨慎的掩蔽它,我乃一边笑一边说:

"是一枚炸弹吗?"

于是他引我到亮处,一副神秘的样子:

"是一些鱼。"

然后,突然间,因为他生性是和蔼可亲的,而且感觉到我们无非要攀谈罢了……

"我把它们掩了,为的不引起人家的注意;可是倘若您喜欢美丽的东西,(您一定是一位艺术家),我来给您看。"

一边揭开玻璃缸,十分仔细,带了母亲为婴孩换褓褓的手势,他继续说下去:

"这是我做的生意,我是养鱼家。瞧! 这些小的,每条值十法郎。太小了,可是您想不到何等珍奇。这多好看! 只瞧这给您带住一线光。那边！这是绿的,这是蓝的,这是玫瑰色的;这自己没有颜色,这反映一切颜色。"

缸水里只有一打敏捷的细针鱼,轮流地经过布隙的时候,便显出五颜六色。

"是你养的吗?"

"我另外还养了许多呢！可是另外那许多我不拿出来散步。它们太娇贵了。想想看,有的每条得花我五六十法郎。人家都到我家里去看它们,要卖出我才把他们拿出去。上星期有一位有钱的鉴赏家买了我一条一百二十法郎的。那是一条中国的金鱼;它像土耳其官老爷一样的有三条尾巴……养它们一定得辛苦吗? 当然！饲料是难弄的,老是得当心肝病。每星期必须把它们放一次在微犀(Vichy)矿泉里。成本便贵了。否则,不成:它们像兔子一样的繁殖。你是鉴赏家吧,先生? 你该来看我。"

现在我丢了他的住址了。啊！我悔不曾上他那里去。

3

"我们必须从这一点出发,"他对我说,"就是,先假定许多最重要的发明尚待发现。它们将无非是揭出最简单的证据而已,因为自然的一切秘密都袒露在外,每天都映射到我们的眼帘而我们没有注意它们。后世人将可怜我们了,当他们会利用太阳的光和热的时候,可怜我们如此艰难地发掘地底而提取照明与燃烧的材料,浪费煤炭而不顾后代。什么时候人类才巧夺天工,经济绝伦,学会了诱导,流通地球,各高热地带的不合时宜或多余的热呢? 我们会达到这一天的！ 我们会达到这一天的,"他道貌岸然地继续说,"我们会达到这一天的,当地球开始冷却的时候,因为那时我们也就开始缺乏煤炭了。"

"可是,"我对他说,想把他从我见他将再陷入的阴郁的冥想中打岔开,"您讲得太有眼光了,你自己不能不是一位发明家吧?"

"先生,最伟大的发明家,"他立刻回答,"并不是最知名的。一位巴士特(Pasteur),请问,一位拉瓦节(Lavoisier),一位普希金(Pouchkine),算得了什么,若比诸车轮的,针的,陀螺的发明者,比诸第一个注意到小孩子推在前面的铁环站得直的人!会观看,什么都成了。可是我们生活而不观看。所以,瞧!口袋是多么可佩的发明!喂,你想到过吗!然而人人都应用呢。只要观察就够了,我对您说。啊!瞧,当心刚才进来的那位,"他说,突然改变了声气,掀了我的袖子,把我拉过一边。"这是一个老蠢货,他自己毫无发现,总想剽窃他人。在他面前不要说一句话,我请您。"(这是我的朋友 C 救济院的医士长。)"瞧他怎么询问那位可怜的教士吧。因为,虽然穿了普通人的服装,那边的那位 gentleman,却是一位牧师。他也是一位大发明家。可惜我们讲不来,我相信,否则我们会一块儿作成了许多大事了;当我跟他讲话的时候,仿佛他用了中国话来回答我。而且,近来他躲避我。等那个老蠢货离开他的时候,您就过来找他吧。您会发现他知道许多奇怪的事;如果他思想前后不缺少一贯性……得,现在他一个人了。去吧。"

"先要您对我讲您发明过什么。"

"您想知道吗?"

他起初向我俯身,然后突然往后缩退了身体,用了严重得古怪的调子说:

"我是钮子的发明人。"

我的朋友 C 一离开了,我走向那位 gentleman 还坐着的长椅,他两肘撑在膝上,两手捧着头。

"可不是我早已在什么地方遇见过您了?"我对他说,作为介绍词。

"我也觉得如此,"他端详我以后说,"可是,提醒我吧:刚才同那位可怜的大使谈话的不是就您吗?是的,那边:现在独自一个人在踱步的,快要背朝我们的:他怎样?我们从前是好朋友;可是他是生性好妒忌,他不再能容忍我了,自从他明白他少不了我以后。"

"这怎么说呢?"我随口说。

"你马上会明白的,好先生,他发明了钮子,他想必对您说过了。可是我是钮孔的发明人。"

"所以你们闹翻了?"

"势所必然。"

四

我在福音书的文字里并不能确切的找到禁止的语句。可是要紧的是尽可能的用最澄清的眼睛来看神,我感觉到地上每一件东西,我想要的,就因为我想要它,都变弱了,全世界立即失去了透明,或者我的眼睛失去了明朗,以致我的灵魂不再感觉到神了,弃造物主以就造物,我的灵魂不再生活在永恒里,而且失去了神的国土。

我皈依您了,基督我主,像皈依借您来充活形体的神。我厌倦的谎骗自己的心了。我到处碰到的就是您,即使我从前以为逃开您了,我童年的圣友。我深信您可以满足我诛求的心,只有我身上的魔鬼才否认您的教训是完善的,否认我能抛弃一切,除了您,因为在抛弃一切中,我重新找到您。

真实青春的门槛,
乐园的门庑。
如今是新的欢忻,
迷了我的灵目……
主啊!请增添我的沉酣。

我这个不遇的灵魂,
老是想起您,
请把空间给铲平,
不叫它隔离您,
主啊!请加重我的出神。

跣足的脚印
留下于枯沙,

我的诗无华
却不避脚韵。

抑扬的波上，
沉醉于无虑，
忘怀了过去，
我灵魂摇漾。

灌木林含笑，
有初花满缀；
老橡树垂泪，
让群鸟营巢。

神圣的节奏，
欢笑:摇树叶!
我尝了玉液，
浓烈胜美酒。

太亮的光明
穿透我眼皮!
主上的真理，
刺到我深心。

邂逅录

是在佛罗伦萨,在一个节日。什么节呢? 我忘记了。从我俯临阿诺河上三一桥与维季阿桥之间一个码头的窗口,我眺望群众,等待我在向晚的时分,当他们更加热烈的时候,要混入他们中间的欲念。正当我向上流望的时候,一片喧哗,许多人奔跑,我看见维季阿桥上,恰就在挡住桥边的屋面,在桥中央,豁开一块的地方,群众挤着,伏在栏杆上,许多只胳臂在伸着,许多只伸出去的手在指点着混浊的河水里漂浮着的一个小东西,沉到一个漩涡里,又浮上来随波逐流而去。我下楼。受我探问的路人告诉我说一个小女孩掉在水里了,她的裙子鼓起来把她在水面漂了一些时候,现在她已经不见了。几条小船从岸上解下;直到晌晚,许多男子,还拿了铁钩,搜索河水,终归无效。

什么! 这个密集的群众里,没有一个人会注意这个女孩子;会拉住她吗?……我走到了维季阿桥,就在先刻女孩子落水的地方,一个十五六岁的男孩子在应答过路人的问话,他说他看见这个小女孩突然跨过栏杆去;他闯前去,抓住了她的一只胳臂,把她临空的吊住了一些时候;群众经过他背后而一点也不起什么疑心;他想呼救,因为他单独一个没有气力把她拖上桥来;可是她说了:"不,让我去吧。"说得那么样可怜,他终于放手了。他一边讲这些话,一边抽噎。

(他自己也是那一路穷苦的孩子,他们没有家庭,也许不至于如此不幸的,他身上披着褴褛,我想像他在抓住那个女孩子的胳臂,与死神争她的一刻,他愈感觉到,分受到她的绝望,和她一样的怀了绝望的爱,而这种爱把天国的大门开给他们两人了。是出于哀怜,他才放的手。"Prege... lasciatemi."("请,请我去吧。")

人家问他是否认识她;不,他还是第一次看见她;谁也不知道女孩子是谁,往后数日的探问都归无效。尸首找到了。那是一个十四岁女孩子的尸体;很瘦,穿了很可怜的衣服。为了多知道她一点,我有什么舍不得拿出去呢! 是否她的父亲有一个姘头,或者她的母亲有一个相好,她赖以为活的什么忽然在她面前退去了……

"可是在一本奉献于喜悦的书里,"拿塔纳哀(Nathanaël)对我说,"为什么讲这个故事呢?"

"这个故事,我本想把它讲得还要简单呢。真的,在别人的悲惨上发迹的幸福,我不要。剥夺别人的富足,我不要。倘若我的衣服剥裸了他人,我宁愿裸行。啊！吾主基督你广开食桌！天国的盛宴就在于人人都邀请。"

世上有那么广大的悲惨、困苦、穷窘、丑陋，叫幸福的人想起来不能不以自己的幸福为耻。然而自己不会求幸福的，于别人求幸福无能为力。我在自己身上感觉到求幸福的迫切的义务。可是，非损害他人，剥夺他人不能得的幸福，我觉得可憎。再进一步，我们就接触到悲剧的社会问题了。我的理性所有的一切论据都不足以挽回我共产主义的倾向。[①] 要求所有者把财产交大家分配，我觉得是一种谬误；可是等所有者自愿地抛弃他灵魂所系恋的财产，又何等迷妄。在我，我厌恶独占的所有；我的幸福成自赠与，死不会从我手里收回了什么了不起的东西。它夺去我最多的就是散布的、自然的、抓不住的、公有的财产，这种财产我已经分外餍足了。至于其他呢？我爱野店的饭菜甚于华宴的山珍海味，山园甚于高墙围绕的最美的名园，我不怕在散步中携带的书本甚于最稀罕的版本，如果我要独自欣赏一件艺术品，它愈加美，我的悲哀愈加压倒了我的喜悦。

我的幸福就是增加别人的幸福。我需全体的幸福以便幸福。

（1935 年 3 月）

我向来佩服，现在还佩服，福音书里一种求喜悦的超凡的努力。我们所传的基督的第一句话，就是"福哉……"。他的第一个奇迹，就是水变葡萄酒。（真正的基督徒就是足以清水为醉的人。迦拿的奇迹也就复演在他身上。）在福音书上建立悲哀与痛苦的信仰与崇拜，必先由一般人作了可憎的解释。因为基督说过："到我这里来，所有你们这些劳苦过、负担过的人，我将要宽慰你们。"大家就以为要到他那里去必须劳苦，必须负担；他带来的宽慰，大家把它弄成了"赦宥"。

---

① 原注：在这种倾向（我觉得是一种升举）上，我的理性追到了我的感情，岂但如此？我的理性如今已超越前去了。如今我有时候悲观某些共产主义者仅是理论家呢，如今这另外一种要把共产主义弄成感情用事的错误，在我看来也同样严重。

我久已觉得喜悦比悲哀更稀罕,更难能,更美。当我获得了这个发现,显然是此世所能提的最重要的发现,那时候喜悦对于我就变得不仅仅是(如它从前所是)一种自然的要求,而且是一种道德的义务。我觉得最好的、是可靠的在自己周围散布幸福的方法,乃是先给自己看幸福的影像,而我决意要幸福了。

我曾经写过:"幸福而能思者,那才可以说是真正的强者。"——因为建筑在无知上的幸福于我何有呢?基督最初说的话就是要把悲哀也包含在喜悦中:"福哉哭泣者。"大大地误解了,倘若在其中只见到鼓励哭泣者!

[据《卞之琳译文集》(上卷),卞之琳译,安徽教育出版社,2000 年出版]

3 窄 门

[法国]安德雷·纪德

新版译者序

自然界有淘汰的法则,人类社会也有,无可避免。然而也有些文学作品经得起这个无情的筛选过程,只要人类还没有最终消灭,尽管时明时晦,出头一时,淹没一时,(不在创作方式的因循、模仿上,而在自由阅读的欣赏、启发上,)却没有过时的问题。它们可以为各时代所用,尽可以为读者随心所欲而加以品评,牵强也好,附会也好,褒也罢,贬也罢,就是抹不杀。文学是人为的产品,一经问世,偏就不受人为的控制。文学作品总有一部分就是这样的"怪物"。安德雷·纪德所著的《窄门》,尽管规格小一点,也属于这类奇书,富有可塑性而不点头的"顽石"。

　　《窄门》原书初版于 1909 年,正在纪德创办具有过辉煌历史的《新法兰西评论》这个文学刊物的一年,经过时间的考验,在法国以至西方文学史上,毁誉由人,总是站住了脚跟。我这本译稿,1937 年夏天,开始在雁荡山的灵峰寺,结束在全面抗战爆发的后几天,在上海法租界(当时一边听远处炮声一边不时奔赴街头抢买报纸号外)。译本在抗战期间桂林的一家出版社出版过,从封面的庸俗设计到正文错乱排字,印得不堪入目;战后在 1947 年正式出版于上海文化生活出版社,一转眼至今也已是 40 年。多少变幻的风云过去了,如今严肃的读者,善于思考的有心人,读了这个重新修订的译本,按我的主观推测,总还是不能不有一些感受吧。

　　这是爱情小说,没有色情描写,也没有耸人听闻的噱头。但是其中的意义可以超出儿女情这一点表层。1946 年,我到刚被"劫"收后的上海,为译本正式出版写序,随了介绍小说内容而发了一点含混其词的感慨。时过境迁,40 年后,现在随校改旧译本而继续并修订以前的感慨,我又觉得另有一些话要说。

　　时代不同,社会思潮不同,中西地域风习文化的传统与背景不同,一部特定时空里产生的艺术成品,尽可以跨越到另一个特定时空,发生作用。这部中篇小说我看也可以作为一个佐证。宗教观念(不是说迷信劣根)普遍薄弱,我认为并非中国悠久文化思想的缺点,相反,正是长处。正因为不是当局者迷,我们对书中展示或揭露的平凡而乖戾的情事,不仅比著者自己和西方一般读者更感震惊,也比著者及其创造的小说主角更易超脱,更可引以为鉴。

　　中国的一种古老传统值得我们自豪:远在西方基督教兴起以前,古代民歌集《诗三百》以《关雎》篇列首,后世的迂儒解释为歌颂后、王之德,虽属歪曲,倒也表现了一点与基督教的扭曲思想截然的对立。奇怪,上帝创造世界,创造亚当与夏娃,一旦发现他们知道了男女事,构成人类的"原罪",就把他们逐出了伊甸园。虔诚的凡胎俗骨就以"赎罪"为毕生的最高理想! 西方人将近两千年以来竟以此为"文明";这对于中国悠久的文化传统的主体说来,对于我们今日辩证唯物论和历史唯物论者说来,却是咄咄怪事。小说女主角阿丽莎,本来是那么可爱的姑娘,却正按此求"德",折磨自己也折磨与她相爱的故事叙述者芥龙(沿用旧译音,若用汉语拼音说来较近原音一点,应为芥若姆——Jièruòmǔ 对应原文 Jérôme),逼他进"德",变成了矫情的慈善庸人——可怜可气的婆娘,实在何苦!她在暗中(在日记里)表现的灵肉冲突,发出的绝叫,也就惨极人寰。这一切实际上都得怪这一对男女的天真、纯洁;要是在别些教徒的场合,特别在一些天主教徒的场合,倒是不成其为问题,他们太容易以岸然道貌掩盖酒色纵情了。

纪德借这对青年男女的痛苦,不由他自主,从同情而变成揭发和控诉,用了多大气力。他在小说出版 26 年后,又出版了散文诗式的随感录《新的食粮》。他在这本小书的开头部分,就一反阿丽莎所说"人不是为幸福而生的",改说"人是为幸福而生的",进而到最后部分宣扬求幸福不能剥夺别人的幸福,更由此而宣称信仰他实际上只是想当然的共产主义。

其实,这点进展早在出版《窄门》以前,在 1897 年出版的《尘世的食粮》里就露了苗头。纪德后来,即 1927 年,为这本散文诗式的随感集重版写序回忆说:"当我写这部书的时候,文学界有一股非常强烈的造作和封闭的气息;我觉得迫切需要使文学重新接触大地,赤着脚随便踩在地上。"这种号召影响过当时一批作家,摆脱巴黎沙龙生活,出去,甚至到异域,充实经验,后来各有文学成就。纪德自己从 1925 年到 1926 年重去非洲,更深入到中部,目击了帝国主义殖民开拓的残酷现实,回来出版了《刚果纪行》和《乍得归来》,激扬了民族和社会的正义感,造成了有名的纪德"转向"的发端。到 1932 年,他便开始参加国际反法西斯运动。而在 1936 年发表《苏联回来》和次年发表《苏联回来补》招致"再转向"的非议以前,他以《新的食粮》反阿丽莎贬抑求幸福想法为开端而一度达到上旋弧线的最高点的轨迹,正为在先的小说《窄门》发挥了意义。

西方现代在灵肉冲突这一类问题上,早已随时代发展有了新的突破。只是这方面出现了另一个绝端,没有了理想(更无论解放全人类的理想),

没有了信心,把男女交合变成了家常便饭以至连禽兽都不如,那又教我们怎样说呢?所谓资本主义的"异化"现象,也无可否认,波及了世界上许多自封或主观上认真要进行的社会主义建设的国家,不容忽视。结果,天下滔滔,真如基督教圣经所说,"引到灭亡,那门是宽的,那路是大的,进去的人也多;引到永生,那门是窄的,路是小的,找着的人也少",人欲横流,触目惊心。在我们国家今日开放、搞活的社会主义现代化进程中,也到处潜伏着更与封建残余思想相结合的陷阱,陋习猖狂,歪风时起,这也是一部分的现实。保持清理,不迷恋死骨,不盲目崇洋而重温一下纪德在他这本小说里的进窄门悲剧,净化一番我们的感情以至思想,似乎倒又值得了。

40年前,我在上海为这个译本写序,有见于当时当地的形势,发了以偏概全的感慨,说我们的世界是演不了悲剧、只能演惨剧的世界。我在1949年春从英国回到北平,目击祖国大陆即将全部解放,自己的观感当然也大有改变。谁想得到又经过17年的曲折,来了"文化大革命"的浩劫,广大人民所受的元气挫折、心灵创伤,恢复不易,社会上旧的后遗症未尽,又加了新的并发症?我为大局的近景和远景庆幸之余,又感到与40年前类似而不同性质的一点杞忧。我现在不免激赏纪德在这部小说里表现的认真精神,不限于爱情的范围或层次。不信神,不信鬼,不信天堂与地狱,我们也就不该有我们自己的道德、自己的理想吗?尽管本质上不同于西方资产阶级以至封建贵族阶级的"德行"观念之类,在好的方面,彼此还有一脉相通处、长远契合处,总还是说得过去吧?

当然,世界上一切事物都是矛盾对立体。纪德经常自道身上具有法国南部明朗气候和北部(诺曼底)阴沉气候所赋予两种各有短长的气质,互相抵触,互相斗争。《窄门》故事本身(和他一生的其他作品,包括有些方面和《窄门》好像作对位音的《新的食粮》)就和盘托出了冲突的真情。但是矛盾斗争是进程,是现实;矛盾统一才是目的,才是理想,从一种角度看,可否这样说?

这本小书,修订了重新拿出来,希望给读者提供美学欣赏和艺术借鉴的同时,就马克思主义伦理学来说,也可以从正反面成为有益的读物。纪德在他最后一本正好出版在 40 年前的创作小书《特修斯》(题目是希腊传说中的英雄名,在法语里称特瑟——Thésée)最后部分总结自己的创作思想,就说了一句"我最大的力量就是相信进步"。

1986 年 10 月于北京

初版译者序

虚无地从人间圈出了一块禁地,称之以天堂一类的名字,把门收得不近人情的狭窄,而叫你拼命钻进去,名之为德行、修行,或别的什么——这是基督教或任何宗教的神圣悲剧。安德雷·纪德的这本爱情小说《窄门》,正就是昭示这一个悲剧的一星小小的火花。

本该是最自然不过的,芥龙与阿丽莎这一对彼此钟情的小儿女,由表姊弟而进为眷属。两人相异相吸,相同相通,互相合适(也许除了女的比男的大了两岁),而彼此又出于严肃的了解而互相接近。故事的开始差不多就在各自就要失去母亲的时候。那是两个极相反的母亲,芥龙的母亲不宜于穿鲜艳的衣服,正如阿丽莎的母亲不宜于穿黑。在阿丽莎的母亲就要跟人家跑了以前不久,芥龙决意一生都保护阿丽莎;在芥龙的母亲弃世以前不久,阿丽莎也知道芥龙需要从她得一点支撑。两人彼此相为而图完美,他们想穿着"白衣服,手挽手,望着同一个目标"而行进。他们高傲,不怕短暂的分离;他们自信,甘受任何种考验。他们实际上早就像订了婚了。

本该还是简单的,故事却复杂起来了,考验来了。阿丽莎发觉她的妹妹须丽叶也喜欢芥龙。这实际上又有什么呢?世界的千差万别中跟一个女子真正配合得来的一个男子,决不会跟别一个女子也真正配合得来的。若讲到关系最切的恋爱与结婚。在花样的配合中,合则留,不合则去,另求合者,实并无真正难处的地方。固然,芥龙和阿丽莎在一起往往拘束而不自然，反不如和须丽叶可以随便游玩。这却是因为芥龙爱阿丽莎爱得深而难免如此的仅是浮面的现象，一个阶段里或者不免的现象，并不足以说明了芥龙跟须丽叶结合会更为合适。可是阿丽莎不这么想，反以为自己跟芥龙的结合会把须丽叶的幸福剥夺了，于是课诸自己以自我牺牲。一点有差，全局顿非，须丽叶抢先牺牲，为了绝她姊姊转让她嫁给芥龙的痴想，她随便答应了她完全还没有看在眼里的一个男子的求婚。这可就无论如何也不能叫阿丽莎能再安于自己和芥龙的关系了。

一切都还可以很顺利的，经过了这一个波折。须丽叶结婚了以后，成了贤妻良母，与丈夫同过田园生活，倒还是很幸福，照一般的看法来用这个形容词。阿丽莎与芥龙的关系本该又可以一帆风顺下去了。殊不知这却又撩起了另一个波折。须丽叶得来全不费工夫的幸福，无须阿丽莎牺牲也可以得到的幸福，又叫阿丽莎不安。她又觉得希求的不是幸福而是向幸福的行进了。这又自苦而苦了芥龙，可是这在芥龙也正未尝不合适，他也早想过"达到幸福所需的努力反重于幸福本身"。在为幸福的德行中，阿丽莎又瞥见了"更好的东西"，把德行看做了目的。她怕爱情妨碍了进德，要离开芥龙而在神中会他，求所谓"圣洁"而"超越爱情"。这虽然仍旧使芥龙更在无可奈何中力求进德以配得上她，却也终使他精疲力竭而惋惜难堪的诗意消失，发觉所爱的现实人物竟变成了幽灵。风风雨雨，愈来愈别扭，终于叫一个潦倒一生，一个憔悴以死，在一个容不下两个人并肩而行的牛角尖里。

虽然，这里的一波又一波中也自有其必然性，并非出于偶然，悲剧已经潜伏在故事的开端。两个人的性格里显然都早具了两种相反的成分。我们不该用心理分析来硬把一副有机体拆穿或宁是支解。不过我们即从天生有宗教的热忱，又受清教徒教养的芥龙身上也显然看得出相当分量的"肉感"（sensuality）——倒置而见之于他很小就因看见美丽的舅母读诗而脸红，见之于他拼命逃去洗涤自己身上被她触摸过的地方。阿丽莎的"肉感"则在故事中表现的机会更不少了，看她到篇末述说的那天晚上她在芥龙走出去以后如何躺在沙发上，在灯罩的掩蔽下，凝看自己露在光亮

里的脚尖,更不用提她在日记里赤裸裸的灵肉冲突中的绝叫了。他们都
正像纪德自己,身上带了法国北部与南部天然环境所造成的两极端的倾
向,只是纪德是非常自觉的,对于这一点。这一点的着重,实在出于宗教
把灵肉分割的观念的操纵。纪德自己早年常津津乐道这种对立甚或冲
突。这种对立甚或冲突的观念无形中扩大到一切领域而自炫其重要性。
托·斯·艾略特最近还把这个对立甚至冲突的观念,不自觉地引用到文
化问题上,而认为一种文化与另一种文化之间,该有点如夫妻之间的小小
的勃谿。勃谿在夫妇生活的实际中间或难免,却并非理想的事情。摩擦
也并非文化活跃或发达的必要条件。纪德到晚年才明白否定了消耗的
斗争,宣扬了多样的成分才可以产生谐和,相反的正可以相成。他把
《窄门》的悲剧只是消极地揭发了,到《新的食粮》时代他才把阿丽莎的
"我们生来不是为的幸福"改成了"人是为幸福而生的"。到了那时候他
也正像校正了阿丽莎似的说了要用自己幸福的榜样来教人幸福,虽然决
不要剥夺人家的幸福。的确,幸福的满足并不如阿丽莎所想的必然会令
人堕落。阿丽莎要把给芥龙的心分给穷人,最自然、最真挚的办法倒还
是先给了或者同时给了他。给了他,那颗心不是就完了的,不是就真像
可以用尺用斗来量似的,不够分配给另外人,而相反的只有扩大了。只
是纪德在《新的食粮》里还是说"轻满足爱而重扩大爱"未免还有点离
奇,爱的满足又何必与它的扩大抵触?——满足正就是扩大的一个先行
的阶段而已。

　　阿丽莎与芥龙的悲剧一方面也就缘于求进步的错误。阿丽莎早就说
了纪德自己远在若干年后的《新的食粮》里说的,我们不能希求一种无进
步的状态,喜悦或幸福,也该是进步的才对。阿丽莎的求进步却是出发于
到了某种境界就觉得"够了,这已经够幸福了",或者出发于怕达到了幸福
便不再幸福了,因此她的求幸福进步就是无限的延宕幸福。她不知道把
一段落的幸福当作踏脚石,一阶段的终点与下一阶段的出发点。前进的
过程里自有阶段性的完满境界。发芽、开花、结果,又发芽、开花、结果,是
自然的螺旋式的程序。芽不能超越了开花而结果,花不能超越了结果而

发芽,果不能超越了发芽而开花。延宕则等于叫芽永远发芽,花永远开花,果永远结果。恋爱上歌德式的追求无尽,抓到了一个对象,不满足了,撇下了又追求一个,实在并非进步,因为还是停顿在第一个阶段上,爱情本身并没有在完满了以后也进了一步。超越了爱情,阿丽莎又何尝达到纯粹的圣洁,纪德自己直到晚年还没有摆脱这个略带毛病的超越观念,虽然他自己倒是"通过"来的,实际上。他喜欢叫青年一笔抹杀了过去,过去在现在与将来中的位置。这实在是忽略了传统的价值,缺少了历史的认识。修养里深为得力于传统,个人历史又最富有历史意义的纪德,竟时或表现了这种另一绝端的思想,似乎不能说出于自然,虽然他如此抱了自然史的人生观。

一切貌似对立的事物,灵与肉,心与物,美与善,群与己,……都相依为命,实是最自然的真谛;过去与将来,完满与发展,互相推移,实也是最自然的真谛;说来说去还无非说明了这句老生常谈:"天行健,君子自强不息。"这是天与人最自然的倾向,天人合一应是一条康庄大道,若不是人世的矫枉过正、日积月累地壅塞了它,而造成了今日的局势。如今,天下滔滔,"引到灭亡,那门是宽的,路是大的",的确成了基督的说法。今日的世界简直证实了人世的出发点就是个错误。一个大悲剧里裹着一个大惨局。以西洋人为主的世界,尽管在背弃基督教,共同证实了基督教所判定的现世是一个罪恶的世界,而大家向毁灭迈进的壮烈,实在也多少起因于基督教的把人剖成两半,把一切都分成两半,教会了大家只看出两半之间的抵触、冲突的价值,再也拼不成整体。另一方面,就压在这个大悲剧底下,却也实现了与基督教的好处相反的错误:大家醉生梦死,浑浑噩噩,是非不分,善恶不明,现实到不抱任何主义(principle),貌似迟缓,实为激剧的,非常不名誉地落往可惨的结局。虽然如此,基督教或任何宗教的开倒车的办法,显然都不足以济世了,可是宗教的共同精神,不惑于一时的,短视所见的现实,而清醒地有所理想,有所超拔的精神,进窄门的精神,却也正是此世或可以得救所不可少的动力,不管我们用何种方法去救己救人而成己成人。

话又说回来,就借功利的说法,这本小说里的悲剧的光芒倒难道——

不是为了场面的漂亮,而是为了正面的价值——不能叫演悲剧的世界有所警悟,而特别叫我们演惨剧的更有所激发吗?

卞之琳

上海,11 月 6 日(1946)

附记:这部译稿于 1937 年夏天开始于雁荡山中,最后一小部分于 8 月间完成于上海炮声中,于李健吾先生家里,嗣后曾带到过成都和昆明,寄到过桂林,错误百出印成过书,今在滞沪途中,上星期校毕于北郊周煦良先生家中,此刻成序于西区王辛笛先生家中。译的时候我借用戴望舒先生原书,如今校的时候还是借用了他的那本。九年过眼,万里萦怀,我拿出这本稿子来对任何种牵涉都无限感激。

给 M. A. G

你们要努力进窄门。

——路加福音第十三章第二十四节

一

别人尽可以用这些素材来著书,可是我要在这里讲的故事,是我曾全力以赴的切身经历,而且在那上面用尽了我的德行。所以我要简简单单写我的回忆,倘若有些地方支离破碎呢,我也并不求助虚构来补缀它们,连接它们;我如要费力润饰它们,反而会妨碍我希望在讲它们的时候可以得到的最后一点欣慰。

我还不满十二岁,就失去了我的父亲。我的母亲,因为再不必留在勒阿弗尔,我的父亲行医所在的地方,决定来巴黎住,盼望我在这里可以更好完成我的学业。她在卢森堡公园附近,租了一小幢住房,阿什拜尔屯小姐和我们住在一起。弗罗拉·阿什拜尔屯小姐,早已经没有了家庭,起初当我母亲的家庭教师,然后变成了她的伴侣,不久便成了她的朋友。我当时就生活在这两位妇人的身边,她们同样的老带着温和与悲哀的神色,现在我只能想见她们服丧的样子了。有一天,我想,是在父亲死了许久以后吧,母亲把便帽的黑带子换成了绛带子。

"啊!妈妈,"我叫起来了,"这种颜色和你多么不合适!"

第二天她又换成了黑带子。

我身体很弱。我的母亲和阿什拜尔屯小姐,念念不忘当心我疲倦,如果她们的关怀没有把我养成了一个懒人,想必是多亏我生性真爱好用功吧。天气一好起来的时候,她们两个就以为我应该离开都市了,我在都市里脸色苍白了。到六月中旬,我们就上奉格瑟玛尔,在勒阿弗尔附近,我的舅父比柯兰每年夏天在那里接待我们。

立在一所不很大,不很美,与一般诺曼底园子没有什么大不同的园子里,比柯兰的家屋,白白的两层楼,很像前两世纪的许多别墅。房子向园子的前面,向东,开了二十来个大窗子,后边也有这许多,两旁却没有。窗子都镶了小块的玻璃,有些新换的,在旧的中间显得太亮了,旧的,在旁边,就显得又绿又暗。有的带一些瑕疵,我们的大人们管叫做"水泡";从里面看出去,树变得扭歪了。邮差,在前面经过,突然长起了一个瘤。

园子,长方形,四周都围了墙。房子的前面是一块相当宽大,有荫凉的草地,绕以沙砾的小径。在这一面,墙低了一些;因此可以看见环绕园子的农场的院子。农场照乡下的惯例,界以山毛榉的林阴路。

在房子的后面,在西边,园子较为舒展。一条小径,杂花掩映得绚烂悦目的,傍近南边的树墙,由一厚层葡萄牙桂树和另外一些树挡住了海风。另一条小径,沿北边的墙脚,隐入枝丛。我的表姊妹们叫它做"暗径"，一到黄昏以后，就不轻易上那里去冒险了。这两条小径都直通几级下面承接花园的菜园。然后，在菜园的底里，一道秘密的小门，通到墙背后一丛矮树林，山毛榉的林阴路，从左从右，到那里终止了。站在西边的门阶上，可以从那一簇树林的梢头，望见高原，叹赏盖满那里的庄稼。在天际，不甚远，一个小村子的教堂；傍晚，空气澄静的时候，几家的炊烟。

每逢好天气的夏晚，到饭后，我们就下那个"低园"。我们走出那个秘密的小门，直走到林阴路上一条长椅的地方，从那里可以约略俯瞰田野的景色；靠近一个废泥灰坑的茅檐，我的舅父，我的母亲，和阿什拜尔屯小姐在那里坐下了；在我们的面前，小谷充满了雾霭，天色在远林的梢头，变成了金黄。然后我们在早已昏暗的园子的底里逗留一会儿。我们回来。我们在客厅里重见到我的舅母，她差不多从来不同我们出去的……在我们，小孩子们，晚上就这样完结了；可是往往我们还在我们的房间里读书呢，过了一会儿就听见我们的大人们上楼了。

白天，差不多所有的时候，我们若不在园子里，定在"课室"里，就是舅父的书斋里，那里给我们摆好了课桌。我的表弟罗伯和我并坐了用功；我们的后边，须丽叶和阿丽莎。阿丽莎比我大两岁，须丽叶小两岁，罗伯，在我们四人中，算最小。

我要在这里写的并不是我早年的回忆，而只是与这篇故事有关的一些事情。我的故事实在可以说，开始于我父亲死的那一年。也许是我的感受性——被我们的丧事刺激得太深了，若不是由于自己的悲伤，至少当由于看见了母亲的哀伤——为我预伏下新的感情吧：我过分地早熟了；那一年，我们重到奉格瑟玛尔的时候，须丽叶和罗伯显得与我相形之下愈加幼小，而一见阿丽莎，我就猛然觉得我们两个已经都不是小孩子了。

不错，就是我父亲死的那一年；证实我记得不错的，是我们刚到的时候，我母亲和阿什拜尔屯小姐的谈话。我意外地闯进了母亲和她的朋友谈话的房间：她们正在谈我的舅母。母亲气愤，怪她没有服丧，或早已除孝。（老实说，我无由想像出比柯兰舅母穿黑，正如我想像不出母亲穿鲜明的衣服。）我们到的那一天，就我记忆所及，侣西·比柯兰穿了一件罗纱

服。阿什拜尔屯小姐,照例和和气气,竭力缓和我的母亲。她怯生生辩解:

"究竟,白的也算孝。"

"她披在肩上的那条红披巾,你也叫做'孝'吗?弗罗拉,你惹我气恼!"我的母亲直嚷起来了。

我只有在暑假里才看见我的舅母,显然是夏日的炎热使她穿起了轻飘的敞口大的胸衣,我一向见惯她就是这个样子;可是这一种露肩的样子,比她披在素肩上的披巾的鲜艳颜色,更叫我的母亲看不过去了。

侣西·比柯兰长得非常美,我还保存了她的一张小相片,可以看见她当时的样子,那么年轻的风韵,直叫人要把她当做她的女儿们的大姐姐,斜坐在那里,做她所习惯的姿态:头侧到左手上,小指向嘴唇弯去,一副娇憨的样子。一方空眼大的压发网挽住了半松在颈背上的大堆的鬓发;在胸衣的开领处,一条松松的黑丝绒颈带上挂着一个意大利嵌工的小金盒。黑丝绒腰带打着轻飘的大结子,阔边的软草帽用帽带吊在椅子的背后,一切都给她增加稚气的风采。右手,垂在一边,拿着一本阖好的书。

侣西·比柯兰是美洲殖民地生的;她从来不知道或者老早就失去了父母。我的母亲后来告诉我说,她本来是服提叶牧师夫妇收养的弃儿或孤儿。他们那时候还没有子女。他们不久离开了马提尼克,把她带到了勒阿弗尔,那里就住了比柯兰家。服提叶家和比柯兰家常常来往;我的舅父当时在国外一家银行里供职,三年以后,回到老家的时候,他才看见了小侣西;他爱上了她,立即向她求婚,叫他的父母和我的母亲非常不高兴。侣西那时候才十六岁。其间,服提叶夫人生了两个孩子;她开始害怕这个抱来的姊姊对于他们有什么不良的影响;因为她的性格一个月一个月的愈来愈变得古怪了;而且他们的家计也不宽裕……这一切,我的母亲无非是讲来给我解释服提叶家乐得允许了她弟弟的请求。此外据我推测,年轻的侣西开始叫他们非常为难起来了。我相当熟悉勒阿弗尔的社会,很容易想像到人家怎样对付这个如此魅人的女孩子。服提叶牧师,我后来知道是和善谨慎而又浑朴,遇着纠葛不会应付,见恶就完全失措的——这位大好人一定弄到了没有法子。至于服提叶夫人呢,我不能说什么。她死于生产她的第四个孩子,那个孩子,差不多与我同年纪的,后来就做了我的朋友……

侣西·比柯兰与我们的生活甚少关涉;她不到午饭以后,不从她的房间里下来;她一下来就伸躺在一张沙发上,或者一张吊床上,直躺到晚上,才又懒洋洋地起来。她有时候用一方手绢掩在额上,仿佛是为的揩汗,虽然皮肤上干干净净;那方手绢,以它的精致,以它的气味,与其说是花香,毋宁说是果香的,颇使我惊讶;有时候她从腰带里掏出一个银滑盖的小镜子,与别的种种东西一块儿吊在表链上的;她照照自己,用一只手指碰碰嘴唇,蘸一点唾液,润润眼角。她常常拿一本书,可是一本差不多永远阖着的书;一片玟瑰裁纸刀老夹在书叶里。你走近她的时候,她不会从冥想中转出来看你。常常,从她不经意或者疲倦的手中,从沙发的靠背上或者从裙子的褶裥里,手绢掉地了,或者是书,或者一朵花,或者书签。有一天,拾起她的书——这里我给你讲的是一点孩子的记忆——看见是一本诗,我就脸红了。

晚上,吃过了饭,侣西·比柯兰不到我们家里人围聚的桌子这里来,而坐在钢琴那里,悠然的弹几支萧邦的慢调玛佐卡舞曲;有时候,切断了拍子,她一动也不动的停顿在一个和音上……

我在舅母的身边常感到一种奇异的不舒服,一种由羞窘、赞叹与恐惧而来的感觉。也许一种隐秘的本能使我对她先存偏见,其次我觉得她看不起弗罗拉·阿什拜尔屯和我的母亲,阿什拜尔屯小姐怕她,我的母亲不喜欢她。

侣西·比柯兰,我愿意不再怀恨你,愿意能忘记一下你作了多大的罪恶……至少我要想法不带了愤怒来讲你。

那一年夏天——或者第二年夏天吧,因为,在总是同样的背景里,我的重叠的记忆有时候互相混乱了——有一天,我走进客厅去找一本书,她正在那里。我正想立即退出来；她，照例似乎不看见我的，唤我了：

"为什么你走得这么快？芥龙！你怕我吗？"

心里直跳，我走近她去；勉强对她微笑，向她伸手。她把我的手揪在她的一只手里，用另一只手抚摩我的面颊。

"你的母亲给你穿得多么不像样，可怜的小东西！……"

我那时候穿了一种大领的海军服，我的舅母开始揉弄它。

"海军服的领子要再敞开些才好呀！"她一边说，一边解开我衬衣上的一个钮子。"得！瞧这样你不是好了一点吗！"于是，掏出她的小镜子，她把我的面孔向她的面孔拉过去，用她的裸臂拢我的颈脖，一只手伸进我敞开的衬衣里，一边笑一边问我发痒不发痒，更往下伸进去……我急得一跳，那么猛烈，把海军服给挣裂了，满面通红，任她嚷着："嘿！小傻瓜！"

我逃走了，我直跑到园子的那头。那边，在菜园的小水池里，我浸一浸我的手绢，掩在额上，洗着，擦着我的面颊，我的颈脖，这位女人所碰到过的任何部分。

有些天，侣西·比柯兰"发作"起来了。那是突然间袭来的，把全家都闹一个翻。阿什拜尔屯小姐赶紧把孩子们领走，使他们分心；可是无法给他们塞住那些从寝室或从客厅发出来的可怕的号叫。我的舅父慌了；我们听见他在过道里，手忙脚乱，闯来闯去，找手巾，找香水，找麻醉剂；晚间，在食桌上，舅母还不能来，他带着忧虑和苍老的神色。

发作差不多完了的时候，侣西·比柯兰把她的孩子们叫到她的身边；至少是罗伯和须丽叶；从没有阿丽莎。每逢这种愁闷的日子，阿丽莎照例关在自己的房间里，有时候她的父亲到那里去找她；因为他常同她谈话。

那些发作很惊动仆人们。有一晚，发作得特别厉害，我跟母亲在一起，留在她房间里，那里比较不大觉察到客厅里的事情，忽听得厨娘在过道里一边跑一边喊叫：

"先生快下去，可怜的太太要死了！"

我的舅父本来到了阿丽莎的房间里；他下去的时候，我的母亲走出去

会他。一刻钟后,他们两个不曾留意我还在的那个房间里,一经过敞开的窗前,我听见了母亲的声音:

"我对你说,喂:这一套,全是做戏。"一连好几次,一字一顿:"做——戏。"

这是正当暑假快完的时候,在我们遇丧以后的两年。我不再常见到我的舅母了。可是趁我还没有讲搅乱我们的家庭生活的这个不幸的事件,趁我还没有讲结局以前不久,使我对侣西·比柯兰所怀的复杂暧昧的感情一变而为纯粹的憎恶的那一个小小的事故,我该给你们讲我的表姊了。

阿丽莎好看不好看,我还不会看呢;把我牵引在她身边的,是另有一种魅力,不仅仅由于美貌。自然,她很像她的母亲;可是她眼睛的表情,截然不同,所以我到后来才看出这一点相似。我不会描写面孔;眉目都叫我抓不住,甚至于眼睛的颜色;我现在只记得她的微笑里早已有点含愁的表情,以及远离开眼睛,高举在上面,弯弯的一线眉毛。我在别处从没有见过这样的……不,我见过但丁时代的一尊佛罗伦司的雕像;我喜欢幻想琵亚特丽思小时候有她那样弯得很大的眉毛。它们给目光,给全生命,流露出一种又挂虑又信任的疑问,——不错,热情的疑问。她一身都只是疑问,都只是期待……我要对你们讲这种疑问怎样抓住了我,变成了我的生命。

然而须丽叶会显得更美;喜悦和健康给她加上了光辉;可是她的美丽,比诸她的姊姊的优雅,总显得是外表的,一目了然的。至于我的表弟罗伯呢,显不出他有什么特色。他只是和我差不多年纪的一个孩子;我同须丽叶也同他玩;我同阿丽莎谈闲话;她不大参加我们的游戏;尽管向过去回溯到多么远,我只想见她的庄重、温柔的含笑、深思。——我们当时谈什么呢?两个孩子能谈什么呢?我就要想法给你们讲了:可是,为了以后不再讲我的舅母,让我先给你们讲完她的事情吧。

我父亲死后的两年,我的母亲和我上勒阿弗尔过复活假。我们不住在比柯兰家里,他们在城里的房子很小,我们住在我母亲的姊姊家里,她的房子比较大。朴兰提叶姨母,我难得有机会看见,已经孀居了多年了;我不大认识她的孩子们,他们年纪比我大得多,性情也和我很不相同,"朴兰提叶宅"勒阿弗尔人这样叫的,实在并不在城里,而是在俯瞰城市的那个叫做"坡头"的小山半腰里。比柯兰家住在闹市附近;有一条坡道,从这一家通到那一家,只消一忽儿工夫;我常常一天从那里爬上爬下好几次。

那一天,我在舅父家里吃午饭。饭后不久,他出去了;我陪他直到他的事务所,然后回朴兰提叶家去找我的母亲。到那里,我听说她同我的姨母出门了,要到吃晚饭才回家。我马上又下到城里,我很少能自由到那里散步,我直走到港口,海雾把天笼罩得阴沉沉的;我在码头上溜达了一两个钟头。突然我转念撞回去惊一惊阿丽莎,虽然我刚离开她……我从市区内跑回去,到比柯兰家门口按铃;我一下子奔上楼梯。给我开门的女仆挡住我说:

"别上来,小先生!别上来!太太又发病。"

可是我溜过去了:"我并不是来看我的舅母"……

阿丽莎的房间是在第三层楼。第一层,客厅和食堂;第二层,舅母的房间,那里正传来讲话的声音。我得经过的那个房门正开在那里;一道光从房间里穿出来,横截楼梯顶;怕被人看见,我踌躇了一下,我躲开,我大为愕然,看了这一场情景:窗帘都下着,可是两个烛架上的蜡烛放射着一片愉悦的光亮,房间的中央,我的舅母躺在一张长椅上;她的脚边,是罗伯和须丽叶;她的后边,穿中尉军服的一个陌生的年轻人。——那两个孩子也在场,如今我觉得着实古怪;可是当时在我的年幼无知里,倒使我安了心。——他们一边笑一边看那个陌生人,他用细嗓子反复说:

"比柯兰!比柯兰……如果我有一只绵羊,我一定就叫它比柯兰。"

我的舅母也哈哈大笑了。我看见她递给年轻人一支烟卷,让他点了,接过来吸了几口。烟卷掉地了。他纵身去捡它,假装脚绊在一条披巾里,摔下去,跪在我的舅母面前……托福这一场可笑的把戏,我溜了过去,没有被看见。

现在我到了阿丽莎的门前了。我等了一会儿。笑声、欢噪声，从下层传上来；也许它们盖住了我的敲门声，因为我不听见回答。我推门，门无声的开了。房间里早已暗得我一下子辨不清阿丽莎；她是在她的床头，跪在那里，背朝了残留着余光的窗子。当我走近的时候她转过身来，然而没有站起来，低声说：

"噢！芥龙，为什么又来了？"

我低下身去抱她；她的脸上浸满了眼泪：

这一刻决定了我的一生；我直到如今记起来还不能无动于衷。无疑的，当时我实在不十分知道阿丽莎悲苦的原因，可是我透彻地感觉到，这一种悲苦，对于这个悸动的小灵魂，对于这个被哽咽摇撼得不能自持的纤弱的身体，太过于强烈了。

我站定在她的身边，她跪定在那里；我一点也不知道如何表白我心里这种新奇的感奋；可是我把她的头紧拢到我的心头，在她的额上紧贴我的嘴唇，从唇间流出了我的全灵魂。沉醉于爱、于怜、于热忱、牺牲、德行的一种分不清的混合感情，我以全力诉诸上帝，献身给他，不再能想到我此生能有别的什么目的，除了给这个孩子遮蔽恐惧，遮蔽苦难，遮蔽生活。我终于跪下了，满心祈祷的至诚；我把她回护到我的身边；蒙眬的我听见她说：

"芥龙！他们没有看见你，是不是？噢！快走，千万不要叫他们看见你。"

然后，声音更低了：

"芥龙，别告诉什么人……可怜的爸爸一点也不知道呢……"

所以我什么都没有告诉母亲；可是朴兰提叶姨母同她不断地窃窃私议，这两位妇人的神秘、有心事、发愁的神情，每见我在她们密谈的时候走近她们，就赶我说："孩子，到别处玩去！"这种种都给我点明她们并非完全不知道比柯兰家里的秘密。

我们刚回到巴黎，一通电报把我的母亲招回勒阿弗尔去：我的舅母逃走了。

"同一个男人吗?"我问阿什拜尔屯小姐,母亲把我留在了她身边。

"孩子,你回头问你的母亲吧,我什么也不能回答你。"这位亲爱的老友说,那个事件弄得她目瞪口呆。

两天以后,她同我出发去会我的母亲了。那是礼拜六。我第二天可以在教堂里重见我表姊妹们了,只有这一点盘据了我的心头;因为,我的孩子气想法很看重我们再会的这一点圣典,究竟,我对于舅母,满不在意,而且以不向母亲探听为荣。

那个小礼拜堂里,那一天早上,没有多少人。服提叶牧师,显然是存心的,把讲经的题目选定了基督这一句话:"你们要努力进窄门。"

阿丽莎坐在我的前几排。我看见她的侧面,我一眼盯住了她,带了那样一种忘我的心情,我竟至于觉得我由她而听见我悉心倾听的这些话。——我的舅父坐在我母亲的旁边,在哭泣。

牧师先读了全节:"你们要进窄门,因为引到灭亡,那门是宽的,那路是大的,进去的人也多;引到永生,那门是窄的,路是小的,找着的人也少。"然后,明细地把题目分成了几项,他先讲大路……出了神,如在梦中,我重见我的舅母的房间;我重见她躺着、笑着;我重见那位神采奕奕的军官也笑着:就是欢笑这一个观念也变成了一种冒犯、一种凌辱,仿佛变成了罪孽的可憎的夸大!……

"进去的人也多。"服提叶牧师接下去;然后,他描写而我看见一群盛装的群众,欢笑着,喜滋滋的进行着,作成了行列,我觉得我不能,我不愿加入,因为我若同他们走一步,就远一步的离开了阿丽莎。——于是牧师又回到文本的开头,我也就看见我们得努力进的那个窄门了。我在我所沉入的梦里,想像它像一种压榨机,我用力钻进去,带了一种极度的痛苦,然而里面混和了一种天福的预感。而且这个门就变成了阿丽莎的房门;为了要进去,我压缩自己,出空自己身上所残存的一切自私心……"因为引到永生,那门是窄的。"服提叶牧师继续说——由此而超乎一切苦难、一切忧愁,我想像,我预感到纯净的、神秘的、圣洁的、我的灵魂早已渴慕的另一种喜悦。我想像这一种喜悦像提琴的歌声,又尖锐又柔和,像锋利的烈焰,阿丽莎的心和我的心在那里融化了。我们两个一块儿向前走,穿了《启示录》里讲的白衣服,手挽手,望着同一个目标……如果这些孩子的梦令人微哂,于我有什么要紧! 我只是复述它们,毫未加以更改。也许其中显得有一点含混,那只是在于言语,在于不完全的意象,不能把一种感情表现得很确切。

"找着的人也少,"服提叶牧师结束了。他解释怎样找窄门……很少人——我就要是他们中人……

到说教的终了,我已经达到了这样高的一种精神的紧张状态,以至于一等到礼毕,我就跑了,不想法去看我的表姊——出于高傲,早已想使我的决心(因为我已经下了)受考验,以为最配得上她莫如立刻离开她。

二

这种严格的教训使我的灵魂有了准备,自然而然急于尽义务,而且,我父母的榜样,如今在他们用来节制我心里最初冲动的清教徒训练以外,也锦上添花,把我引向了所谓"德行"。自我克制在我就如同自我放纵在别人一样的自然,我所身受的这一种严酷,并不叫我厌恶,反叫我欢喜。我向将来追求的,达到幸福所需的无限努力反重于幸福本身;我早已把幸福与德行混为一事了。自然,像一般十四岁小孩子一样,我还没有定型,还易屈易伸;可是不久我对阿丽莎的爱情使我断然向这方面突进了。内心里一种豁然的恍悟使我意识到了自己:我觉得自己收敛着,不甚开展,若有所待,不大关心别人,不怎样进取,不梦想什么胜利,除了对于自己的胜利。我喜欢读书;游戏之中,我只爱费心思,费力的游戏。我与我年龄相仿的同学们不大来往,我凑合他们的娱乐,仅出于亲善或殷勤。我却同阿培·服提叶要好,他在第二年到巴黎来跟我在一起,和我同班。他是一个可爱的、懒散的孩子,我对他爱过于敬,可是我同他至少可以谈勒阿弗尔,谈奉格瑟玛尔,我的思绪老是向那里飞。

至于我的表弟罗伯·比柯兰,他已经上我们的学校作寄宿生,可是比我们低两班，我只有在礼拜天才会见他。如果他不是我表姊妹的弟弟，虽然不大像她们的，我就决不会有心看他了。

我那时候一心只想到我的爱情，借了它的照耀，这两方友谊对于我才有了几分重要性。阿丽莎好像福音书里给我讲的那颗宝贵的珍珠；我是卖了一切所有以求它的那个人。虽然我还只是一个小孩子，我讲爱情，而且把我对表姊所怀的感情称为爱情，可有什么不对吗？我嗣后所经验到的在我看来没有什么更配得上这个名字了——而且，等到年纪大到明确感到肉体的不安了，我的感情没有多大变质，我小时候只求配得上的那一位，我以后也从不曾想法直接占有她。工作、努力、虔敬的行为，我把这一切都神秘地献给阿丽莎，想出了一种过分讲究的德行，常常不使她知道我只为了她而做的事情。这样子我沉醉于一种强烈的谦逊，而且习惯了，不顾我的舒适，决不以任何不费力的事情为满足。

这种好胜心单激励我一个人吗？我以为阿丽莎不见得觉得出，不见得为了我的缘故或者为了我而作了什么，虽然我只为了她而努力。一切，在她无饰的灵魂里，都保持了最天然的美。她的德行保有了如许自在与娴雅，看起来是十足的优游，由于她那种孩子气的微笑，她那种庄重的目光是迷人的；我重见那种在如此温柔中含疑带问的目光举起来了，我明白了我的舅父，在他的烦扰中，如何从他的长女身边寻找了支持、劝言和安慰。常常，在当年夏天，我看见他同她谈话。他的悲苦使他老了许多；他吃饭的时候不大讲话，有时候猝然表示出一种勉强的快乐，比他的沉默更难堪。他成天在办公室里吸烟，直到向晚阿丽莎去找他为止；他要请了才出去；她把他像领一个小孩子一样的领到园子里。两个人一块儿，沿那条花径，走到下菜园的阶段附近的空地去坐下，我们已经在那里安置了几张椅子。

有一晚，我逗留在外边读书，躺在一棵紫色大山毛榉树阴底下的草地上，和花径只隔一层桂树篱，挡住了眼睛，却挡不住声音，我听见阿丽莎同我的舅父谈话。显然他们刚谈了罗伯；我的名字随由阿丽莎说出来了，我刚开始听清楚他们的话，我的舅父就感叹起来了：

"噢！他,他总爱用功。"

出于无心而听了,我想走开,至少做一点动静,让他们知道我在那里；可是怎么办？咳嗽吗？喊一声："我在这里啦？我听见你们了！"……然而我没有做声,并非由于想多听一点的好奇心,而是由于羞窘。而且,他们不过在那里经过,我只是很不完全地听见他们的话……可是他们走得很慢；显然,阿丽莎,照她平常的样子,挽了一只轻篮子,正在摘除枯萎的花,从树墙脚下捡起被常常袭来的海雾浸落的还没有熟的果子。我听见她清亮的声音：

"爸爸,巴利塞姑丈是一个不凡的人吗？"

舅父的声音低而含糊,我听不清他的回答；阿丽莎坚持着：

"很不凡吗,你说？"

又是太含糊的回答；然后阿丽莎又说：

"芥龙很聪明,是不是？"

我怎能不听呢……可是不,我什么也听不清。她接下去：

"你相信他会成一个不凡的人吗？"

到这里舅父的声音提高了：

"可是,孩子,我倒要先知道你说'不凡'是什么意思！一个人尽可以很不凡而不显出来,至少在人眼前……而在神眼前很不凡。"

"我说的就是这个意思。"阿丽莎说。

"而且……我们能知道吗？他还太年轻呢……唔,当然,他很有希望,可是这样还保不定成功……"

"还必须要什么呢？"

"可是,孩子,我能对你说什么呢？必须要信赖、依靠、爱情……"

"什么叫依靠？"阿丽莎打岔说。

"就是我所缺少的爱敬。"舅父凄然的回答。随后他们的声音终于听不见了。

晚祷的时候,我后悔出于无心的失检,决定向表姊自首。也许这一次确有想多知道一点的好奇心混入了。

第二天刚听我讲了几句话的时候：

"可是,芥龙,这样听人家讲话很不好。你该关照我们或者就走开。"

"我当真没有听……我无意听,偏听见了……而且你们只是路过。"

"我们走得很慢。"

"不错,可是简直没有听见什么。我立刻就不再听你们了……说,舅父怎样回答你的,听了你问他成功必须要什么?"

"芥龙,"她一边笑一边说,"你完全听见了! 你只是开我玩笑,要我复述一遍。"

"我保证只听见开头……听见他讲信赖、爱情。"

"他后来说还必须有许多东西。"

"可是你,你回答了什么呢?"

她突然板起面孔来了：

"听他讲到生活的依靠,我回答说你有你的母亲。"

"噢! 阿丽莎,你很知道我不能永远有她的! 而且这并不是一宗事……"

她低下头去：

"他也是这样回答。"

我握她的手,直抖。

"将来不管我成什么样,我都是为了你才那样。"

"可是,芥龙,我也会离开你的。"

我的灵魂进入了我的言语：

"我呢,我将永远不离开你。"

她微微耸一耸肩膀：

"你没有力量一个人走路吗? 我们谁都得独自个寻上帝。"

"可是你得给我指路。"

"为什么你要在基督以外另找向导呢? ……你以为我们会更互相接近吗,比诸当我们两个互相忘记了,各自祈祷上帝的时候?"

"是的,只有使我们结合的时候,"我插上去,"这正是我每早每晚向他祈求的事情。"

"你不了解结同心于神中吗?"

"我完全了解;这就是神往的聚会在共同崇拜的东西里。我觉得确是为了聚会你,我才崇拜我知道你也崇拜的东西。"

"你的崇拜不纯粹。"

"不要太苛求于我了。我就是天国也尽会不看在眼里的,倘若我在那里聚会不到你。"

她把一只手指掩在嘴唇上,带几分庄重的样子:

"'先找神的国和他的正义。'"

录下我们的对话,我很觉得,在不知道许多小孩子的谈话多么有意识而认真的人们,这些话会显得太不像孩子话了。我能怎样呢? 我要想法子为它们辩解吗? 不,就如同我不愿意文饰它们,使它们显得更自然一点。

我们得到了拉丁文正版(Vulgate)的福音书,记熟了其中许多长段。阿丽莎同我学拉丁文,以帮助她的弟弟为借口,其实,我猜,倒是为了继续跟随我读书。的确,对于我知道她不会陪我做的任何种学习,我简直不敢叫自己感觉兴趣。即使这有时候于我有妨碍,可是决不会,如人家尽许会料想的,在于阻止我精神的突进;恰好相反,我觉得她到处都驾轻就易的作我的先导。可是我的精神总依照她而择路,那时候我们盘据心头的,我们叫做"思想"的东西,往往不过是更巧妙的感通的一种推托,不过是感情的一种遮蔽、爱的一种掩饰。

我的母亲对于她还没有测到深处的一种感情,起初尽也会感觉不安的;可是,现在她自觉精力渐衰了,她喜欢把我们结合在同一个慈母的拥抱里。她许久以来所患的心脏病愈来愈常常缠她了。有一次发作得特别厉害的时候,她把我叫到她跟前:

"可怜的孩子,看我真衰老得不中用了,"她对我说,"哪一天我会撇下你了。"

她沉默了，很气促。我忍不住叫出了似乎她等我说的话：

"妈妈……你知道我愿意同阿丽莎结婚。"

我这句话无疑的正好合上了她的心思，因为她立刻接下去说：

"对了，我就是要跟你讲这个，我的芥龙。"

"妈妈！"我在哽咽中对她说，"你相信她爱我吧？"

"我相信，孩子。"她温柔地重复了几下："我相信，孩子。"她讲得很费劲。她加上说："你得听凭上帝办。"然后，趁我把头低到了她身边，她把手搁在我头上，又说：

"愿上帝保佑你们，我的孩子们！愿上帝保佑你们两个人。"于是沉入了一种昏睡状态，我也就不想法叫醒她。

这一番谈话，以后就不曾继续；第二天，我的母亲觉得好了一点；我又去上学，沉默重新封住了这一点半吐的机密。而且，我能更知道什么呢？阿丽莎爱我，我一刻都不会怀疑。即使我会，经过了其后接上来的那个悲惨的变故，怀疑也就永远从我的心上消失了。

我的母亲在一天晚上，当阿什拜尔屯小姐和我在身边的时候，非常平静地去世了。把她带走的那一次最后的发病，起初似乎并不比以先各次更厉害；直到临了病势才转而严重，亲族们谁也来不及赶到。我是在母亲的老友身边为亲人守灵了第一个通宵。我深爱我的母亲，可是我十分惊异，我虽然流泪，竟不觉得怎样悲痛；我哭呢，那是出于哀怜阿什拜尔屯小姐。她看了她的朋友，比她小好多岁的，竟如此比她先被上帝召去了。可是隐秘中想到这一回丧事将促成我的表姊归向我，大大节制住了我的哀痛。

第二天，我的舅父到了。他交给我他女儿的一封信，说她要晚一天才同朴兰提叶姨母一块儿来。

"……芥龙，我的朋友。我的弟弟，"她在信上说，"……我无限悲憾，未能在她死前向她说出会使她满意、如她所期望的那些话，现在，愿她宽恕我吧！愿此后单是上帝领导我们两个吧！再见，可怜的朋友。——比往常更亲切的，你的阿丽莎。"

这封信究竟是什么意思呢？她抱憾于没有说出的那些话是什么话呢,倘不是她用来给我们的将来定约的一些话？然而,我还太年轻,不敢立即就向她求婚。而且,我用得着那些诺言吗？我们不是早就像定了婚了吗？我们的相爱对于我们的亲属已经不再是一种秘密了;我的舅父,同我的母亲一样,不加以阻挠;不但如此,他早已把我当他的儿子了。

过了几天,就是复活假,我到勒阿弗尔过假日,住在朴兰提叶姨母家里,吃饭差不多总在比柯兰舅父家里。

我的姨母菲丽歇·朴兰提叶是女人中最好的,可是我的表姊妹们和我都同她不怎样特别亲密。不断的事务忙得她气都喘不过来;她的举动不温文,她的声音不柔和;不管在一天里什么时候,只消一感到对我们的感情满溢得需要流露了,她就横七竖八的把我们抚抱个不停。我的舅父比柯兰很爱她,可是,当他对她讲话的时候,我们一听他的声音,就很容易觉出她如何更喜欢我的母亲了。

"可怜的孩子,"有一晚她开始说,"我不知道今年夏天你想干什么,可是我要等知道了你的计划,然后才决定我自己要干什么;倘若我会于你有用的话……"

"我还没有怎样想过呢,"我回答她,"也许我要旅行。"

她接下去:

"你知道,我这里同奉格瑟玛尔一样,你来总是欢迎。你也会叫你的舅父、叫须丽叶喜欢的,倘若到那边去……"

"你的意思是说阿丽莎。"

"真的! 对不住……你会相信吗,我本以为你是爱的须丽叶! 直等到你的舅父给我讲了……还不到一个月呢……你知道,我,我非常爱你们,可是我不十分深知你们;我太少机会见你们了! ……并且我不大观察;我没有工夫关心于我无甚关系的事情。我看见你总是同须丽叶玩……我常常想……她那么好看,那么活泼。"

"不错,我现在还愿意同她玩,可是我爱的是阿丽莎……"

"好极了! 好极了,随你……至于我,你知道,尽可以说我不大知道她,她不如她的妹妹好讲话;我想,如果你选中了她,你当然有选择的理由。"

"可是,我爱她并非出于选择,我也从没有想过我有什么理由……"

"别着恼,芥龙;我对你讲话并没有恶意……你叫我忘了我想对你说的话了……啊!对了:我想,当然,结局总归是结婚的;可是,你还在服内,你照规矩还不好就订婚……而且,你还太年轻……我想过,现在你没有母亲在一起,你一个人住在奉格瑟玛尔,不免会惹人见怪……"

"可是,恰好就为了这一点我才说要旅行啊。"

"不错。唔!孩子,我想过,有我在那里,什么都方便了。我已经准备好空出一部分夏天的时间。"

"只要我一请求,阿什拜尔屯小姐一定高兴来的。"

"我早已知道她要来的。可是那样还不行!我也要去……噢!我无意替代你可怜的母亲,"她补充说,忽然呜咽起来了,"可是我可以管家务……唔,你,你的舅父,阿丽莎,叫你们都不至觉得有什么不便。"

我的姨母菲丽歇算错了她在那里的效验。实际上,我们只是因为她才感觉不便呢。照她所说的,她在七月初就到奉格瑟玛尔住,阿什拜尔屯小姐和我不久也上那里和她聚在一起了。借口帮助阿丽莎照料家务,她把这个素来安静的家里充满了不断的喧嚣。为了讨好我们,为了如她所谓叫"什么都方便",她把殷勤献得非常过分,以至于我们,阿丽莎和我,在她面前差不多总是很拘束,很缄默。她一定以为我们很冷淡……即便我们不沉默,她难道就会了解我们这一种爱情的性质吗?——须丽叶的性格倒是同这一种繁冗合得来的;也许看见她对于小侄女流露出太显然的偏爱,我对姨母的感情沾上了一点不快的感觉。

有一天早上,邮差来了以后,她叫我去:

"可怜的芥龙,我非常难过,我的女儿病了,要我回去。我不得不离开你们了……"

满怀着无用的过虑,我去找我的舅父,不知道我的姨母走后我可以不可以还留在奉格瑟玛尔。可是我的话刚开始:

"什么,"他就嚷起来了,"我可怜的姊姊还想把最自然不过的事情弄复杂吗?呃!为什么你要离开我们呢,芥龙?你不是早就像我的儿子了吗?"

我的姨母在奉格瑟玛尔只住了十四五天。她一走,家里就闲适起来了;家里重新栖息了这种很像幸福的恬静。我的居丧并没有把我们的爱情罩上阴影,反而增厚了。一种单调的生活开始了,在其中,有如在一个音响洪亮的地方,我们心里的最轻微的激动都可以听得出。

我的姨母走了几天以后,有一天晚上,在席间,我们谈论她——我记得:

"多么烦扰啊!"我们说,"难道生命的浪潮不给她的灵魂留一点休息吗?爱之美貌,你在这里作怎样的反映呢?"……因为我们想起歌德的话来了,他在讲史坦因夫人的时候,写道:"看世界反映在这个灵魂里一定很美。"我们立刻就定了一种级别制,把冥想力尊为最高级。我的舅父,本来一直不做声,到那时候就带了悲哀的微笑责备我们说:

"孩子们,"他说,"上帝总会认得出他的映像,即使破碎了。我们慎勿以人们一生里的瞬间来判断他们。你们不喜欢我这位可怜的姊姊的地方都是种种事情的结果;我太熟悉那些情形了,无法像你们一样严酷地批评她。年轻时候的可爱的气质,老来没有不会变坏的。你们所谓'烦扰'在菲丽歇,原先不过是叫人喜欢的精神焕发、天真烂漫、爽快与爱娇……我们从前实在与你们现在没有多大的不同。我颇有点像你,芥龙,也许比我所知道的还要像。菲丽歇很像现在的须丽叶……对了,甚至于模样也差不多——忽然我像重见了她,"他转向她的女儿说,"听了你谈笑里的某些种声音;她有你的微笑——还有那一种姿势,她不久便失了的,像你那样的,有时候,什么也不做,老是坐着,臂肘撑在前面,头额支在交错的手指上。"

阿什拜尔屯小姐向我转过脸来,差不多悄悄说:

"你的母亲,阿丽莎倒像她。"

那一年夏天非常出色。一切都似乎沉浸于蔚蓝。我们的热情战胜了灾难,战胜了死;阴影在我们的面前倒退。每一天早上我由快乐催醒;我黎明即起,奔出去迎接晨光……现在梦想起那个时候,我就重见了当时满野的露水。须丽叶比夜里睡得很晚的阿丽莎起得早,常同我一块儿走到园子里。她做了她的姊姊与我之间的信使;我向她没有尽头的讲我们的爱情;她似乎也永远听不厌。我对她说了我不敢对阿丽莎说的话。在阿丽莎的面前,因为过于爱她了,我反而变得生怯,变得拘束。阿丽莎好像也随和这一种把戏,喜欢我同她妹妹兴高采烈地讲话,不知道或假装不知道我们实在只是谈论她。

爱之美妙的矫饰,甚至于就是爱的充溢之美妙的矫饰啊,由于怎样一条秘密的道路,你把我们从笑引到哭,从最天真的欢乐引到德行的苛求呢?

夏天那么纯净,那么平滑的逝去,它那些溜去的日子,到今日差不多一点也不容我的记忆留下什么,惟一的事情就是谈话、读书……

"我做了一个悲凉的梦,"阿丽莎对我说,在暑假最后几天的一个早上。"我梦见我活着,你却死了。不,我没有看见你死。只是:你死了。这太可怕;这太不近情了,我终得以认清楚你只是不在罢了。我们分开在两处,我觉得有法子和你聚在一起;我寻思怎样办,为了达到你那里,我那么用力,以至于把我激醒了。

"今天早上,我相信我还在这个梦的印象之下;仿佛我还继续做这个梦呢。我觉得还和你隔开,而且要和你隔开许久,许久——"她很低的加上说:"乃至尽我的一生——觉得我们的一生都得作极大的努力……"

"为什么?"

"每人作极大的努力以求我们重聚在一起。"

我没有认真或不敢认真听她的话。我的心跳得很厉害,忽然有了勇

气,我好像作为抗辩,对她说:

"至于我,今天早上,我梦见我正要同你结婚,那么牢靠,什么也不能分开我们——除了死。"

"你以为死能分开吗?"她接口说。

"我的意思是……"

"我倒以为它能聚合……对了,聚合生前分开了的东西。"

这一番话深入了我们的内心,我现在还甚至于听得见我们讲话的音调呢。然而我到后来才完全明白了它们的严重性。

夏天逝去了。田野的大部分早已空了,望去分外的辽廓。我临走的前晚,或更前一晚,我和须丽叶走往低园的小树林。

"你昨天背给阿丽莎听的是什么?"

"什么时候呢?"

"在泥灰石坑前面的长椅上,在我们把你们抛落在后边的时候……"

"啊!……波德莱尔的一些诗句吧,我想?……"

"哪些?……你不肯念给我听。"

"'不久我们将沉入寒冷的阴暗,'"

我很不乐意的念起来;可是她,立即抢上来,用一种变了的颤抖的声音念下去:

"'再会吧!我们太短的夏天的明朗!'"

"怎么!你也知道吗?"我叫起来了,非常惊讶,"我一向以为你不喜欢诗……"

"为什么呢?是因为你从来不念给我听吗?"她说,一边笑,可是有一点勉强……"有时候你似乎以为我十足的愚钝。"

"一个人可以很聪明而并不喜欢诗。我从没有听见你念过诗,或者要我念过诗。"

"因为那是阿丽莎的事情……"她沉默了一会儿,然后突然问:

"你是后天走吗?"

"是的,我得走了。"

"今年冬天你要做什么呢?"

"读高等师范第一年。"

"你想什么时候同阿丽莎结婚呢?"

"先要等服了军役。甚至于也要等知道得清楚一点我将来要做什么。"

"你现在还不知道吗?"

"我还不想知道。使我感觉兴趣的事情太多了。我尽可能延宕下去,直到我必须选择,只能做一门的时候。"

"也因为怕定下来你才推迟你的订婚吗?"

我耸一耸肩膀,没有回答,她追问下去:

"那么,你们不订婚还等什么呢?你们为什么不立刻订婚呢?"

"可是我们为什么要订婚呢?不宣告外边人,我们自己知道我们是,将来也是,属于彼此的,不是已经够了吗?如果我乐意对她以我的终生相许,你以为我用誓约来系住我的爱情才算好吗?我不以为然。誓言在我看来是对于爱情的一种侮辱……我要同她订婚,惟有等我不信任她了。"

"我不信任的不是她……"

我们慢慢走去。我们走到了以前无意中听见阿丽莎同她父亲谈话的地方。我忽然想起,阿丽莎,我看见她到园子里来的,也许正坐在路口,她尽许也会同样听见我们谈话吧;我不敢直接对她说的话现在好让她听见的可能性立刻引诱了我;觉得我这个诡计很好玩,提高了声音:

"噢!"我嚷着,带了我这等年纪所不免的那种有一点浮夸的激昂,而且过分注意了我的措辞以求从须丽叶的话里听出她留下不说出来的一切话:"噢!只要我们能,俯临我所爱的灵魂,看见那里面,像在一个镜子里面,我们投入了何等的映影啊!能通晓别人像通晓我们自己一样,比通晓我们自己还清楚啊!何等的宁静在我们的柔情里!何等的纯净在我们的爱情里!……"

我把须丽叶的激动视为我这一套平庸无足道的卖弄声情的效果。她突然把头掩在我的肩上：

"芥龙！芥龙！我愿意你一定会使她幸福！如果她因为你而痛苦呢，我准会深恶痛绝你。"

"可是，须丽叶，"我嚷着，一边拥抱她，托起她的头，"我自己也要深恶痛绝我自己。如果你知道啊！……可是，是为的要更好的就同她一起生活：所以我还不愿意决定我的事业哪！我把我全部的未来都悬系在她的身上哪！没有她我也能做的一切，我都不愿做……"

"你对她讲这一点的时候她说什么呢？"

"我根本从没有对她讲过！从来没有；也是因此我们还不订婚；我们之间更谈不到结婚的问题，也谈不到我们以后要做什么的问题。须丽叶啊！同她一起的生活在我看来美得直叫我不敢……你懂吗？不敢跟她讲。"

"你要幸福猝然地降临她吗？"

"不！并不是那样。可是我怕……叫她害怕，懂吗？……我怕这种极大的幸福，我预先瞥见的，会把她吓着了！——有一天，我问她想不想旅行。她对我说她一点也不想；说只要知道有那许多地方，知道它们美，知道别人可以去，她就满足了……"

"你呢，芥龙，你想旅行吧？"

"走遍天下！一生在我看来就是一个长途的旅行——同她，遍历群书、众人、诸国……你可曾想到这两个字的意义：起锚？"

"我常常想到，"她喃喃地说。可是我不留心她，让她的话像可怜的伤鸟似的落在地上，我接下去：

"夜里出发，醒在黎明的眩光里，感觉只有我们两个在不定的波浪上……"

"到达一个海港，小时候早就在地图上看过的；那里一切都新奇……我想你在船桥上，同阿丽莎下船，她倚在你的胳膊上。"

"我们赶快上邮局，"我笑着接下去，"领取须丽叶写给我们的信……"

"寄自奉格瑟玛尔的，她还留在那里，你们觉得那里太小，太凄凉，太远了……"

她当时的话确是如此吗？我可说不准，因为，我说过，我心里充满了爱情，除了爱情的表白，简直什么也听不见。

我们走近了路口，正要折回来的时候，阿丽莎突然从阴影里露出来了。她面色那么苍白，须丽叶不由得叫了一声。

"的确，我觉得不大舒服，"阿丽莎匆匆说，有点口吃，"夜晚空气凉。我想我还是回去的好。"马上离开了我们，她用急步向房子那里走去了。

"她听见我们说的话了，"须丽叶叫起来了，在阿丽莎一走远的时候。

"可是我们没有讲什么可以叫她痛苦的。恰好相反……"

"让我走吧。"她一说，就跑去追她的姊姊了。

那一夜，我睡不成觉。阿丽莎是出来吃过晚饭的，可是饭后立刻回去了，说是偏头痛。我们的谈话被她听去了什么呢？我很不安地回想着我们的话。然后我想也许我错了，同须丽叶走得太靠近了，用我的胳臂搂着她了；可是那是小时候的习惯；阿丽莎早已看见我们这样走过千百次了。啊！我真是盲目得可怜，追究着我的错处，竟一刻都没有想到须丽叶的话，虽然我听得那么不经意，我记得那么不清楚，也许阿丽莎已经听见个明明白白呢。没有关系！我惶惑不安，又怕阿丽莎会怀疑我，再也想不出别的危险，我决定，不管我对须丽叶声言过什么，甚或正由于她对我讲的话发生了影响，我决定克制我的过虑、我的恐惧，第二天同她订婚。

这是我临走的前夜。我以为她的悲哀可以归因于这一点。我觉得她躲避我一天过去了，我终不能单独跟她在一起；怕走前同她讲不到话，我不由得在晚饭前不久径自到她的房间里；她正在带一个珊瑚的项链，抬起胳臂来结它，背朝了房门，低着头，侧身随便看两支点着的蜡烛之间的镜子。她先是在镜子里面看见了我，继续在那里面看了我一会儿，没有转身。

"嗯！我的房门没有关吗？"她说。

"我敲过；你没有回答。阿丽莎，你知道我明天走了吗？"

　　她不回答什么,只是把她没有扣上的项链放在壁炉架上。"订婚"这个名词我觉得太露,太粗野;我用了不知道什么一些曲折话来代替了。阿丽莎一懂我的意思,她似乎就立不稳了,靠住了壁炉架……可是我自己也颤抖得那样厉害,我战战兢兢不敢向她看。

　　我离她很近,没有抬起眼睛来,握了她的手;她并不挣脱,而把头低下一点,把我的手提高一点,把嘴唇贴上去,半倚着我,喃喃地说:

　　"不,芥龙;不,我们不要订婚,我请你……"

　　我的心跳得非常剧烈,我相信她觉得出;她更温存的重新说:"不,还不要……"

　　听见我问她:

　　"为什么?"

　　"倒是我应该问你:为什么? 为什么变了呢?"

　　我不敢跟她谈起前一晚的谈话,可是显然她觉得我正想到那上面,仿佛回答我的思想,她向我一眼盯住了说:

　　"你错了,朋友,我不需要那么多的幸福。我们这样不是已经够幸福了吗?"

　　她勉强要微笑而笑不成。

　　"不,因为我得离开你。"

　　"听我说,芥龙,我今晚不能同你谈…… 不要糟蹋我们最后的时辰……不,不。我照常爱你;你放心。我要给你写信,要向你解释,我答应给你写信,明天……等你一走——现在走吧! 瞧,我哭了……走开吧。"

　　她催我走,轻轻地推开我——而这就是我们的辞别了,那一晚我再不能跟她说什么话了。第二天,当我动身的时候,她闭门不出自己的房间。我看见她在窗口挥手示别,看着我坐的马车渐渐的远去。

三

　　那一年我差不多没有看见阿培·服提叶;不等征召,他就提前入了伍，我则准备学士学位，重上了一年的修辞班。比阿培小两岁，我把军役延迟到高等师范毕业以后，我们两个就要在当年上那里读一年级了。

我们很欢乐地又见了面。从军队里退役出来，他旅行了一个多月。我担心他变了；可是他无非更添了自信，而丝毫没有失去他可爱的气质。开学前一天的下午，我们在卢森堡公园玩的时候，再也忍不住隐藏我的心事了，我就对他详谈了我的恋爱，他是早就知道有那回事了。过去一年来，他得了一点对付女人的经验，因此他摆起了一点自负的居高临下的神气，可是并不叫我生气。他笑我不懂得说下了他所谓定局的一言，他作为一条原理，说必须永远不要让一个女人有所反复。我让他说去，心想他这些高论对于我对于她都毫无用处，而无非表明他不了解我们罢了。

到校的第二天，我接到这封信：

> 亲爱的芥龙：
>
> 我已经细细地考虑过你向我提出的事情（我提出的事情！这样称我们的订婚！）我怕我对于你年龄过大了。你现在也许还不觉得，因为你还没有机会看见别的女子；可是我想到日后我会受到何种痛苦，倘若我从你以后，看出我不能再叫你喜欢了。读我的信，你一定要非常生气；我相信听见你的抗议呢；然而我还是请你等一等，等你在人生的道上再深入一点。
>
> 要明白我在这里说的完全是为了你自己。因为在我这方面，我深信我永远也不会不再爱你。
>
> > 阿丽莎

不再相爱！还会有这样的问题吗！——我与其说觉得悲哀，毋宁说觉得惊讶，可是心里觉得非常乱，以致我立刻跑去把这封信给阿培看了。

"唔，你打算怎么办？"他说，在他摇着头，闭着嘴唇，把信读过了的时候。我举起了胳臂，非常踌躇，非常苦恼。"至少我希望你不要答复，同一个女人辩论起来，那就糟了……听我说：礼拜六到勒阿弗尔过夜，我们礼拜天早上可以到奉格瑟玛尔，然后赶回来上礼拜一的早课。我自从服役以来还没有会过你那些亲戚;这是一个理由充分的托词,而且于我很有面子。倘若阿丽莎知道这不过是一种借口,那更好!你和阿丽莎谈话的时候,我可以找须丽叶。你可不要再做小孩子……老实说,你这段经历里有些地方我不大了解;你想必没有完全讲给我听……没有关系!我总会明白的……最要紧是不要让他们知道我们去……你必须袭击你的表姊,叫她猝不及防。"

当我推开园子的栅栏门的时候,我的心跳得很厉害。须丽叶立刻跑来迎接我们了。阿丽莎,在衣房里忙着,并没有赶紧走下来。我们正在同我的舅父和阿什拜尔屯小姐谈话的时候,她终于走进了客厅。即或我们的猝然而至有点使她狼狈吧,至少她安排得不露一点声色;我想起阿培对我说的话,想起她正是为了防范我才那么久不出来吧。须丽叶极度的兴奋使她的拘谨显得愈加冷淡。我觉得她不赞成我的回来;至少她想法在她的神情里表示出不赞成,我不敢想像这种不赞成背后会潜伏了另一种较为激烈的感情。和我们离开一点,坐在一角,靠近窗子,她似乎全神都贯注在一件绣物上,微动着嘴唇,数针脚。阿培讲话——幸而!因为,在我呢,我觉得讲不出一句话,若不是他讲了这一年从军和旅行的闲话,这次会面的最初那一场一定是沉闷极了。我的舅父自己也似乎特别有心事。

一吃过午饭,须丽叶把我拉过一边,领到园子里。

"你想得到吗,人家向我求婚了!"一等到只有我们两个在一起的时候,她就嚷起来了。"菲丽歇姑母昨天写信给爸爸传达了尼姆一位葡萄园主对我的意思。她说那个人很好,他今年春天在交际场上遇见了我几次,因而爱上了我。"

"你注意到了他没有,那位先生?"我问她,不由自主的对那位求婚者起了一种敌意。

"唔,我看清楚了他是一个什么人。堂吉诃德一路人,好性子,没有教养,很丑陋,很俗气,颇有点可笑;在他面前姑母也板不起面孔。"

"他有什么……机会吗?"我说,用了一种嘲笑的口气。

"得了,芥龙！你别打趣我！一个做生意人！……如果遇见过他一面,你就不会这样问我了。"

"可是……舅父怎样回答呢?"

"就是依照我回答:我太年轻,还不配结婚……可是不幸,"她一边笑一边接下去说,"姑母预料到会有这一种异议;她在信后追一笔,说爱德华·台西埃先生——这是他的名字——愿意等下去,说他所以立即表示者无非是为的声请'候补'……真荒唐;可是你看我怎么办呢? 我可不能说他长得太丑呀!"

"不妨说你不愿意和一位葡萄园主结婚。"

她耸一耸肩膀:

"这种理由在姑母的头脑里是讲不通的……不要讲它了。——阿丽莎给你写信没有?"

她把话讲得非常快,似乎心里很乱。我把阿丽莎的信交给她,她读下去,脸上很红。我似乎在她的声音里听得出一种愤怒的调子,当她问我说:

"那么你要怎么办呢?"

"我不知道,"我回答,"现在我到了这里,我觉得倒是在信上说容易,我早已怪自己不该来了。你明白她说的是什么意思吗?"

"我知道她要让你自由。"

"可是我在乎自由吗? 你知道她为什么要给我写这样的信吗?"

她回答我说"不知道?"那么冷冷的一句,叫我纵然完全猜不透真相,至少从那一刻起相信须丽叶或许不至于不知道。然后,在我们走到的小径的转角上,突然的转过身来:

"现在让我走吧。你来不是为了要同我讲话。我们一块儿待了太久了。"

她一溜烟向屋里跑去了,一会儿,我就听见她弹起了钢琴。

当我走进客厅的时候,她正在同已经走到她身边的阿培谈话,一边还弹着,可是现在弹得懒洋洋的,好像只是信手漫弄而已。我撇下了他们。

我在园子里徘徊了许久,寻找阿丽莎。

　　她是在果园的底里深处,在一道低墙的脚下采摘初开的菊花,花香混和了山毛榉的落叶味。空气涵满了秋意。太阳只微微地晒暖了篱树;可是天宇是东方式的澄清。她的面孔,镶在——几乎是藏在——一顶泽兰大帽子的深处。这顶帽子是阿培从旅行中带回来给她的,她立刻戴起来了。当我走近去的时候,她起初不转过身来,可是由于她抑制不住的一阵轻微的颤抖,我知道她已经听出了我的脚步;我立刻坚定起来,勇敢起来,以备反抗她的责备、她将注视我的严厉目光。可是当我走得很近了,早已仿佛出于畏惧而放慢了脚步的时候,她,虽然还不向我转过脸来,只是低着脸有如一个赌气的小孩子,却向我,差不多从背后,伸过一只握满了花的手来,似乎在招我前去。可是,出于淘气,一看见这个手势,我反而停住了,她乃终于转过身来,向我走了几步,抬起脸来,我看见脸上满是笑容。经她的目光一照,一切在我看来都是又单纯、简易,以至于不费气力、不变声音,我开始说了:

　　"是你那封信把我叫回来的。"

　　"我早就料到了,"她说,然后,用声调锉钝了谴责的锋芒:"也就是这一点叫我生气的,为什么你误会了我的话呢? 实在很简单呀……"(悲愁、困难,现在我早觉得实在只是想像而已,只在我头脑里存在罢了。)"我们这样已经是幸福了,我早就对你说过了;那么当你要我变更的时候,我拒绝,你为什么见怪呢?"

　　的确,我在她身边觉得很幸福,完全幸福,以至于我的思想只求与她的思想处处吻合;我早已不希冀她的微笑以外的什么,只求和她,那么样,在一条暖和的、繁花夹道的小路上,携手同行了。

　　"如果你宁愿如此,"我郑重对她说,一下子抛弃了其他的一切希望,委身给了当前这一种完全的幸福,"如果你宁愿如此,我们就不要订婚了。我接到你那封信的时候,我就明白我们实在是幸福的,也明白我们将要不再幸福了。噢! 把我原来的幸福还了我吧;我少不了它。我爱你如此深,大可以等你一辈子;可是,若说你要不再爱我,或者你怀疑我的爱情,阿丽莎,这种想头真叫我受不了。"

"唉!芥龙,我不能怀疑的。"

她对我说这句话的声音是又沉静又悲哀的;可是照耀在她脸上的笑容依然是很美,如此明朗,叫我不由得抱愧,我不该疑惧,我不该抗议;于是我觉得无非是因为我那样,她的声音里才潜伏了给我觉察出来的一点哀韵。

我与此毫不相干,就跳过去开始讲我的计划、我的学业,以及使我抱了极大希望的新生活。高等师范那时候不像它以后变成的样子;它那种相当严格的训练只能叫疏懒或顽劣的学生们不舒服,于好学的努力却大有帮助。我很喜欢那种近于修道院生活的风气使我隔绝了世面,那实在也不大能吸引我,只要想到阿丽莎会怕的,我也就立刻觉得可憎了。阿什拜尔屯小姐在巴黎保留了原先同我母亲合住的那幢住宅。除她以外,在巴黎简直不认识什么人,阿培和我每逢礼拜天要在她那里消磨几个钟头;每逢礼拜天我要给阿丽莎写信,不让她不知道我生活里的任何细节:

我们现在是坐在敞盖的菜园架上,胡瓜的粗藤从里面胡乱的爬出来,最后结的瓜也已经被采去了。阿丽莎听我,问我,我先前还不曾感觉过她的柔情如此殷,她的温情如此切。恐惧、忧虑,甚至于最轻微的激动,都在她的微笑里消散了,化入那种可爱的亲密里,像雾霭化入了大空的纯蓝里。

然后,在山毛榉丛林边的一张长椅上,须丽叶和阿培到了那里会我们的,我们一块儿把其余的时间消磨于朗诵斯温本的《时间的胜利》。各人轮流读一节。黄昏到了。

"得!"当我们走的时候,阿丽莎吻别我,对我说,一半开玩笑,可是带了那种大姊姊的样子,也许是由我唐突的举动引起她摆出来的,而她也喜欢摆出来的。"答应我以后不要再这样想入非非了……"

"怎样,你定了约了吗?"重新剩了我们两个在一起的时候,阿培就问我了。

"朋友,已经谈不到这个问题了,"我回答,立刻又用了截住任何新问话的语气,加上了一句:"这样更好得多。我从没有像今晚这样的幸福了。"

"我也是的,"他叫起来了;然后,猝然抱住了我的颈脖:"我告诉你一件极好的、了不得的事情!芥龙,我发狂一般的爱上了须丽叶了!去年我早已有点意识到;可是我以后有了阅历,我非等到重见了你的表姊妹们,一点也不愿意告诉你。现在,好了;我的一生有了着落。

　　我爱,我怎么说爱——我崇拜须丽叶!

好久以来,我就一直觉得对于你有一种襟兄弟的感情了……"

然后,笑着,闹着,他用尽气力来抱我,像一个小孩子一样的在我们坐往巴黎的火车坐垫上滚来滚去。我被他的吐露弄得目瞪口呆,我觉得他的言语里混进了舞文弄墨的矫饰,也有点不舒服;可是有什么法子抵拒这样的狂热、这样的欢乐呢?……

"怎么!你已经表白了吗?"我终得以趁两段倾吐的隙间插进去问了他一句。

"没有,当然没有!"他喊着:"我不愿意烧掉故事里最美的一章。

　　恋爱中最好的时期

　　　并非当你说:我爱你……

得!你不至于见怪吧,你,你这位慢性大家。"

"可是,究竟,"我有点着恼的接下去,"你以为她那方面……"

"你没有注意到她重见我有点不好意思吗!我们在那边的时候,自始至终,她那么心乱,那么一阵阵脸红,那么喋喋不休!……不,你什么也没有注意到,自然;因为你一心专注于阿丽莎了……还有,她怎样问我哪!她怎样倾听我的话哪!一年来,她的智慧发展得着实厉害。我不知道你何由而认为她不爱读书;你以为阿丽莎才有份……可是,老弟,她知道的东西可真惊人哪!你知道我们在晚饭以前做什么消遣?背但

丁的短曲(Canzone);我们各人念一行;我背错的时候,她给我改正。你
知道:

Amor che nella mente mi ragiona

(爱情在灵魂里与我理论)

你没有对我讲过她学过意大利文呀。"

"我自己也不知道。"我说,颇有点惊讶。

"怎么! 当我们开始念那首短曲的时候,她对我说是你指点给她的。"

"她想必听见我对她的姊姊读了它,那一天,当她照平日的样子,在我
们旁边谈话或者刺绣的时候;可是她从不曾显出她懂呢。"

"真的! 阿丽莎和你给自私心弄糊涂了。你们完全沉浸在你们自己
的爱情里,你们一眼都不看一看那点智力、那个灵魂的惊人的开花! 并不
是我要恭维自己,可是实在我来的正是时候……可是不,不,我并不埋怨
你,你是知道的。"他说,一边又拥抱我,"只是答应我! 这些话一句也不要
告诉阿丽莎。我自己一个人管自己的事情。须丽叶已经到了我的手里,这
是无疑的,而且很稳,我胆敢把她留到下一个假期。我甚至于想从现在到那
时候,不给她写一封信,可是,新年假,我们可以上勒阿弗尔过,那时候……"

"那时候? ……"

"唔! 阿丽莎一下子就听说我们订婚了。我打算把事情办得干脆利
落。你知道以后要怎么样了? 阿丽莎的许诺,你自己得不到,我将要用我
们的榜样促使你得到手。我们要劝服她说我们不能在你们结婚以后举行
婚礼……"

他继续说下去,把我泡进源源不竭的语流,火车到了巴黎话也不停,
我们进了高等师范也不停,因为,虽然我们从火车站步行到学校,虽然夜
已深了,阿培还陪到我的房间里,在那里我们又把谈话延长到天明。

阿培的热忱把目前和将来都安排好了。他早已想见了、叙述了我们
的双婚礼;想像、描写每人的惊喜;耽恋这种种佳话:我们的故事、我们的
友谊、他在我的恋爱里尽的职司。我抵御不住这样动人心目的一种热,终

于感觉到被它透入了,缓缓的屈服于这些妄想的魔力了。托福了我们的爱情,我们的野心和我们的勇气都膨胀了;一出学校,我们的双婚礼由服提叶牧师主持了以后,我们就四个人一块儿出发旅行了,然后我们投身去干大事业,由我们的夫人自愿地充我们的合作者。阿培,不大喜欢教书生活,自以为生来合于当著作家的,由于几本成功的戏剧,很快的获得了他所缺少的财产;至于我,嗜好研究甚于嗜好研究中可以得到的利益的,我想致力于研究宗教哲学,我打算给写一部历史……可是现在追想起那么些希望来有什么用处呢?

第二天我们就埋头学习了。

四

时间,直到年假,非常短促,我的信心,受了上次同阿丽莎谈话的激扬,不曾有片刻的动摇。照我所约定的,我每礼拜天给她写很长的信;其余的日子,远离同学,差不多只同阿培来往,我以想念阿丽莎过活,在我爱读的书里给她作许多标识,让我自己在其中所寻求的兴趣受制于她在其中会感觉到的兴趣。她的信仍不免使我不安;虽然她相当按时的答复我的信,她追踪我的热心,我以为宁出于鼓励我学习的心机,而不是出于她自己由衷的爱好;甚至于我觉得赏鉴、讨论、批评,在我无非是用来表明思想的方法,在她,恰好相反,都利用了向我隐瞒她的思想。有时候我怀疑她是不是开玩笑……没有关系!决定了对什么都不埋怨,我在信里一点也不透露出我的不安。

到十二月底,阿培和我上勒阿弗尔去了。

我下榻在朴兰提叶姨母家里。我到的时候,她不在家。可是我刚在我的房间里安顿下来,一个仆人就来通知我说她在客厅里等我了。

她一问完我的健康,我的居处,我的学业,不再转弯抹角,立即放纵了亲切的好奇心:

"你还没有说,孩子,你在奉格瑟玛尔住得满意不满意? 你的事情可有点进展吗?”

我得硬起头皮来忍受姨母的心直口快;可是,尽管我听见她如此简略地讲那些即便用最纯洁、最温柔的言语来讲也似乎有点唐突的感情,心里如何痛苦,无奈她讲话的语气是那么坦率,那么恳切,我若动气,未免说不过去。

不过,我起初不能不稍有点不服:

“你在春天不是对我说过你以为订婚还嫌太早吗?”

“不错,我知道;起初总是这么说,”她接口说,一边抓住了我的一只手,动情的紧握在她的手里,“而且,碍于你的学业,你的军役,你非过好几年不能结婚,我很知道。再说,在我个人,我不赞成长期的婚约;那要把年轻的姑娘们苦死了……虽然有时很让人感动……不过,不必把婚约公开……只叫别人明白——噢!很审慎的——再也用不着想法来那么一套;而且,你们的通信,你们的往来,那样就等于立了案了;再说,倘若有一个对手出来——这是大有可能的,”她含笑而委婉的陈说,“那样就可以婉转地回答……不;不值得费心了。你知道有人向须丽叶求婚了!她今年冬天很惹人注目。她还嫌年轻一点,她也就是这样回答了;可是那位年轻人表示等下去;——他也不是太年轻了……总之,他是一个极好的对象;人很可靠;你明天还可以看见他;他要来我这里过圣诞节。你可以告诉我你的印象。”

“我怕,姨母,他不要白辛苦吧,我怕须丽叶心目中另外有人,”我说,竭力不立刻说出阿培的名字。

“嗯?”姨母说,一副疑问的口气、不信的样子,噘着嘴,侧着头,“你说得我好惊讶啊!为什么她一点都没有对我说过呢?”

我咬紧嘴唇不再多说。

“好吧!我们就可以明白的……须丽叶最近有点不自在,”她接下去,“……可是,现在我们谈的不是她……啊!阿丽莎也非常可爱……到底,你对她表白过吗,有过没有?”

虽然这个名辞:表白,在我看来是太粗野、太唐突,叫我全心都起了反

感,却因为劈面撞到了这一句问话,又不会撒谎,我有点狼狈地回答:

"有过。"觉得我的脸上发烧了。

"她说了什么呢?"

我低了头:我本想不回答。愈加狼狈,仿佛不由自主,我却说了:

"她拒绝订婚。"

"唔! 她有道理,那个小丫头!"姨母说,"你们有的是时间,当然……"

"噢! 姨母,不要再提了。"我说,想阻止,没有办到。

"而且,这也不叫我奇怪;我总觉得她比你懂事,你的表姊……"

我不知道那时候怎样了,显然是被她的盘问激乱了,我觉得我的心忽然裂开了。像一个小孩子,我让头滚转在好姨母的膝上,呜呜咽咽的:

"不,姨母,你不懂,"我嚷着,"她并没有要我等待……"

"怎么! 她拒绝你吗?"她说,带了非常哀怜的声调,一边用手托起我的头。

"也不是……不完全是。"

我悲哀地摇摇头。

"你怕她不再爱你了?"

"噢! 不,我不是怕这一点。"

"可怜的孩子,如果你要我懂,你还得讲清楚一点。"

我为了听任了感情,不能自持,又害羞又气恼;姨母自然不会懂我为什么不安的道理;可是,阿丽莎的拒绝中隐伏了什么明确的动机,姨母好好地探问她,也许能帮助我寻出来吧,她自己不久也归到同样的结论了:

"听我说!"她接下去,"阿丽莎明天早上要来同我布置圣诞树;我马上就可以看出究竟是怎么一回事;我到午饭的时候告诉你。我靠得住你会知道没有什么会叫你大惊小怪的。"

我到比柯兰家里吃晚饭。须丽叶数日来的确不舒服,我觉得变了;她的眼睛带了一点犷野的,几乎是残酷的表情,使她和她的姊姊比以前更不同了。那一晚我未能同她们两个中随便哪一个作单独的谈话;我也不想如此,见我的舅父露出疲倦的神情,我饭后不久便告辞了。

　　朴兰提叶姨母预备的圣诞树每年招来了许多小孩子、亲戚、朋友。它立在楼梯脚下的门厅里,那里通前厅、客厅、一种暖花房的玻璃门,门里摆了一架食橱。圣诞树的装饰还没有完成,圣诞节早上,也就是我到那里的第二天早上,阿丽莎,果然如姨母对我所说的,很早就来帮她在树枝上挂许多装饰物、灯烛、水果、糖果、玩具。我本来很高兴陪同她作这点事情,可是我得让姨母跟她讲话。所以我没有看见她就走了,一早上就只管想法子消磨我的不安。

　　我先到比柯兰家里去,想看须丽叶;听说阿培先我而到她那里了,怕岔断一场定局的谈话,我立刻退出了,然后我在码头上、在街上,溜达到吃中饭的时候。

　　"傻瓜!"当我回来的时候,姨母喊着说,"你可以这样子糟蹋生活的吗!昨天你对我说的没有一句话是有道理的……噢!我并没有绕弯儿:我把帮我们忙累了的阿什拜尔屯小姐打发开了,一剩我们两个在那里的时候,我就干干脆脆的问她今年夏天为什么不订婚。你以为她窘吗?——她一点也没有什么为难,十分平静的,回答我说她不愿在她的妹妹以前结婚。如果你坦率地问了她,她也就像回答我一样的回答你了。那不是犯不着苦恼吗?你晓得,好孩子,什么都不如坦率……可怜的阿丽莎,她还对我讲到了她的父亲,她是不能离开他的……噢!我们谈了许多话哩。她很有头脑,那个小丫头,她又对我说她还不大说得准自己是不是与你合适;她怕太比你年纪大了,倒不如希望有一位像须丽叶一样年纪的……"

　　姨母继续说下去;可是我不再听她了;只有一点在我是要紧的:阿丽莎不肯在她的妹妹以前结婚。——可是阿培不是在那边吗?这样说来他真对了,那个自作聪明的家伙。他要,如他所说的,一下子弄成功我们两人的婚姻……

　　我竭力对姨母掩饰了我心头被这一点纵然是如此简单的启示所引起

的骚乱,只露出一种喜悦,那在她觉得是很自然的,因为似乎是她给了我的,叫她愈加高兴了;可是一吃完中饭,我就借了一点口实,离开她,跑去找阿培。

"哼! 你看我说得如何!"他一听见我报告了我的喜悦,就把我搂起来,喊着说,"老弟,我早就可以告诉你我今天早上同须丽叶的谈话差不多已是定局的了,虽然我们差不多只谈你。可是她似乎有点累,有点心神不定……我怕说得太过,会把她搅扰,待得太久,会使她太兴奋。照你讲的看来,那就行了! 老弟,你看我跳去抓手杖、拿帽子。你要把我直陪到比柯兰家的大门口,好把我拉住,倘若我要飞了:我觉得自己比欧福利昂(Euphorion)还要轻……等到须丽叶知道就是为了她的缘故她的姊姊才不答应你的请求;等到我立刻向她请求……啊! 朋友,我早已看见我的父亲,今晚,在圣诞树前面,一边赞美上帝,一边流幸福的眼泪,手里握满了祝福,伸到两对跪在那里的定亲者的头上。阿什拜尔屯小姐要在叹一口长气里蒸发了,朴兰提叶姨母要在衣襟里溶解了,辉煌的圣诞树要歌唱上帝的光荣了,要鼓掌了,照圣经里那些高山的样子。"

到傍晚的时分,圣诞树才点亮起来,孩子们、亲戚们、朋友们才团聚在四周了,离开了阿培以后,没有事情做,满心苦闷,十分焦虑,为了排遣我的期待,我跑去在圣阿德雷思悬崖上走了半天,迷了路,弄得正好,当我回到朴兰提叶姨母家里的时候,典礼已经开始了一会儿了。

一到厅口,我就望见了阿丽莎。她似乎在等我,立刻向我走来了。她在颈脖上,在明亮的上衣的开领处,挂着一个旧的,紫水晶的小十字架,我作为纪念我的母亲而给了她,可还没有看见她带过呢。她脸色憔悴,神情苦恼,使我难过。

"你为什么来得这样晚?"她对我说,用了一种气急的声音,"我有话要跟你讲哪。"

"我在崖上迷了路……可是,你很难过呢……噢! 阿丽莎,有什么事啊?"

她在我面前愣了一会儿，嘴唇直抖；一种极大的焦虑堵塞了我的胸口，我竟至不敢询问她；她把手搁在我的颈脖上，仿佛要把我的脸向她挽过去。我看见她想要讲话；可是正在这时候有几位客人来了；她失去了勇气，放下了手……

"来不及了，"她喃喃地说。然后，看见我的眼眶里注满了眼泪，仿佛可以用哄骗的话来宽慰我似的，她对我疑问的目光回答说：

"不……你放心；我只是头痛罢了；那些小孩子闹得真凶；我不得不来这里避一避……现在我该回他们那里去了。"

她猛然离开了我。许多人进来，把我和她隔开了。我想在客厅里会她；我望见她在客厅的那一头，被一群小孩子包围着，正在带他们做游戏。在她与我之间，我认出一些人，我如在他们的身边闯过去，多分要被他们留住的；客气、应酬，我觉得我没有法子对付；也许可以沿墙边溜过去……我尝试了。

当我经过温室的大玻璃门的时候，我觉得胳臂被人抓住了。须丽叶在那里，半隐在门口里，掩在门帷背后。

"我们进花房去，"她匆促的对我说，"我必须跟你谈一谈。你自已走去，我马上在那里会你。"说了，把门半开了一下，她溜进了温室。

发生了什么事情了？ 我想再见一见阿培。他说了什么了？ 他干了什么了？ ……我回到门厅，到了花房，须丽叶在那里等我。

她满面通红；眉头紧锁，显出一种忍心与痛苦的表情；目光闪闪，仿佛发了烧似的；就是声音也似乎严厉、紧张，一种气愤把她激动了；虽然我心里不安，十分惊讶，一见她美，却几乎受窘。那里只有我们两个人。

"阿丽莎对你讲过了吗？"她立刻问我。

"还不到两三句话，我回来得很晚。"

"你知道她要我在她以前结婚吗？"

"知道。"

她一眼盯住了我……

"你还知道她要我和谁结婚吗？"

我没有回答。

"同你。"她喊了一声。

"那才是胡闹啊!"

"可不是!"她的声音又带绝望,又带胜利的气味。她一挺身,或者不如说往后一仰……

"现在我知道我还剩什么事情要做了。"她含糊的加上了一句,一边开了室门,一跨出去就猛可的把门带上了。

我的头里,我的心里,乱得不可开交。我觉得血在我的太阳穴里猛跳着。只有一念还抵住混乱:找阿培;他也许能解释两姊妹对我说的那些离奇的话吧……可是我不敢再进客厅,我以为那里谁都看得出我的烦乱。我出去。园子里的冷空气使我镇定了:我在那里待了一会儿。夜色渐深,海雾掩藏了城市;树上没有叶子,天地显得无限的寂寥……歌声起来了;显然是聚在圣诞树周围的孩子们的合唱。我重新从门厅里进去。客厅和前厅的门都开着;我在此刻已经没有人的客厅里看见我的姨母,在钢琴背后半隐半露,正在同须丽叶谈话。在前厅里,在圣诞树周围,客人们挤着。孩子们已经唱完了赞美歌;一片寂静,服提叶牧师,在树面前,开始作一种说教。他从来不错过一个他所谓"播善种"的机会。灯光和热叫我不舒服;我想再出去;我看见阿培靠在门前,他一定在那里待了许久了。他怀了敌意似的看我,当我们的目光碰在一起的时候,他耸一耸肩膀,我向他走去。

"蠢货!"他低声说;然后,突然间:"啊!我们出去;我已经吃够了药石之言了!"我们一到了外边,当我只是焦急的望着他,没有说什么话的时候:"蠢货!"他重新说,"她爱的是你呀,蠢货!你就不能对我讲吗?"

我怔住了。我想不明白是什么意思。

"不能,可不是!你甚至于也不能自己看出来啊!"

他揪住了我的胳臂,狂暴地把我摇来摇去。他咬紧了牙关,发出来的声音颤抖着,咝咝作响。

"阿培,我请求你,"我默然了一会儿以后,用了同样颤抖的声音对他说,任他拉着我,迈着大步子乱走——"不要这样发脾气,把事情的经过告诉我。我什么也不知道。"

在一盏街灯底下,他突然让我停住了,仔细的端详我;然后急剧地把我拉到他身边,把头搁在我肩上,哽咽中对我喃喃地说:

"原谅我! 我也糊涂,并没有比你看得更清楚一点,可怜的老弟。"

他的眼泪似乎使他镇静了一点;他抬起头来,重新走起来,接着说:

"事情的经过吗? ……现在重提它有什么用处呢? 我早上同须丽叶谈过话,我已经对你说过了。她那时候非常美,非常高兴;我以为是为了我的缘故;其实,那只是因为我们谈你罢了。"

"那时候你没有看出吗? ……"

"没有;没有看确切;可是现在连那些最小的细节也清清楚楚了……"

"你靠得住没有看错吗?"

"我看错? 朋友,瞎了眼睛才看不出她爱你呢。"

"那么阿丽莎……"

"那么阿丽莎牺牲了。她看出了妹妹的秘密,要把位置让给她了。瞧,这实在没有什么难懂……我想同须丽叶再谈一次;刚听我说了几句,或者一开始明白了我的意思,她就从我们坐的沙发上站起来,重复说了几次:'我已经料定了,'从声调上看来根本是什么也没有料定……"

"啊! 不要开玩笑吧!"

"为什么? 我觉得实在滑稽,这件事情:她闯进姊姊的房间。我听见里面传来激烈的声音,十分惊诧。我希望重见到须丽叶,可是一会儿走出来了阿丽莎。她头上戴了帽子,见到我显得很局促,一边很快的向我招呼,一边走过去……就是如此。"

"你没有再见到须丽叶吗?"

阿培踌躇了一下:

"见到了。在阿丽莎走了以后,我推开房门。须丽叶一动也不动,站在壁炉面前,两肘支在大理石上,下颔托在手里;凝视着镜子。她听见我的时候,并不转过身来,只是蹬着脚,嚷着说:'啊! 别来搅我!'说得那么凶,我只得径自走了。就是如此。"

"现在呢?"

"啊,同你一讲,我觉得好一点了……现在吗? 唔! 你去想法子治好须丽叶的痴恋,因为,若不是我误解了阿丽莎,那就是她除非你办到了那一点就不再归你了。"

我们默默地走了许久。

"我们回去吧!"他临了说。"现在客人都散了。我怕我的父亲在等我。"

我们进去了,客厅里确乎空无一人了;前厅里,在枝条已经剥光、烛火将近全灭的圣诞树旁边,只剩了我的姨母和她的两个孩子,我的舅父比柯兰,阿什拜尔屯小姐,牧师,我的表姊妹以及一个样子颇为可笑的人物,我看见他和我的姨母谈了好久,到此刻才看出他就是须丽叶对我讲过的那个求婚者。比我们谁都魁梧、都强壮、都红润,差不多秃了头的,属于另一阶层,另一环境,另一种族的,他似乎自觉在我们中间是一个局外人;他局促不安地拉着、捻着一片大髭须下一撮灰色的下唇须。——门都还开着的门厅里没有灯光了;我们两个人不声不响地走了进来,谁也没有注意到我们在那里。一种可怖的预感缠住了我。

"站住!"阿培揪住我胳臂说。

我们看见那个陌生人走到须丽叶身边去,握她的手,她任他握去,毫不抵拒,也不向他看一眼。黑夜掩盖到我的心上了……

"阿培,是怎么一回事?"我偷偷地说,仿佛我还不了解,或者希望我误解了。

"啊! 小丫头抢先着了,"他用了咝咝的声音说,"她不甘居姊姊的下风。天使们一定在天上同声赞美了!"

我的舅父走去拥抱须丽叶,阿什拜尔屯小姐和我的姨母围着她。服提叶牧师走近来……我向前进了一步。阿丽莎看见我了,向我跑过来,直抖:

"可是,芥龙,那不成啊。她并不爱他! 她今天早上还对我这样说呢。

想法阻止她吧,芥龙!噢!她要弄到什么样子了?……"

她攀在我的肩上,作绝望的哀求,我真不惜断送一命以减轻她的苦恼啊。

圣诞树近边忽然间一声喊叫;一阵骚动……我们奔过去。须丽叶倒在我姨母的怀里,失去了知觉。大家挤前去,低着头看她,我简直看不见她;她蓬开的头发似乎把她青得可怕的面孔拉到后边去了。从她身体的痉挛上看来,这不是平常的晕倒。

"不要紧!不要紧,"我姨母高声说,为了使舅父安心,因为他惊惶了,服提叶牧师早已在安慰他,食指向天上指着。"不要紧!没有什么。不过是激动;不过是神经失常。台西埃先生,帮我一手,你很壮。我们把她抬到楼上我们的房间里,抬到我的床上……我的床上……"然后,她低头向她的大儿子耳边凑过去说了一句,我看见他立刻走了,显然是去找医生。

姨母和那个求婚者扶住了须丽叶的肩膀,她半倒在他们的胳膊上。阿丽莎托起了她妹妹的脚,温存地抱着它们。阿培撑起了向后边垂下去的头,——我看见他,低着头,遍吻他捧起来的散乱的头发。

我在姨母的门房前停住了。他们把须丽叶搁在床上;阿丽莎向台西埃先生,又向阿培说了几句话,我一点也听不见;她把他们直送到门口,请我们让她的妹妹休息,她想就同她的姑母两个人陪侍她……阿培抓住了我的胳臂,把我拉到了外面,我们在夜中走了好久,没有目的,没有勇气,没有思虑。

五

我对于自己的生活,除了爱情,找不到第二个意义,我只执著它,除了来自我意中人的,什么也不期待,也不想期待。

第二天,我正预备去看她,我的姨母止住我,交给我她刚才接到的这一封信:

> ……须丽叶极度的骚乱，吃了医生开的水药，近天亮才见减退。我请求芥龙几天内不要来这里。须丽叶会听出他的脚步，他的声音，她正需要最大的平静……
>
> 我怕须丽叶的病状叫我离不开这里。倘若在芥龙走以前，我不能接见他，好姑母，请你告诉他说我回头给他写信吧……

只不准我去。我的姨母可以，另外随便什么人也可以，随意敲比柯兰家门；姨母还打算当天早上就去呢。我闹吗？多么薄弱的借口……没有关系！

"好吧。我就不去。"

不能立刻再见到阿丽莎颇令我痛苦；可是我也怕见她；我怕她把她妹妹的情形归咎于我，见她生气不如干脆不见她好受。

至少我要见一见阿培。

到他的门口，一个女仆交给我一张便条：

> 我留下几个字，好叫你不至于担心。留在勒阿弗尔，同须丽叶靠得那么近，叫我受不了。昨夜，差不多一离开了你，我就搭船往南阿姆普屯。我预备到伦敦 S 家里，过完这一个假期。我们可以在学校里再见。

……一切人力的求助一下子都给我失去了。我不想把只留痛苦给我的小住再延长下去，在开学以前，就回到了巴黎。我把目光转向了上帝，转向了"送下一切真正的安慰、一切恩惠、一切完善的赏赐"的上帝。我向他奉献了我的苦难。我想阿丽莎也是向他托庇的，想到她会祷告，就也鼓励了、激发了我的祷告。

过了一长段默想与研究的时间，一直是别无他事，除了和阿丽莎来回通信。我把她的信都保留了；我的记忆，以后紊乱了，可借以校正……

从我的姨母那里——起初只有从她那里——我得到勒阿弗尔的消息；我通过她知道最初须丽叶的病状引起何等的不安。我走后十二天，终于接到阿丽莎的这一个短简：

> 原谅我，亲爱的芥龙，没有早一点写信给你。我们可怜的须丽叶的病状简直不容我有一点写信的时间，自从你走后，我差不多一直没有离开过她。我请求你的姑母给你传我们的消息，我想她已经照办了。所以你当知道三日来须丽叶已经好多了。我早已感谢了上帝，可是还不敢高兴。

罗伯，直到现在我还没有怎样讲到的，他后我几天回到了巴黎，也给我带来她姊姊们的一点消息。为了她们的缘故，我关心他，照我性情的趋势本不致那样关心他的；每逢他所进的农学院可以让他随便出来的时候，我总照应他，煞费苦心的带他玩。

从他那里我才听到了我不敢问阿丽莎也不敢问姨母的事情：爱德华·台西埃很殷勤地来探听须丽叶的消息；可是当罗伯离开勒阿弗尔的时候，他还没有见过她。我也听说须丽叶，自从我走了，在她姊姊的面前保持了一种顽固的沉默，无论怎样也还是牢不可破。

其后不久，我从姨母那里知道了须丽叶的婚约，虽然我料到阿丽莎希望立刻破除的，须丽叶自己要求尽可能地早早宣布。这一个决心，任凭劝告、命令、恳求，碰上去都把自己撞碎的，横在她的额上，扎在她的眼睛上，把她锁在沉默里……

时间过去了。我从阿丽莎那里只接到一些最不着边际的短简，我实在也不知道该给她写些什么。冬天的浓雾把我裹起来了；我的书灯，我的爱情和我的信心，唉！都无法从我的心上赶开黑夜，驱除阴冷。时间过去了。

然后，春天忽然来临的一个早晨，阿丽莎给当时不在勒阿弗尔的姨母写的——姨母转送给我看的——一封信，我把其中可以阐明这个故事的一段抄出如下：

> ……赞叹我的顺从吧：依你的劝言，我见了台西埃先生；我同他谈了好久。我承认他举止完全得体，我甚至，老实说，简直要相信这

一个婚姻不至于像我原先所怕的那样不幸呢。须丽叶当然不爱他；可是他在我看来，一礼拜比一礼拜地愈加不见得不配受爱了。他谈论当前的事情，很有眼光，对于我妹妹的性格，也没有看错；可是他深信自己的爱情一定有效，自诩没有什么不能由他的恒心加以克服。这就是说他非常迷恋。

的确，知道芥龙那么样照应我的弟弟，我极其感激。我想他所以如此完全是出于义务，因为罗伯的性情和他的截然不同——也许也是为了讨我喜欢——可是无疑的他已经知道了，所担的义务愈加艰苦，愈加能陶冶、愈加能提高灵魂。这是高尚绝伦的感想了！可是不要取笑你的大侄女，因为正就是这种思想支持了我，就是这种思想帮助了我想法把须丽叶的婚事看做一件好事。

你亲切的关怀真叫我快慰呵，亲爱的姑母！……可是别以为我难受吧；我差不多可以说：恰好相反——因为来震撼须丽叶的考验已经在我身上起了反应了。《圣经》里的这句话我常常念而不大懂的，我恍然大悟了："活该呵依靠人的人。"在我从《圣经》里发见它以前许久，当芥龙还不足十二岁，我刚满十四岁的时候，我已经在他寄给我的一张圣诞小书片上读到了这句话。那张画片上，在我们那时候觉得很好看的一束花旁边，有高乃依（Corneille）这几行台词：

> 世界上何种得胜的幻惑
>
> 今天引了我向上帝飞升？
>
> 活该受罪呵完全把靠托
>
> 寄放在别些人身上的人！

比较起来我得承认我分外喜欢耶利米的这个简单的原句。自然，芥龙挑那张画片的时候，并没有怎样注意字句吧。可是我从他的信上看来，他现在的心情和我很相似，我每天感谢上帝一举而把我们两个凑近他了。

老想起我们的谈话，我不再像过去那样给他写长信了，为的好不打搅他的功课。你一定会觉得我作为补偿而愈加多讲他了；怕还要拉扯下去，我就此搁笔了；这一次，不要太责骂我吧。

这封信引起我多少感想呵！我诅咒姨母的失检的干涉，(阿丽莎提示的，使她对我沉默的那一番谈话是谈的什么呢?)竟使她把这封信也转送给我看的笨拙的殷勤。阿丽莎的缄默早就叫我很难堪了，啊！索性不让我知道她把不再对我讲的话写给别人，可不是还较好千百倍吗？信里的一切都激恼我：听她那么随便的对姨母讲我们之间极琐屑的秘密，还有那种自然的语气、那种冷静、那种认真、那种开心……

"不，可怜的朋友！这封信，除了不是寄给你，没有什么值得你气恼的，"阿培对我说。他是我日常的伴侣；我只能对他讲话；在寂寞中，不断地向他发抒我的软弱，我苦思同情的欲求，我的三心二意，以及，在困惑中，我对他给我的忠告所怀的信任，虽然我们的生性不同，或者就因为生性的不同……

"我们把这封信研究一下吧。"他说，一边把信摊开在他的书桌上。

三夜早已在我的恼怒中过去了，我想法子把恼怒掩藏在自己心中也已经有四天了！我已经差不多自然而然的归结到我的朋友终于对我说的这一个结论：

"须丽叶-台西埃一对，我们给它委诸情火吧，对不对？我们知道这种火焰的代价。一点也不错！台西埃我觉得正是飞蛾，一定得在那里烧死……"

"随它去，"我对他说，很讨厌他的玩笑。"我们谈其余的。"

"其余的？"他说……"其余的一切都是归你的，你还埋怨哪！没有一行，没有一字，不想起你。尽可以说这封信完全是写给你的；菲丽歇姨母，转送给你，无非是转寄给真正的收信人罢了；无法写给你，她才写给那位好老太太，作为权宜之计；于你的姨母有什么关系呢，那几行高乃依的诗！——顺便说一句，其实是拉辛的诗；——她是同你讲话呀，我对你说；她是对你说的这一切。你真是傻孩子，如果你的表姊两礼拜内不会同样长长的，同样随便的，同样愉快地给你写信……"

"她还不像是会取这条途径哪！"

"全在你让她取这条途径！你要我贡献意见吗？——从此……长久的,关于你们的恋爱,你们的结婚,别再提一字;你难道没有看出,自从她妹妹的变故以来,她就是怀怨的那一点？在友爱的线头上下工夫,不倦的对她谈罗伯——既然你有耐性照顾那个小傻瓜。只要继续迎合她的理解;其余自然会来的。啊！如果是我写信给她呵！……"

"你不会配得上爱她。"

然而我还是听从了阿培的劝言;不久阿丽莎的信当真又渐渐有生气了:可是我还不能希望她那方面有什么真正的喜悦、毫无拘束的倾谈,除非等须丽叶的地位,即便不是幸福,已经确定了。

阿丽莎报告我她妹妹的消息却渐渐好起来了。她的婚礼要在七月里举行。阿丽莎写信对我说她料想到那时候阿培和我怕因为课忙而走不开……我明白她以为我们最好不参加婚礼,借口有什么考试,寄一点祝词去就行。

在他们结婚后两礼拜光景,我接到了阿丽莎这封信:

亲爱的芥龙:

"想想看,我何等惊讶,昨天偶然翻开你送给我的那本可爱的拉辛,竟在里边发现了你从前写给我的,我在《圣经》里夹了快十年的那张圣诞小画片上的四行诗。

> 世界上何种得胜的幻惑
> 今天引了我向上帝飞升?
> 活该受罪呵完全把靠托
> 寄放在别些人身上的人!

"我本来以为这是出自高乃依的台词,老实说我本来不觉得怎样了不得。可是,继续读第六赞美歌的时候,我碰见了这样美的几节,使我不能不抄给你。这几节你想必早已知道的,如果我由你在书边上打下的那些轻率的缩写字上判断起来。"(的确,我养成习惯,在我

的和阿丽莎的书上洒满了她名字的第一个字母,指点我喜欢,我愿意
她知道的章句。)"没有关系!我抄出来是为了我自己的快慰。我起
初有一点着恼,因为我以为自己发现的原来是你给我指出来的,随
后,一想到你和我一样的喜爱它们,这种坏心思就消灭了。抄它们,
我觉得仿佛和你一块儿重读它们了。

> 不朽的智慧的声音
> 响起来教训我们说:
> "你们啊,人类的子孙,
> 劳心的结果是什么?
> 虚浮的众生呵,何由
> 而用了最纯的血流
> 买来的东西都往往
> 不是养你们的面包,
> 而只是影子,那只叫
> 你们比原先更饥荒?
>
> 我献给你们的面包
> 天使们就用作食品;
> 上帝他亲手给做好,
> 用他的麦粉的精英。
> 这一种面包真好吃,
> 在你们所混的俗世
> 永远也不会上食桌。
> 我发给愿从我的人。
> 你们可想不想求生?
> 来拿吧,来吃,来生活。
>
> ……

> 有幸被囚禁的灵魂
> 在你的轭下得平安，
> 他日日以活水自饮，
> 那永远也不会枯干。
> 人人皆可以饮此中，
> 它邀请举世的凡众。
> 我们却疯狂地奔跑，
> 去寻觅混泉的泥浆，
> 或者是骗人的池塘
> 那里水随时会逃掉。

多美啊！芥龙，多美啊！你真像我那样地觉得它美吗？我这个版本上有条小注说曼特农夫人（Mme de Maintenon）听见奥玛尔小姐（Mlle d'Aumale）唱这首赞美歌，大为激赏，'掉一些眼泪'，要她把其中的一部分重新唱一遍。我现在背熟了，老是念不厌。我在此惟一引以为憾的，就是没有听见你读过它。

我们的那两位旅客的消息依然极好。你早已知道须丽叶如何畅游了巴荣（Bayonne）和比亚里支（Biarritz），虽然天气热得很可怕。他们后来往方塔拉比亚（Fontarabie），留蒲尔果司（Burgos），两度比里牛斯山……她现在从蒙瑟拉（Monserrat）给我写了一封极兴奋的信来了。他们想还在巴塞罗那住十天，然后才回尼末，爱德华预备九月以前赶到那里，好准备收葡萄。

父亲和我已经在奉格瑟玛尔住了一礼拜了，阿什拜尔屯小姐明天就要来和我们住在一起；罗伯来，当在四天之内。你知道那个可怜的孩子考试失败了，并不是考得难，而是主考人出给他的题目太特别，把他弄昏了；照你写信给我说他用功的话来看，我相信他不至于没有好好的预备,只是那位主考先生似乎太喜欢难倒学生了。

　　至于你的成功,好朋友,我简直不能说庆贺你,因为那在我看来是再自然不过了。我这样深的信任你哪,芥龙!一想到你,我心里就充满了希望。你能从现在起就开始你所讲的工作吗?

　　……此间,园子里一切都没有改变;可是房子里显得非常空!你自会懂得吧,是不是?为什么我请求你今年不要来。我觉得这样好;我天天这样的再三对自己说,因为这么久不见你,在我怪难受的……有时候,我不由自主地寻找你;我中断了读书,我猛然转过头来……仿佛你就在那里呢!

　　我续写我的信,夜已深了;大家都睡了;我熬夜来给你写信,坐对开着的窗子;园子熏满了香气;空气暖和。你可记得,我们做小孩子的时候,只要一看见或一听见很美的什么,我们就想道:谢谢上帝创造了它……今夜,我用全灵魂想道:谢谢上帝把今夜弄得这样美!而突然间我就希望你在那里,觉得你在那里。——就在我身边——来得那么剧烈,你也许会感觉到吧。

　　是的,你在信里说得好:感叹,"在高贵的灵魂中",融入了感激……还有多少话我要写给你呵!——我怀想须丽叶对我讲的明媚的地方。我怀想另外许多地方,更广漠,更明媚,更寥廓。一种奇异的信念栖息在我的心头,想必有一日——不知道怎样——我们将一同看见一个——不知道是哪一个——神秘的大地方……

自然你们很容易想像我读这封信的时候,何等的狂喜,流了何等的爱泪。以后陆续又来了许多信。果然,阿丽莎感谢我不上奉格瑟玛尔,果然,她请求我当年不想法再见她,可是她抱憾我不在那里,她希望我在那里;从一页到一页都响着同样的呼声。我从哪里得来了抵拒它的力量呢?显然是由于阿培的劝告;由于怕一下子毁了我的欢乐;由于拗转心的倾向,我天生有一种刚毅。

我在随后寄来的许多信里,把有关这篇故事的,完全抄下:

亲爱的芥龙:

读你的信,我欢喜得心都融化了。我正要答复你从奥尔维叶托(Orvieto)写来的信,从彼路司(Pérouse)从阿西司(Assise)写来的两封信同时寄到了。我的思想已经在旅行;只是我的身体还假装在这里;实际上我是正同你一起在奥姆伯利亚(Ombrie)的白色路上;我同你一起在清晨出发,以新的眼睛守望黎明……柯尔托纳(Cortone)的平台上你当真唤过我吗? 我听见你……在阿西司上边的山中我们的口渴好厉害! 可是圣方济会修道士的杯水我觉得多好哪! 啊,朋友! 我看什么东西都经由你。你关于圣弗朗索瓦写的一切我何等喜欢呵! 不错,我必须寻求的,是思想的一种发扬,而不是一种解放。后者少不了一种可憎的傲慢。我们的大志应不在反叛,而在服侍。

“尼末的消息非常好,仿佛叫上帝允许我尽情快乐了。今年夏天的惟一阴影,就是我可怜的父亲的情况;不管我怎样当心,他还是忧郁,或者不如说,只要我一离开,他就重新忧郁,现在愈来愈不容易排遣它。自然的一切欢乐在我们周围讲的一种言语在他已经听不懂了,他甚至于不再用力听懂它了。——阿什拜尔屯小姐身体很好。我给他们两位朗读你的信;每封信够我们谈三天;于是又来了新的信……

“……罗伯前天离开了我们,他往他的朋友R家里去过他所余的假日。R的父亲管理一个模范农场。我们在这里过的生活在他当然是不十分喜欢。当他说要去的时候,我只能鼓励他的计划……

“……我有许多话要对你说,我渴慕这样一种讲不完的谈话! 有时候我想不出字句,想不出明晰的观念,——今晚我写起来就像在做梦——只保持一种无限富足的感觉等待授受,几乎挤得人透不过气来。

“我们在那么几个长月里怎么样一直沉默下来的? 我们确乎在

蛰伏呢。噢！愿那个沉静里过得可怕的冬天永远过去吧！现在既然重新找到了你了，生命、思想、我们的灵魂，在我都觉得很美、很可爱、无穷尽的丰富……"

九月十二日

我已经收到了你从毕萨写来的信。我们这里天气也极佳；我似乎从没有见过诺曼底这样美。我前天独自在田野里信步绕了一大圈；我回来的时候，兴奋超过疲倦，完全在阳光和喜悦里陶醉了。禾堆在炽烈的太阳光底下看起来多美呵！我无须想像自己在意大利就可以见识令人叹为观止的一切。

不错，朋友，我从自然的"浑然的赞美歌"里听出来的、听懂的东西，诚如你所说，就是一种寻求喜悦的劝诱。我在每一支鸟歌里听见它；我在每一朵花香里闻到它；我乃至仅能想象赞美是祷告的惟一形式——跟圣芳法朗索瓦说了又说：上帝！上帝！"e non altro"（没有别的），心里充满一种说不出的爱。

然而不要怕我转入了不学无知！最近我读了许多书；藉几个雨天相助。我宛然把我的赞美转到书里了……读完了玛勒白朗什（Malebranche），立刻又读起了雷布尼兹（Leibniz）的《寄克拉克的书简》。然后，作为休息，读了雪莱的《沁季》（Cenci）——不感兴趣；也读了《含羞草》……我也许要叫你生气了：我简直可以舍全部的雪莱，全部的拜伦，而取我们去夏一块儿读的济慈的四曲；有如我舍全部的雨果而取波德莱尔的几篇十四行诗。"大诗人"这个名词没有什么意义，要紧的是做一位纯诗人……啊，弟弟，谢谢你使我知道了，了解了，喜爱了这一切。

……不，不要为了几天相见的快乐而缩短你的旅行。认真说，我们还是暂且不要相见的好。相信我：如果你在我身边，我就不能再想你了。我不愿意使你痛苦，可是我已经弄到不再希求——现在——

你在这里了。我要对你说吗？我若知道你今晚要来……我就溜了。

　　噢！别叫我向你解释这一种……感情，我请求你。我只知道我老是在想你（这对于你的幸福该已经够了）我这样觉得很幸福。

在接到这封信以后不久，我从意大利回来，就服了兵役，被送到南锡（Nancy）。我在那里一个人也不认识。可是我乐意孤独，因为这样，在我作情人的骄傲以及阿丽莎自己，都愈加明白地显得她的信是我的惟一寄托，而对她的记念，由龙沙（Ronsard）来说，是"我的惟一圆极（entéléchie）"。

　　实在，我们所受的相当严格的训练，我处之十分轻松。我对于一切都硬朗，在我写给阿丽莎的信里，我只叹不能相见。我甚至于在这个长年的分别中发现了堪与我们的勇气相称的一种试炼。"你永远不叫苦的，"阿丽莎写信对我说，"你叫我无从想像到一旦会委顿的……"为的要证实她的话，我还有什么不会忍耐呢？

　　自从我们上一次会面以来，差不多快过了一年了。她似乎不想到这一点，而只从现在起计较她的期待。我以此责难她。

　　我没有同你一起在意大利吗？负心人！我一天都没有离开过你，要知道现在，一时的，我可不再能追随你了，这次，只有这次，我才称为离别，的确，我老想法想像你当军人的样子……我想像不出。顶多我看见你，晚上，在加姆比达路的小房间里，在写字读书……不，甚至于这也不成；实在，我只能再看见你在勒阿弗尔或者在奉格瑟玛尔，在一年以后。

　　一年！我不计算已经过去的日子；我的希望注定在未来的那一点，那要慢慢地、慢慢地来呢。你该记得，在园子的尽底里，那垛矮墙，墙脚下托庇着菊花，墙头上我们闹着玩儿；须丽叶和你在上边大胆的走着，好像回教徒直上天堂；我呢。我走不了几步就发晕了，你就在下边嚷着，"不要看你的脚！……向前边！一直走去！看准目标!"然后你终于——这比你说的话更有用——爬上了对面那一头，等待我。于是我不再颤抖了。我不再觉得头晕了；我不再看别的，只看你；我直跑到你张开的两臂之间……

没有了对你的信赖，芥龙，我要变得怎样了？我需要觉得你强健；需要依靠你。别软弱了。

出于一种逞强的精神，故意延长我们的期待——也出于怕不圆满的会面，我们讲好了我在巴黎，在阿什拜尔屯小姐那里过新年边上的几天休假……

我已经说过：我并不把她的那些信全部抄下。这里是在二月中旬接到的一封信：

大为骇异，前天，经过巴黎路的时候，看见 M 的陈列窗很招摇的摆着你向我讲过而我还不相信真会出来的阿培的那本书。我情不自禁走了进去；可是书名我觉得那么荒唐，我熬费踌躇，不敢向伙计说；我甚至眼看要随便买一本别的什么书就走出书店了。幸而一小堆通俗读物在柜台近旁等待顾客——我在那里拿起一本，扔下一百苏，不曾用得着讲话。

我很感激阿培没有把他的书送给我！我把它翻看了一下，无法不觉得可耻；倒并不怎样以书本身为耻——书里我觉得胡闹究竟还甚于失礼呢——而深耻于想到阿培，阿培·服提叶，你的朋友，写了它。我逐页找去，终不见《时报》的书评家在那里所发见的"大才分"。在勒阿弗尔的我们这个小小的圈子里，大家常谈起阿培，我听说这部书很成功。我听到人家把那种不可救药的浮薄称为"轻松"，"潇洒"；自然我很慎重，保持缄默，我只告诉你读过那本书。可怜的服提叶牧师，起初我看见是很正当的颇为不乐，终于怀疑他究竟有没有可以得意的地方；他周围的每个人都竭力使他相信有。昨天，在朴兰提叶姑母家里，V 夫人很突兀的对他说："牧师先生，你的儿子有了极大的成功,你一定很高兴吧!"他有点窘,回答说:"噢! 我还没有到这一步……""可是你会到的! 你会到的!"姑母说,当然并没有恶意,可是用了那样一种鼓励的语气,弄得全场人都笑起来了,连他也笑了。

将来演起《新阿贝拉》来不知道又当如何了! 我听说正预备给林阴路(Les Boulevards)哪一家戏院,似乎报纸上早已谈起来了……可怜的阿培! 这当真就是他所求的,他所满足的成功吗!

我昨天在《内在的安慰》(Internelle Consolacion)里读了这句话:"凡是真正希冀真正而永久的光荣者,不介意暂时的光荣;凡是心里不轻蔑暂时的光荣者,真正表明了他不爱天国的光荣。"而我想谢谢上帝为天国的光荣选取了芥龙,因为和天国的光荣比起来,另外那一种光荣就毫无价值了。

好几个礼拜,好几个月在单调的生活中过去;可是,只能使我的思绪系在回忆上或者希望上,我大不感觉到时间的慢、时刻的长。

我的舅父和阿丽莎六月里要到尼末附近去看须丽叶,她大约到那时候就要生孩子。她身体稍稍不甚好的消息使他们匆匆就道了。

"你最近的来信,寄往勒阿弗尔的,"阿丽莎写信给我说,"寄到的时候,我们已经走了。不知道是怎么一回事,一礼拜后才转到这里? 整整一礼拜,我的灵魂仿佛缺少了什么,寒颤、阴晦、萎缩。啊! 弟弟,我只有和你相处了才真正是我——甚于我呢……

"须丽叶又好起来了,我们日复一日地等候她分娩,没有什么分外的不安。她知道我今朝和你写信;我们到爱格维孚的第二天,她问我说:'芥龙呢? 他怎样了? ……他常给你写信吗? ……'因为我不能对她说谎:'等你写信给他的时候,对他说……'她说到这里踌躇了一下,然后,带了极温柔的微笑,'……我好了。'我读起她那些总是快活的信来,实在有点怕她再扮演幸福,把她自己也哄骗了……如今她认为幸福的事情,与她从前梦想的,似应为她的幸福所寄的事情,竟那么不同呢! ……啊! 所谓'幸福'与灵魂有多么深切的渊源,而似乎从外界构成幸福的各成分又那么无足重轻! 我省得对你讲我在'garigue'(荒原)上独自散步中所作的许多感想,那里最叫我惊讶的就是我不再感觉欢乐了;须丽叶的幸福本该使我满足的……为什么我的心委诸一种不可解的忧郁,叫我无法抵抗呢?就是当地的风景美,我感觉到的,至少我承认的,也无非更增加这一种说不出的哀愁……当你从意大利写信给我的时候,我曾经通过你而看见一切东西;现在我觉得好像不让你看见我独自看的一切东西了。而且,我在奉格瑟玛尔,在勒阿弗尔养成了一种抵抗阴雨天的能力;在这里,这种能力,再没有用武之地,我觉得它空起来,甚为不安。人群的欢笑、地方的欢腾,都使我不快;也许我所谓忧郁无非不像他们一样的喧闹而已……显然,从前我的喜悦里想必是有几分骄傲的,因为,现在,置身在这种陌生的快活之中,我所感觉的倒像是一点屈辱。

"自从我来这里以后,我简直做不成祷告:我感到一种孩子气的感觉,觉得上帝不在原处了。再见,我赶快搁笔,我惭愧于说了这种亵渎话,惭愧于我的脆弱,我的忧郁。惭愧于对你讲了出来,惭愧于写了这一切,我明天会撕掉的,倘若今晚没有邮差来带走……"

其后的那封信只谈到生外甥女、她得当小女孩的教母、须丽叶的欢乐、舅父的喜悦……可是关于她自己的感情,却一字不提了。

然后来信都重新寄自奉格瑟玛尔,须丽叶在七月里到那边去和他们同住了……

爱德华和须丽叶今早离开我们了。我特别舍不得我的小甥女;六个月以后再看见她的时候,她的一举一动我都要不认识了;她差不多没有一个举动的养成我没有看见。成长总是那么神秘而惊人;都由于不注意我才不常惊讶。我把多少时间都过在凭倚这张充满了希望的小摇篮。是由于何种自私,由于何种自满,由于何种向上心的缺乏,发展才那么快就停止,所有的生物才离开上帝还那么远就固定下来了?噢!如果我们能够、我们愿意、更接近一点上帝……那会有何等的竞争啊!

须丽叶似乎很幸福。我起初见她抛弃了钢琴,抛弃了读书,甚为惋惜;可是爱德华·台西埃对于音乐不喜欢,对于书本不大有兴味;

须丽叶的举措确甚聪明，不寻找他所跟不上的乐趣。她反而对于丈夫的事业怀了兴趣，他把一切事务都教她通晓。今年事业上有很大的发展；他爱打趣说这是因为结婚的缘故，因为结婚使他从勒阿弗尔拉到了大批顾客。他上次作业务旅行的时候，罗伯也跟了去；爱德华对他很好，自命了解他的性情，看见他认真的喜爱这种工作，也没有失望。

父亲身体好多了；看见女儿幸福，使他重新年轻了；他重新关心农场、园子和刚才正叫我重新朗读我们同阿什拜尔屯小姐一起开始读的、因为台西埃一家人来住而中止读的东西；我对他们读的是许伯内男爵（Baron Hübner）的旅行记；我自己也觉得很有趣。现在我自己也多了一些读书的时间了；可是我等你给我些指导；我今晨拿了一本又一本，一连拿了好几本，对于哪一本都不感兴趣！……

阿丽莎此后的来信变得更烦乱，更迫切：

怕使你不安，我不敢对你说我如何在盼望你，要在重见你以前过的每一个日子都叫我觉得沉重，觉得难受。还有两个月！这在我看来比我们分别以来早已过去的全部时间还要长呢！我想排遣我的等待而动手做的事情都似乎只是可笑的应急而已，我对于什么也不能聚精会神。书没有效能，没有魅力，散步乏味，大自然黯淡无光，园子退去了色，失去了香，我羡慕你在军营里做的杂役（Corvées）那些强迫的不容你选择的训练，它们使你老顾不到自己，使你疲倦，为你打发日子，到晚上，叫你，累极了，一下子滚进了黑甜乡。你关于演习为我所作的动人的描写日夜萦绕了我。最近几夜来我一直睡不好，有几次我突然被起身号吹醒了：我当真听见了军号哪。我完全想像得出你所讲的那种清兴，那种早晨的轻松，那种微晕……在黎明的冰冷的眩光里，玛尔泽维尔（Malzéville）的高原，该何等美啊！……

我近来不十分舒适；噢！没有什么要紧。我相信不过是盼待你太切了一点。

六星期以后：

　　这是我最后的一封信，朋友。纵然你回来的日子还没有十分定，当也不会很晚的；我不能再写信给你了。我本来很想在奉格瑟玛尔重见你；无奈天气变坏了，很冷。父亲口口声声说要回城市去。现在须丽叶和罗伯都不跟我们在一起了，我们让你在这里住，很容易安排，可是你还是住在菲丽歇姑母家里好，她也很喜欢接待你。

　　我们的重逢一天天逼近，我的盼望越发焦急了；几乎是带了恐惧呢；我那么切望你的，现在，竟似乎怕你来了；我竭力不想它；我想像叩门的铃声、你上楼梯的足音，我的心就停跳了，或者难受起来了……尤其你不要期望我能对你讲话……我觉得我的过去在这里终止了；以外我什么也看不见；我的生命停止了……

四天以后，就是解除军役的一星期以前，我却又接到很短的一封信：

　　朋友，我完全赞成你不想在勒阿弗尔住得过久，把我们第一次重聚的时间拖得太长。我们在信里早已写尽了，还有什么话可谈呢？所以，如果你在二十八日就得上巴黎报到，你不要踌躇，甚至于不要惋惜只能给我们见面两天。我们可不是还有一生吗？

六

　　我们第一次的会面是在朴兰提叶姨母家里。我忽然觉得军役把我弄得迟钝了，呆板了……我后来想她一定觉得我变了。可是这种虚假的印象在我们中间又会有什么要紧呢？——在我，怕不再完全认识她了，我起初简直是不敢看她……不；最使我受窘的，宁是人家给我们当的未婚夫妇的这种荒谬的角色，大家都要剩我们自己在一块儿，避开我们的那一种殷勤。

　　"可是，姑母，你一点也不妨碍我们呀；我们之间并没有什么秘密话要谈。"阿丽莎终于嚷起来了,再也受不了那位老太太躲躲闪闪的笨劲。

"不尽然！不尽然,我的孩子们！我很知道你们,年轻人长久不见面,总有许多小事情要互相报告报告的……"

"我请求你留下,姑母;你要走反而要叫我们不高兴了。"——说这句话的声音差不多带了生气的样子,叫我简直听不出阿丽莎的声音。

"姨母,我跟你说吧,如果你走开,我们管保一句话都不讲了。"我补充说,笑着,可是我自己一想到只我们两人相对,也感到一种恐惧。于是我们三人一块儿谈下去,看起来高兴,实在是无聊,各人想法把自己的困惑藏在假装的兴奋内。我们第二天当可以再见的,因为我的舅父请我吃中饭,因此我们第一晚相别并无怅惋,暗自庆幸演完了这一场趣剧。

我在离吃饭时间还很久的时候就到了,可是我看见阿丽莎正在同一位女友闲谈。主人无法谢客,客又不知趣,只是不走。当她终于撇下我们的时候,我假装诧异阿丽莎竟没有留她吃饭。我们两个精神都有点不自在,一夜不眠,以致十分疲惫。我的舅父来了。阿丽莎觉得我看出他衰老了。他变得有一点重听,不大听得清我的声音;要大声喊着才好叫他听明白,我的话因此就说得非常蠢钝。

中饭以后,朴兰提叶姨母,照预先讲好的,乘马车来接我们;她把我们带到奥尔歇,意在让阿丽莎和我在回来的路上徒步走那最愉快的一程。

天气热与季节颇不相称。我们走的那一段坡路敞在太阳底下,毫无风趣;脱了叶子的树木不让我们有半点荫庇。亟欲赶到姨母在那里等我们的马车,我们跟跟跄跄地加紧我们的脚步。我从头痛作梗的头脑里挤不出半点思想;为了好看起见,或者因为这种动作可以代替言语吧,我一边走,一边拉阿丽莎让我拉的一只手。走路的急喘、沉默的局促,把我们的血液冲上面孔;我听见太阳穴在跳;阿丽莎气色红得不顺眼;不久便觉得互相握着的湿漉漉的手很不舒服,我们松开了,让各自凄凉地掉回去了。

我们赶得太快,马车还没有到,我们就老早到了十字路口;马车走另外一条道,开得非常慢,因为姨母想让我们有充分谈话的时间。我们坐在路边拦岸上;一阵突然吹起来的冷风使我们起了寒噤。因为我们浑身是汗,于是我们站起来走去迎马车……可是最糟的还是可怜的姨母对我们所怀的殷切的关心;她满以为我们已经畅谈过了,想询问我们订婚的事情。阿丽莎实在受不住,满眼是泪,推托说头痛得厉害。我们静悄悄地回了家。

第二天,我醒来的时候,筋骨酸痛,像害了伤风,非常苦楚,我只得到下午才上比柯兰家去。不巧,阿丽莎不是一个人在那里。玛玳伦·朴兰提叶,菲丽歇姨母的一个孙女,跟她在一起——我知道阿丽莎常喜欢和她谈话。她在她祖母家里暂住几天,一见我走进去就叫起来说:

"如果你回头从这里出去仍然回坡头,我们就可以一同上去。"

我很机械的答应下来了;因此我不能和阿丽莎单独会面了。可是有这个可爱的女孩子在一边,于我们自然有用的;我不感到前一日那种难堪的局促;我们三人马上就十分自在的交谈起来了,而且谈得远不如我起先所担心的那样无聊。我向她说再见的时候,阿丽莎含笑的样子很古怪;我觉得她直到此刻才知道我第二天要走了。然而,不久会再见的预期把我的辞别中所能有的悲剧气味都扫除净尽了。

可是,晚饭以后,迫于一种漠然的不安,我又下到市内,闲荡了一小时,然后才决定重新叩比柯兰家门。是舅父接见了我。阿丽莎,觉得不舒服,早已上自己的房间去了。显然是立刻就寝了。我同舅父谈了一会儿,随即辞出……

这次的一再不凑巧,不管怎样的可恼,我埋怨也是枉然。即使一切都帮助我们,我们仍然会自己寻出我们的窘处。可是阿丽莎也竟感觉到,没有什么比这一点更叫我难过了。这是我一回到巴黎就接到的一封信:

> 朋友,何等可哀的相见啊!你似乎归咎外人,可是你自己也不能信服。现在我相信,我知道将永远如此。啊!我请求你,不要让我们再相见了!
>
> 我们有的是要说的话,为什么却那样窘,那样尴尬,那样瘫软,那样暗哑呢?你回来的第一天,我甚至于还庆幸这一种沉默,因为我相

信它会消失的,相信你会对我讲许多奇妙的事情的:你总不能就此走开呵。

可是当我们向奥尔歇默默地完结了那一次愁惨的散步,尤其当我们的手互相松开了,无望的垂下了的时候,我相信我的心悲痛得晕过去了。最叫我难过的,倒不是你的手松开了我的手,而是觉得如果你的手不这样,我的手也要松开了——因为我的手在你的手里也不感到愉快。

第二天——就是昨天——我发狂一般的等了你一早晨。我太不安,无法留在家里,乃留下几行字,告诉你到堤上什么地方找我。我在那里待了好久,看波涛汹涌的大海,可是我没有与你同看,实在太痛苦了:我回来,忽然想像你在我的房间里等我。我知道下午我没有空,玛玳伦前天告诉我说她要来,因为我料想早上可以见到你,我就让她来了。可是我们能有那惟一愉快的瞬间,也许还得归功于她的在座。其中有一个时期,我起了一个古怪的幻想,以为这种自在的谈话会延长得很久,很久……当你走到我和她同坐的沙发跟前,向我俯身,说"再见"的时候,我不能回答你;我觉得什么都完了:猛然间,我明白你走了。

你和玛玳伦一出去,我就觉得这是不可能的,不能忍受的。你可知道吗,我走出去了!我还要跟你讲话呢,要对你说我一点也没有对你说的一切;我早已跑到了朴兰提叶家里……晚了;我没有工夫,没有敢……我回来了,绝望了,给你写……我已经不愿意再给你写……一封告别信……因为我太觉得我们的通信全只是一场大幻梦,觉得我们各人都只是,唉!写给自己,觉得……芥龙!芥龙!啊!我们永远是隔得多远呵!

我撕了那封信,的确;可是现在我又写了,差不多完全照旧。噢!我爱你并不比以前差,朋友,恰好相反,当你一走近我的时候,就可以在我所感到的困惑中,窘迫中,我从没有如此深感到我爱你如何深;可是也多么无望,因为,我一定得老实告诉你:远离的时候,我更爱你。我早已料到这一点了，唉！这次久盼的会面终于给了我教训，朋友，你也一定得信服这一点真实。再见，我如此钟爱的弟弟；愿上帝保佑你，引导你：只有向他，我们可以接近而亦可以无疚。

仿佛这封信叫我读来还不够痛苦，她第二天在信尾加上了这几行附笔：

> 在发这封信以前，我要请求你对于我们两人有关的事情更谨慎一点。许多次你使我不快，把应该由我们管的事情向须丽叶和阿培谈论，也就是这一点使我——你远没有料到的——就想到你的爱特别是一种头脑的爱，一种温情与忠诚的美而智的执著。

显然是怕我把这封信给阿培看，她才想起了写最后这几行。什么怀疑的锐眼使她防备起来了？她以前已经在我的言语中看出了我朋友的劝告的影子了吗？……

我觉得此后我同她真隔得太远了！我们走两条分歧的道路；教我独自负担我忧苦的重荷，这种劝言，于我实属多余。

其后三日完全过在我的悲叹中；我想答复阿丽莎；我又怕，由于太存心的争论，由于太热烈的抗辩，由于稍一欠当的措辞，不可救药地闹大了我们的创伤；我开始了二十次我的爱情在里面挣扎的这一封信。直到今日我不能无泪而重读这张沾泪的信笺，我终于决定寄出的那封信的副本：

> 阿丽莎！可怜我，可怜我们两人吧！……你的信害苦了我。我多么愿意能用微笑来回答你的恐惧呵！不错，你给我写的，我完全感觉到，可是我怕对自己说。你把何等可怕的现实给了只是想像的东西，你把它在我们之间弄得好厚啊！
>
> 如果你觉得你爱我不如以前了……啊！让我撇开你在全信里否认的这一点残酷的假设吧！可是，那么你这些一时的恐惧有什么要紧呢？阿丽莎！我一想要理论，我的字句立刻冻结了，我只听见我的心在悲鸣。我爱你太深，无法乖巧，我愈爱你，愈不会对你讲话。"头

脑的爱",这叫我怎样回答呢？我用全灵魂爱你,叫我怎么分得清我的理智与我的心呢？可是既然我们的通信成了你不留情而责难的原因,既然,由通信而提高了、随后跌进了现实,使我们受了如此剧烈的创伤,既然你现在相信你给我写信无非写给你自己,既然我已经没有力量再忍受像你最近这样的一封信了:我请求你,暂时停止我们之间的一切通信吧。

在这封信的下文中,我抗议她的判断,我控诉,我哀求她重新赐我们一次会面。上一次一切都不顺遂;背景、配搭、季节——以至于我们的通信,太兴奋,也没有准备得妥当。这一次事先要只许沉默。我希望实现在春天,在奉格瑟玛尔,在那里我想过去会祖护我,我的舅父会在复活假内接待我,多多少少任她自己酌定住几天。

我的决定已经坚定了,一把我的信发出去,我就能埋头用功了。

我在岁末以前又得和阿丽莎会面了。阿什拜尔屯小姐数月来身体日渐衰弱,在圣诞节前四天死了。自从我解除军役以来,我重新同她住,我甚少离开她,我给她送了终。阿丽莎的一张明信片向我表明了她把我们的默誓放在心上,还甚于我所遭受的丧事:她当下就来,她说,只为的送葬,因为我的舅父不克亲自来参加。

差不多只有我们两个,她和我,参加葬仪,随后又护送灵柩;并肩走着,我们只交谈了几句;可是,到了教堂,她坐在我身边,我有几次觉得她的目光含情的凝注在我身上。

"这已经讲好了,"她对我说,在她正要离开我的时候,"复活节以前什么都不谈。"

"好,可是到复活节……"

"我等你。"

我们是在墓园的门口。我想要送她上车站,可是她招来一辆马车。连一句告别的话都不说,就把我撇下了。

七

"阿丽莎在园子里等你。"四月末有一天,我到了奉格瑟玛尔,我的舅父像慈父一般的把我拥抱了以后,对我说。纵然起初我因为不见她立刻出来迎接我,颇感失望,随后我马上就感激她为我们免去了初见面时刻应有的那些俗滥的寒暄。

她是在园子的深处。我向那个路口走去,在那里环绕的丛密的灌木,在这个时节,完全开了花,紫丁香,棠球,金雀,魏吉丽亚(weigelias)等等;为的要不至于老远就望见她,或者让她好不看见我来,我沿园子的另一边,走那条仄径,那里的空气,在树枝底下,十分清凉。我慢慢地走去;天空就像是我的喜悦,暖和,光明,入微的纯净。当然她是预期我从另外那条路上来的;我到了她的附近,她的背后,她都没有听出;我停住了,仿佛时间竟会得和我一同站住了:"这一个瞬间,"我想,"即使它还在幸福本身以前,幸福本身比起来还不如呢……"

我想要跪在她面前,我走前去一步,她听见了。她突然站起来,让手里正在做的绣件滚到了地上,向我伸出两臂,把两手搁在我的肩上。好一会儿我们就一直是这样,她,伸着手臂,面含笑容,向我低垂,脉脉含情地看着我,不说一句话。她穿了一身白衣裳。在她差不多太庄重的脸上,我重新看出了她童年的微笑。

"听我说,阿丽莎,"我突然喊起来,"我还有十二天好空。你什么时候不乐意我待在这里,我马上就走,不多待一天。我们先商定一个记号来表示'明天你必须离开奉格瑟玛尔。'我看见了第二天一定走,毫无异议,毫无怨言。你赞成吗?"

我没有准备我的字句,信口说来,反而自在。她想了一想,然后:

"倘若有一晚,我下来吃晚饭的时候,没有把你所爱的那副紫水晶的十字架挂在胸前……你懂吗?"

"那就是我最后的一晚。"

"不过你走起来,"她接下去,"可不要流泪,不要叹气……"

"不作告别。我要在最后的那一晚离开你,完全像在前夜的样子,那么干脆,你起初不由得怀疑:'她会懂吗?'可是你第二天早上找我的时候,简简单单,我已经不在了。"

"第二天我也不找你。"

她向我伸过手来;当我把她的手放到我的嘴唇上的时候:

"从此刻到终了的那一晚,"我补充说,"可不要有一点暗示叫我预感到什么。"

"你一点都不要暗示其后的别离。"

这一次会面的严肃在我们之间眼看要引起的局促,现在不得不打破了。

"我很愿意,"我接下去说,"同你在一起的这几天显得和平常的日子一般无二……我的意思是:我们大家都觉得它们不是例外的日子。并且……我们起初不急于竭力想谈话……"

她笑起来了。我又说:

"有什么我们可以一同做的事情吗?"

我们一向都爱好园艺。一个没有经验的园丁新近代替了旧的那一个,园子荒废了两个月,有许多地方要整顿。玫瑰树没有修剪好;有些,长得茂盛的,夹杂在枯枝间:有些,乱爬的,贴在地上,没有架好;还有些被赘枝吸收得枯瘦极了。大部分是我们给接枝的;我们认得出我们所培植的东西;它们所需要的料理,占去了我们很长的时间,使我们头三天,谈了许多话而一点也没有说到严重的什么,当我们不说话的时候,一点也不觉得沉默的压迫。

就像这样子我们重新又互相习惯了。我相信这种熟悉胜过随便怎样的苦口解释。就是我们对于别离的回忆也早已在我们之间消失了;我常常感到的她心里的那种恐惧,她害怕的我那种灵魂的紧张,都早已减退了。阿丽莎,比我在秋天作那次惨苦的拜访的时候年轻了许多,我觉得从没有见过她比现在更好看。我还没有吻过她。每天晚上我看见她的胸衣上,挂在一条金链子上的闪耀着那个紫水晶的小十字架。深信中,希望在我的心里重新生出来了；我说是"希望"吗？这早已是确信了，而且我想像阿丽莎也同样感到了；因为，我一点也不怀疑我自己，无从再怀疑她了。我们的谈话渐渐地大胆起来了。

"阿丽莎，"有一天早上，当明媚的空气里处处透露着笑意，当我们的心像花一样开着的时候，我对她说，"现在须丽叶已经幸福了，你不让我们也……"

我讲得很慢，眼睛望着她；她忽然变色，苍白得厉害，直叫我不敢说完我的句子。

"朋友！"她开始说，眼睛并没有向我转过来，"我在你身边觉得比我料想会感到的还要幸福……可是相信我：我们生来不是为的幸福。"

"除了幸福，灵魂还喜欢什么呢？"我急躁地嚷着。她喃喃地说：

"圣洁……"声音非常低，这两个字与其说是听出的，不如说是猜出的更为确切。

我全盘的幸福张开了翅膀，脱出我，向天上飞去了。

"没有你，我达不到那里的，"我说，头埋在她的膝上，像一个小孩子似的哭着，可是由于爱，并非由于悲哀，我重复说："没有你不成，没有你不成！"

随后，这一天像其他那几天一样的过去了。可是到晚上，阿丽莎出来没有挂那件紫水晶的小首饰。忠于我的约言，第二天，天一亮，我就走了。

第三天我接到了这一封怪信，信上作为题句，写了莎士比亚的这几行诗：

"That strain again，—it had a dying fall：

O，it came o'er my ear like the sweet south，

That breathes upon a bank of violets，

Stealing and giving odour. —Enough；no more，

'Tis not so sweet now as it was before."

（又这个调子了，——总那样袅袅不绝：

从前啊，它掠过我耳朵像旖旎的南方，

轻轻的呼吸在满坡的紫罗兰花上，

偷香又送香——够了，不要再来了，

现在已不像从前那样的可爱了……）

噢！不由我自主，我找了你一早晨，弟弟，我不能相信你已经走了。我有点怀恨你履行了我们的约言。我想：该是一场玩笑。在每一丛灌木背后，我都盼着你现身。——可是不行！你真是走了。谢谢。

这一天我心头就一直萦绕了一些思想，我愿意给你知道的——还萦绕了一种奇怪而确切的恐惧，就是怕如果我不给你知道，我往后会觉得对不住你，配受你责备……

在你初到奉格瑟玛尔的时候，我起初惊讶，随即深感不安：为什么我的全灵魂在你身边感到那样不可思议的满足："那么大的满足，"你对我说，"直叫我不再作以外的任何希求了！"唉！就是这一点使我不安的……

朋友，我怕你要误解我。我尤其怕你把无非是灵魂的最激烈的表现只当做一种微妙的推理（啊，那多么欠当呵！）

"如果是不能满足的，就不是幸福"——你对我说过，你可记得？我当时不知道如何回答你——不能，芥龙，这不能满足我们。芥龙，这不该满足我们。这种赏心的满足，我不能认它为真的满足。去年秋天你没有领悟到这种满足里面掩藏了多少苦恼吗？……

真的满足！啊！上帝！让我不要把它当作是真的满足吧！我们生来是为了另一种幸福……

正如从前的通信糟蹋了去年秋天的会面，想起你昨天在这里，我今天写信就无趣了。我往常给你写起信来所感到的那种快乐现在到哪里去了呢？由于写信，由于见面，我们消磨了我们的爱情所能企求的喜悦里所有的纯粹。现在，不由我自主，我像《第十二夜》里的奥西诺一样的感叹了："够了！不要再来了！现在已不像从前那样的可爱了。"

　　再见，朋友。Hie incipit amor Dei（从此开始对上帝的爱。）啊！
你可知道我多么爱你……直到底我还是你的。

阿丽莎

　　对于德行的陷阱，我总是束手无策。一切英勇，迷我的眼目，牵引
我——因为我不能把它和爱情分开……阿丽莎的信使我以最冒失的热诚
自我陶醉。上帝知道我努力求更大的德行就只是为了她。无论哪一条小
径，只要是向上的，都会引到她那里。啊！地总不至于太快地收缩得只容
得下我们两人吧！唉！我料不到她遁匿得那么微妙，我也想像不到她会
从一个尖顶上重新逃脱我呢。

　　我给她作了很长的答复。我还记得我的信里惟一算得有见识的一段。

　　"我常常觉得，"我对她说，"我的爱情是我身上所保有的最好的一部
分；我所有的德行都悬系在这上面，它提高我，使我超越我自己，没有它我
就要落回到资质极平凡的那种庸碌的水准了。是由于希望赶上你，我才
觉得最险峻的小径总是最好的路径。"

　　不知道我接下去说了什么，以致她对我答出了如下的一段话：

　　"可是，朋友，圣洁不是一种选择；是一种义务"（在她的信上这个
名词底下打了三道着重线。）"如果你真是我所相信的那样一个人，你
也逃不脱这一种义务的。"

　　就只是如此。我明白，或者不如说预感到，我们的通信就要中止了，
最巧妙的劝告、最坚定的决意，在此都无能为力了。

　　然而我还是长长地，温柔地，给她写信。在我的第三封信以后，我接
到了这个短简：

　　朋友：

　　　切勿以为我已经下了决心，不再写信给你了，我只是不感觉兴趣
罢了。你的信却还叫我喜欢，可是我愈来愈责备自己这样地牵引了
你的情思。

夏天不远了。我提议我们暂时停止通信,过些日子你到奉格瑟玛尔来和我一同过九月的下半个月。你赞成吗? 如果赞成的,我不需要你的答复。我要把你的沉默当作同意,所以我希望你不要答复我。

我没有作答复。显然这一种沉默无非是她课诸我的最后的考验而已。当我工作了数月,旅行了数星期以后,回到奉格瑟玛尔的时候,我是再安心不过了。

我怎能,用一篇简单的叙述,叫人家立刻会理解我自己起初也不明白的事情呢? 我在这里能描写什么呢,除了从那时候起完全摆布了我的悲苦境遇? 因为我虽然如今觉得自己不可恕,不该没有在那种最矫饰的表面底下觉出爱情还在那里悸动的,当时却只能看见那种表面,因此,觉得找不到我的密友了,我责备她;不,就在当时我也没有责备你呵,阿丽莎!只是绝望地哭泣我不再认识你了。现在我已然把你的爱情,用它沉默的狡计,用它残忍的技巧,量出了力量了,你愈加凶狠地苦我,我定当愈加爱你吧?……

轻蔑? 冷淡? 都不是;满不是什么可以克制的东西;满不是什么我可以抗争一下的东西,有时候我踌躇,我疑惑,莫非自造苦恼吧,既然它的原因如此微妙,既然阿丽莎假装不知道又如此乖巧。我到底悲叹什么呢?她接待我比往常更笑容可掬:以前她显得从没有如此殷勤,如此亲切,第一天我差不多给她骗过了……把头发梳成一个新样子,塌平了,收紧了,把她的面目点化得十分呆板,仿佛要改窜她本来的表情;一件不合适的上衣,颜色暗淡,质料粗糙,把她身体的优美的节奏弄得非常别扭……这究竟有什么要紧呢? 我盲目的想着,没有什么她第二天不就会改正的,出于她自动,或由于我请求……我更觉得不快的是那种亲切,那种殷勤,那是在我们之间不习见的,那里面我怕看得出存心多于任意,虽然我不大敢说……客气多于爱情。

当晚,走进客厅的时候,在原先搁钢琴的地方已经不见了钢琴,我很惊讶;听见我失望而直叫起来,阿丽莎用了最平静的声音回答说:

"钢琴送去修理了。"

"我可对你再三说过了,孩子,"我的舅父说,用了近于严厉的一种责备的语气,"你既然能把它直用到现在,你尽可以等芥龙走了,然后把它送走的,你的急躁剥夺了我们极大的快乐……"

"可是,父亲,"她说,一边掉过头去,因为脸红,"这几天来,钢琴已经变得非常嘶哑,就是芥龙自己也弹不出什么来了。"

"你弹起来,"舅父重新说,"不见得怎样差啊。"

她停了一会儿,向暗处俯身,仿佛一心在估量一个椅套的尺寸似的,随即突然走出了房间,过了好久才回来,用一个盘子托来了我的舅父照例每晚都服用的煎药。

第二天她不改梳头发,也不改穿上衣;坐在她父亲身边,在房子面前一张长椅上,她接做头一天晚上已经做起的针黹,在织补东西。她旁边,在长椅上或桌上,放着一只大筐子,装满了破旧的长统袜子、短袜子,她在里面掏着,检着。过了几天,又弄起了食巾、被单……这种工作似乎使她全神都贯注了,以至于她的嘴唇完全失去了表情,她的眼睛完全失去了光彩。

"阿丽莎!"第一天晚上我对她嚷着说,看了她这副脸上的诗意尽失(dépoétisation),大为愕然,我简直认不出是她的面孔,我凝视了好久,她似乎并没有感觉到我的目光。

"什么?"她抬起头来说。

"我想到底你听见不听见我。你的思绪似乎离开我太远了。"

"不,我是在这里呢;可是这种织补很需要集中注意力。"

"你一边缝补,一边可愿意听我给你念东西吗?"

"我怕不大听得好。"

"为什么你找这么费心机的事情做呢?"

"总得有人要做的。"

"外边有许多穷女人借此糊口呢,总不是为的省钱,你才潜心做这种烦腻的活儿罢?"

她立即向我断言没有什么工作使她更感觉兴趣了,许久以来她就只做这一种活,她对于别的工作显然已经做不来了……她一边讲,一边微笑。她的声音从没有比现在她如此叫我伤心的时候更说得温柔了。"我说的都是很自然的,"她的面孔好像在表示,"为什么你要难过呢?"——我心里所有的抗议,甚至于不再涌到我的嘴唇上了,塞住了我的喉咙。

第三天,当我们采玫瑰花的时候,她请我把它们拿到她的房间里,我这一年还没有到那里去过。我立刻生起了多么得意的希望!因为我还在责备自己的悲哀,只要她说一句话就会治好了我的心病呢。

我每次进那个房间,总少不了无限感触;我不知道究竟是什么在那里造成了一种和谐的宁谧,令我在其中认得出阿丽莎的本色。窗子上和床周围的帷帐的蓝影,光亮的桃花心木的家具,干净,整齐,清静,一切都向我的心报告她的纯洁、她的娴雅。

这一天早上,我在她床边的墙上不见了我从意大利带回来那两张马沙乔(Masaccio)的大照片,非常惊讶;我正要问她那两张照片怎样了,我的视线落到了近旁的书架上。她向来在那里放她的枕边书。这一架小小的收藏是一半由我送给她的书,一半由我们一同读的书,逐渐积成的。我发见那些书都搬掉了,一律换上了一些无足道的通俗信仰的小册子,都是我料她完全看不起的东西。突然抬起眼睛来,我看见阿丽莎笑着——是的,望着我笑着。

"对不住,"她立即说,"你的面孔叫我禁不住笑了,你一看见我的书架,就那么急转直下的变了颜色!"

我没有什么心思开玩笑。

"真的,阿丽莎,你现在读的就是这些东西吗?"

"是的,你觉得有什么奇怪呢?"

"我以为一个人,吃惯了滋养的食品,尝这些无味的,不会不作呕。"

"我不懂你的意思,"她说,"这都是一些谦卑的灵魂;他们简简单单地同我讲话,尽力表白自己的心得;我喜欢与他们过从。我预先知道他们不至于陷入词藻的迷惘,我呢,读起他们来,也不至于落入渎神的赞叹。"

"那么你只读这一类东西了?"

"差不多。对了,好几个月了。并且,我现在没有多大读书的时间了。我老实告诉你,最近,想把你教我激赏的一位大作家拿起来重读的时候,我觉得自己就像圣书里讲的那个人,竭力想把自己的身材加高一尺。"

"这位叫你对自己怀这种怪想的'大作家'究竟是哪一位呢?"

"不是他叫我这样的,是读他的时候我才感到的……是帕斯卡尔。我也许偶尔撞到了不大好的地方……"

我作出了一个不耐烦的动作。她讲得一口清朗而单调的声音,仿佛在背书,没有把眼睛从花上抬起来,她把花理来理去,还没有理完。由于我的动作,她停了一下,随即用同样的声调继续下去了:

"那么样惊人的雄辩,那么样大劲,只证明那么一点点。有时候我想莫非他那种感泣鬼神的腔调,说是信仰的结果,还不如说是怀疑的结果吧。完全的信仰讲起话来,声音里不会有这么多眼泪,也不会有这么大颤抖。"

"就是这种颤抖,就是这些眼泪,造成这种声音的美。"我竭力想反诘,而没有勇气;因为她这些话里,我一点也认不出阿丽莎身上使我钟爱的地方。我把它们完全照我所记得的录下来,毫未加以事后的修饰与整理。

"如果他没有先给现世的生活除尽快乐,"她接着说,"现世的生活称起来会重过……"

"重过什么?"我说,因为我听了她这种怪话,不胜惊异。

"重过他所倡议的那种不确定的幸福。"

"那么你不相信那种幸福吗?"我嚷起来了。

"有什么要紧!"她回答,"我倒愿意它不确定,好免除一切计较的嫌疑。敬慕上帝的灵魂努力投身于德行,并不是由于希望得报偿,是由于天性的崇高。"

"从此就来了帕斯卡尔一流人的崇高所寄托的那种秘密的怀疑精神了。"

"并不是怀疑精神,是冉森派精神(jansénisme),"她含笑说,"我同这一套究竟有什么关系? 这里那些可怜的灵魂,"(她转向书架)"他们会瞠目不知所对的,如果问他们到底是冉森派,还是清静派,还是别的什么派。他们俯首在上帝面前,像风吹草偃,不存恶意,不带烦恼,不逞美。他们认为自己一点也没有了不得的地方,知道自己的价值就是在上帝面前抹杀了自己。"

"阿丽莎!"我喊着,"为什么你撕掉你的翅膀呢?"

她的声音依然很平静,很自然,因此我的感叹在我自己看来愈显得过火,非常可笑。

她重新微笑起来了,一边摇摇头。

"我上次拜访帕斯卡尔所带回来的一切……"

"什么呢?"我问她,因为她停住了。

"就是基督的这一句话:'凡要救自己生命的,必丧失生命。'此外呢,"她接下去,加深了笑容,面对面望着我,"实在,我差不多已经不再了解了。当你在这些卑微者的圈子里生活了一些时候,说来奇怪,那些伟大者的崇高就叫你气都喘不过来了。"

我感到狼狈,一时就想不出一句话来回答她……

"倘若我今天得同你全部读一读所有这些说教集,这些默想录……"

"可是,"她插进来说,"我看见你读它们,我真要难受极了! 我的确相信你生来适宜于读比这些更好十倍的东西。"

她讲得十分简单,像一点也不怀疑把我们两个生命隔开的这些话会叫我心碎的。我头里像火烧;我还想要讲话;我真想要哭呢,也许她会给我的眼泪克服吧;可是我径自一言不发,两肘撑在壁炉架上,头埋在手里。她平静地继续整理花,一点也看不见,或者假装不看见我的痛苦……

正在这时候响了第一次开饭钟。

"我要来不及准备吃饭了,"她说,"快走开吧。"随后,仿佛只是闹着玩的：

"我们以后续谈吧。"

我们以后就不曾续谈。阿丽莎老是叫我碰不到一起；她不曾显得要躲避；可是每一桩临时事务都立刻变成了一种十分切要的义务。我挨次等待；我一直要等到她料理完永远是应接不暇的家务，监督完仓房里进行的工作，访问完她愈来愈关心的那些佃户，那些穷人。其余的时间才归我所有，实在很有限；我看见她总是很忙，——虽然也许倒还是在这些琐屑的操劳中，在我放弃追随她的时候，我才最不大觉得怎样的落空。只消略谈上几句，我就更感到如此了，当阿丽莎赐给我几分钟的时候，那实在总是用来作一席最别扭的谈话，她讲话就像哄小孩子。她从我身边匆匆的走过，不经意，含笑，我觉得她变得比不认识她还要疏远呢。甚至于我有时候觉得她的微笑里带几分奚落，至少带一点讥诮，仿佛她以如此巧避我的欲望为乐……于是我立即转而自怨自艾，不愿意遽尔责备人，简直不知道我可以期待她什么，也不知道我可以责备她什么。

我原先预期有如许幸福的日子就是这样过去了。我茫然地看它们飞逝，可是既不想增加它们的数目，也不想延缓它们的进行，两者都如此倍增我的痛苦。在我走前二日的晚上，她却陪我走到了石灰泥废坑前面的长椅那里——正是一个空明的秋晚，直到一点烟霭都没有的天际，每一件蓝染的小东西都明晰可辨，在过去中，甚至于最飘渺的记忆也毕露无余——我抑制不住我的悲叹了，我表明了我现在的苦恼之所以形成，是由于多大幸福的丧失。

"可是我有什么法子呢，朋友？"她立即说，"你恋上了一个幽灵。"

"不，决不是一个幽灵。"

"一个想像的人物。"

"唉！我并没有虚构。她从前是我的朋友。我唤回她。阿丽莎！阿丽莎！你就是我爱的那人儿。你怎样了？你叫自己变成什么样子了？"

她半晌不回答,慢慢地撕碎一朵花,低着头。然后,终于说:

"芥龙,为什么不干脆说你不大爱我了?"

"因为这是不确的! 这是不确的,"我愤然地嚷着,"因为我竟然已经不再爱你了!"

"你现在还爱我……然而你又追惜我的过去哪!"她说,勉强含笑,微微耸一耸肩膀。

"我不能把我的爱情放回到过去。"

地在我的脚底下坍陷了;我抓得到什么就抓住什么……

"它一定得和别的东西一同过去的。"

"像我这样的爱情却只能与我自己同归于尽。"

"它会逐渐冷淡的。你自以为仍然爱的阿丽莎早已只存在于你的记忆中了,将来自然会有一天你只记得曾经爱过她了。"

"你这样讲,倒像有什么可以在我的心里代替她的位置了,倒像我要不再爱了。难道你不再记得你自己也爱过我,竟能这样的以苦我为乐吗?"

我看见她苍白的嘴唇颤动了;用了一种几乎听不出来的声音,她喃喃地说:

"不,不,这一点在阿丽莎并没有改变。"

"那么什么也不会改变了,"我一边说,一边抓住了她的手臂……

她说下去,更坚定了:

"一句话就可以说明一切;为什么你不敢说呢?"

"什么话?"

"我老了。"

"算了!"

我立刻抗议,说自己也同她一样的老了,说我们之间的岁差总还是不变的……可是她已经恢复了主意;惟一的时机错过了,由于我一味的论辩,我断送了我的优势;我踏空了。

两天后我离开奉格瑟玛尔，不满意她，也不满意我自己，对于我还叫做"德行"的东西满怀了憎恨，对于我平常的心思满怀了怨愤。似乎在这一次最后的会面中，由于我过分铺张了我的爱情，我完全用尽了我的热情；阿丽莎的一言一语，起初我不服，在我的抗议沉默了以后，在我的心里仍然是活的，胜利的。呃！她确乎有理！我已经只钟爱一个幽灵了；我曾经爱的、我仍然爱的阿丽莎，已经不存在了……呃！无疑的，我们已经老了！这种可怕的诗意消灭，冻彻我心深处的，究竟，无非是回复自然而已；我慢慢地把她提高了，把她作成了我的偶像，用我所喜爱的一切东西来加以装饰，现在我辛苦的结果，除了疲倦，还剩什么呢？……一剩了她自己，阿丽莎就立刻落到了她本来的水准，平庸的水准，我也在那里看见了我自己，可是我在那里就不再想要她了。已我一己的努力把她提高了，我要在高处达到她，这种累人的德行的努力，我觉得多么荒唐！只要少高傲一点，我们的恋爱就好办……可是固执着一种没有目标的爱情又有什么意义呢？那是冥顽，那不是忠贞了。忠于什么？——于一个谬误。最聪明还不是老实对自己承认我弄错了？……

当时有人推荐我到雅典学校，我立刻答应去，毫无野心，毫无兴味，可是想到出发，有如想到逃脱，不由我不喜欢。

八

然而我还会见了一次阿丽莎……那是在三年以后，夏天临末的时候。十个月以前，我从她那里听到了我的舅父死了。我当时在巴勒斯坦旅行，立刻给她写了一封相当长的信去，而迄未见复……

恰巧在勒阿弗尔，我忘记了借什么事由，自然而然，我走到了奉格瑟玛尔。我知道阿丽莎在那里，可是怕不止她一个人在那里。我没有先通知我要来，不愿意像作一次平常的拜访似的去见她，我一边犹豫：我要进去吗？还是我宁可以不见她，不想法见她，径自走了吗？……好，就这么办，我光是沿林荫路走去，坐在长椅上，她也许还到那里去坐坐的……我早已寻思我可以留下什么记号来,叫她在我走了以后,知道我曾经来过……一边想,我一边缓步前行;现在既然决定了不见她,绞住我心头的有点辛酸的悲怆就让位给了一种几乎是甘美的忧郁。我早已到了林阴路,怕被人撞见,我沿着分开农场的土堤,走地势低的一边。我知道土堤上有一个地点可以俯瞰园子的;我就爬上去;我不认识的一个园丁正在一条小径上刈草,不久便望不见了。一个新的栅栏门关住了院子。一只狗听见我走过,在那里吠叫。再进前一点,林荫路终止了,我向右转,重遇到园墙,我正要走向山毛榉树丛与我刚才离开的林阴路并行的那一部分,在菜园的小门前经过的时候,忽然起了一个念头,我想从那里走进园子去。

门关着。然而里边的门栓只有一点微弱的抵抗力,我就想要用肩膀来把它顶开了……正在这时候,我听见一阵脚步声,我隐身到墙角落去。

我看不见谁从园子里出来,可是我听出,我觉出是阿丽莎。她向前走了三步,很微弱地唤我:

"是你吗,芥龙?"

我的心本来跳得很厉害,一下子就停住了,因为我的喉咙里塞住了,一句话也说不出,她就响一点的重新说:

"芥龙,是你吗?"

听见她这样唤我,紧压我胸头的感情,非常激动,直叫我不由得跪下了,因为我始终不回答,阿丽莎再向前走了几步,转过墙角落,我突然觉得她面对我了——我正在用胳膊遮住了我的面孔,仿佛怕立刻看见她。她把头向我低了一会儿,一方面我乱吻她纤弱的双手。

"你为什么躲起来呢?"她对我说,简单得宛如这三年的离别只离别了三天而已。

"你怎么知道是我呢?"

"我在等你。"

"你在等我?"我说,太惊讶了,只能用疑问的口气把她的话反过来问……见我还跪在地上:

"我们到长椅那边去吧,"她接着说,"是的,我知道我还得再见你一次。三天以来,我每晚来这里,我就像今晚一样的唤你……为什么你不回答呢?"

"如果你没有来撞见我,我要不见你就走了,"我说,狠狠克制最初摆布了我的激动,"我只是,偶尔来到了勒阿弗尔,就想在林阴路上走一走,在园子外边绕一圈,在那张长椅上休息一会儿,我猜你还会到那里去坐坐的,然后……"

"看我这三晚带来这里读的东西吧,"她岔断我的话,递给我一束信,我认出是我从前从意大利写给她的那些信。这时候我才抬起眼睛来看她。她已经大变了;她的消瘦、她的苍白,可怕地绞痛了我的心。依靠着,压着我的胳臂,她向我紧紧的挨挤,仿佛她觉得害怕,或者寒冷。她还穿了重孝,显然,她当作帽子戴的黑纱,圈住了她的面庞,衬得她更加苍白。她微笑,但似乎有一点支撑不住。我亟欲知道她这时候是否一个人在奉格瑟玛尔。不是;罗伯和她同住在那里;须丽叶、爱德华以及他们的三个孩子曾经来他们这里过了八月……我们走到了长椅跟前;我们坐下,报告家常的谈话又拖长了几分钟。她探问我的工作。我不大乐意地回答她。我很愿意她觉得我对于我的工作已经不感觉兴趣了。我很想就照她以前使我失望那样的使她失望。我不知道做到了没有,可是她一点也没有露出什么。至于我,同时而满怀了恨与爱,我竭力用最冷淡的态度来对她讲话,我气愤有时候把我的声音震撼得直抖的感情。

夕阳在一朵云里掩藏了一会儿,在地平线上重现了,差不多正对了我们,用一片闪烁的光华淹遍了空田地,用一种突如其来的丰富填满了在我们脚下张开的峡谷;随即落下去了。我一阵眼花,半晌不说一句话;我觉得自己还裹在、沉浸在这一种金黄的陶醉里,我的恨在其中发散了,我在心里只听出爱了。阿丽莎,还侧着,倚着我的,坐直起来了;她从上衣里面掏出一个薄纸包的小包,像要交给我,又停住了,似乎是踌躇不决,当我愕然地看她的时候:

"听我说,芥龙,这里是我那副紫水晶的十字架,我带来了三晚了,因为我久已想给你。"

"你给我做什么?"我说得颇有点粗暴。

"要你保存了,作为纪念我,给你的女儿。"

"什么女儿?"我嚷着,望着阿丽莎,不明白她的意思。

"平心静气的听我说吧,我请求你;不,不要这样的看着我;不要看着我;我早已不大好对你讲话了;可是,这一点,我一定要对你说。听好,芥龙,有一天,你要结婚的……不,不要回答我;不要打断我,我恳求你。我只是想要你将来记得我曾经深深地爱过你……好久以来……三年以来,……我就想,你喜爱的这副小十字架,你的一个女儿,有一天,要带它,以纪念我,噢!不知道纪念谁……也许你可以也给她……以我的名字……"

她停住了,讲不出话来;我差不多怀了敌意的嚷着:

"为什么你不可以亲自给她呢?"

她还想讲话。她的嘴唇颤抖着,像一个哽咽的小孩子那样;她却并不哭;她的眼睛里那种奇异的光辉,使她的脸上洋溢着一种非人间的,一种天使的美。

"阿丽莎,我同谁结婚呢!你知道我只能爱你……"突然间,狂热的,几乎是粗野的,把她搂紧在我的臂弯里,我在她的嘴上乱吻了一阵。她任我摆布,半倒在我的怀里,我把她抱了一会儿;我看见她的目光翳了,随后她的眼皮阖上了,用一种在我看来恰当、和谐得什么也比不上的声音:

"可怜我们吧,朋友!"她说,"啊!别糟蹋我们的爱吧。"

也许她还说:"不要做卑怯的行为!"或者也许是我自己说的,我不知道了,可是我一下子在她面前跪下了,虔诚的用胳臂把她围住了……

"既然你这样的爱我,为什么你总拒绝我呢?瞧!我起初等须丽叶结婚;你知道你也等她幸福;她是幸福了;你自己告诉我的。我好久总以为你不愿意离开你的父亲;可是现在只剩了我们两个了。"

"噢!别惋惜过去吧,"她喃喃地说,"现在我已经翻过了一页了。"

"还有时间呢,阿丽莎。"

"不,朋友,再没有时间了。再没有时间了,自从那一刻我们由于恋爱而各自为对方瞥见了比恋爱更好的东西。托福你,朋友,我的梦想升得极高,以至于一切人世的满足都惟有令它堕落了。我常常想到我们在一起生活就会怎样了;只要它稍一不完全,我就忍受不住……我们的爱情。"

"你想到过我们不在一起生活又会怎样吗?"

"没有!从没有想到过。"

"现在,你瞧啊!三年以来,没有你在一起,我一直是惨苦地飘来荡去……"

夜色苍茫了。

"我冷了,"她说,站起来,把她的肩巾裹得太紧了,叫我无从再挽她的胳臂,"你记得圣书里的那一节,曾经叫我们很为难,我们怕不大懂得的:'他们并没有得到应许给他们的东西,上帝给我们预备了更好的东西……'"

"你还相信这些话吗?"

"当然得相信。"

我们不再说什么话,并肩地走了一会儿。然后,她接下去说:

"你想想看,芥龙,'更好的东西!'"突然她的眼睛迸出眼泪来了,一边还讲着"更好的东西!"

我们又到了刚才我看见她出来的菜园的小门口。她向我转过身来:

"再见!"她说,"不,不要再走来了。再见,我至爱的朋友。现在要开始了……那种更好的赏赐。"

就在一瞬间,她看着我,又把我挽住又把我推拒,胳臂伸着,手搁在我的肩上,眼睛里充满了说不出的一种爱……

等到门一关,听见她随手把门栓一闩,我立刻倒在门上,绝望到无以复加,不能自已,在夜色里哭泣着,呜咽着,待了好久。

可是留住她,撞进门,不管怎样闯进房子去,那里倒还不会叫我吃闭门羹的——不,即便在今日,当我回到了以往,重温这一刻过去的时候——不,这在我是不可能的;谁要是在这里不了解我的,那就是直到那时候一点也没有了解我。

一种忍不住的焦虑使我几天以后写了一封信给须丽叶。我对她讲我到过奉格瑟玛尔,对她说阿丽莎的苍白、消瘦,如何的令我惊骇;我请求她留意,请求她随时给我些消息,我不能再期望阿丽莎自己来什么音讯了。

不到一个月以后,我接到了这封信:

亲爱的芥龙:

我报告你一个极悲哀的消息:可怜的阿丽莎已经不在了……唉!你在信里表示的忧虑实在是太有所据了。数月以来,她不怎样说得上有病,只是一天天衰弱;然而,任了我的恳求,她终于去看了勒阿弗尔的 A 医生,A 医生给我来信说她没有什么要紧。可是你去看她以后的第三天,她突然离开了奉格瑟玛尔。从罗伯的来信里,我才知道她的离家;她难得写信给我,要没有罗伯,我就完全不知道她的出走了,因为我对于她的沉默不会那么快地起什么惊怪。我痛责罗伯就这样让她走了,没有陪她上巴黎。你会相信吗,从那时候起,我们就不知道她的通讯处了。你想想看我多么着急;不能见她,甚至于不能写信给她。罗伯,的确,几天以后,也去了巴黎,可是一无所得。他向来疏懒,我们不能不怀疑他的热心。我们该报告警察的;当不能老处在这种残忍的疑惧不安中。爱德华出发了,办得还好,终于找到了阿丽莎进的那个小疗养院。可惜,唉!晚了。我同时接到院长报告她病故的一封信,和未能一见她的爱德华拍来的一个电报。她在最后一天把我们的地址写在一个信封上,让人家好通知我们,在另一个信封里,装一份她寄给勒阿弗尔我们的公证人的一封信的副稿,内容是她的遗嘱。我想这封信里有一节是关于你的;我回头就让你知道。爱德华和罗伯终获参加了前天举行的葬礼。送灵柩的不只是他们两个人。疗养院里几个病人也参加了,把她的遗骸送到了墓地。至于我,随时就会生第五个孩子了,不幸我不能走动。

亲爱的芥龙,我知道这个噩耗会引起你极大的悲痛;我给你写信,我的心也碎了。我不得不在床上躺了过去这两天,我现在还写得很困难,可是我不愿意让别人——哪怕是爱德华或是罗伯——对你讲她，因为显然是只有我们两个深知她。现在我差不多是一家的老母亲了，现在已经有许多灰烬掩盖了炽烈的过去。我可以希望再见你。倘若你有事情或者有兴致到尼姆来，就来爱格维孚看我们吧。爱德华很喜欢见你，我们两个可以一块儿谈谈阿丽莎。再见。我很伤心地抱你。

过了几天，我听说阿丽莎把奉格瑟玛尔派给了她的弟弟，可是要求把她房间里的一切东西和几件指定的家具运送给须丽叶。我不久便可以接到她放在一个密封里、写明交我的一些文件。我还听说她叫人把我在最后那一次见她的时候拒绝收留的那副紫水晶的小十字架挂在她的颈上，我从爱德华那里听说这已经照办了。

律师寄给我的那个密封里装的是阿丽莎写的日记，我在这里抄下了若干页。——我只是抄下，不加评语。你大可以想像到我读它们的时候作何感想，心里如何骚乱，我自己表现出来总不免太不完全了。

阿丽莎日记

爱格维孚

前日离勒阿弗尔，昨日抵尼姆；我的第一次旅行！家政和烹饪都不用操心了，在其后的清闲无事中，在这个 1881 年的 5 月 23 日，我的二十五度生日，我开始写日记——没有多大的兴致，不过聊用以作伴而已；因为，也许是我生平第一次，我觉得孤独——身处这一个异乡，简直是异国，我还不熟识的地方。它要对我讲的显然无异于诺曼底对我讲的，我在奉格瑟玛尔久听不倦的——因为上帝无论到哪里都不会两样——可是这块南国的地方所讲的语言，我还听不懂，我惊异地听着。

5 月 24 日

须丽叶睡在我近旁一张沙发上——在开敞的廊下。这条廊使这所意大利式的房子别饶风韵,它平接铺沙的院子,院子又连接园子。须丽叶,不离开沙发,就可以望见草场起伏而延长到一片水那里。一群杂色的鸭子在那里嬉戏,两只白鹅在那里游泳。一条小溪,据说在任何夏天都可以不干的,灌注到那里,然后流贯园子,园子在那里变成了丛林,愈远愈荒凉,在不毛地与葡萄田之间愈缩愈窄,随即完全被收束住了。

……爱德华·台西埃昨天带我的父亲参观了园子、农场、酒窖、葡萄田,我在须丽叶身边,没有去,因此,今天一早我得以独自在大园子里作我第一次发现的散步。许多草木,我都不认识,我却很想知道它们叫什么,我把它们每一种摘下一条细枝,预备到午饭的时候,探问它们的名字。我在其中认出一些芥龙在博尔赫斯别庄,在朵里亚·帕姆非利所赞美的圣栎树……与我们北方的树木那么不相类,样子那么不相同;差不多在园子的尽头,它们荫蔽着一片狭隘而神秘的隙地,俯临着一片柔软的绿茵,踩上去非常愉快,仿佛吸引着山林女神们的心魂。我纳罕,简直害怕,我对于自然的感情,在奉格瑟玛尔具有深刻的基督教色彩的,在这里竟不由我自主,变得有点神话气息了。然而愈来愈叫我感受压迫的这一种恐惧仍然是宗教意味的。我低诵这句话:"hic nemus"(这里是神林)。空气澄清如水晶;一片奇异的沉静。我想起奥尔斐(Orphée);想起阿尔密德(Armide),忽然间发出了一阵鸟声,惟一的鸟声,离开我那么近,那么动情,那么纯洁,我忽然觉得全自然都在等候。我心跳得十分厉害,我在一棵树上倚了一会儿,随即回来了,那时候大家都还没有起身呢。

5 月 26 日

芥龙老没有信来。如果他寄到勒阿弗尔,他的信该已经转到了……我只能向这本手册吐露我的不安;三日来片刻都得不到排遣,昨天游莱博也不济事,祷告也不行。今日我在这里别的什么都不能写了:到爱格维孚以来我所感到的忧郁也许并没有别的原因;——我在心里感觉得那么深切,现在看起来它仿佛又已盘踞在那里了,仿佛我自鸣得意的喜悦无非掩盖它而已。

5 月 27 日

为什么我要对自己说谎呢?我以须丽叶的幸福为乐,乃由于推理。我曾经如此切盼,以至于甘愿牺牲我自己的幸福以求的那种幸福,我现在看见她毫无困难地获得了,看见它与我们——她和我——原先所想像的截然不同,我觉得痛苦。这多么复杂呵!不错……我清清楚楚地看出自私心的一种可怕的复活:气恼她在我的牺牲以外找到了幸福——她无需我的牺牲就可以幸福。

现在,感到了芥龙的沉默使我何等的不安,我自问:那种牺牲在我的心里当真是完成了吗?我好像受了屈辱似的,觉得上帝不再要求我牺牲了。难道我不能作牺牲吗?

5 月 28 日

这样子分析我的哀愁是多么危险呵!我早已依恋起这一本手册来了。我自以为已经克服的娇气在这里重新得势了吗?不;愿这部日记不要充当我的灵魂用以搔首弄姿的阿谀的镜子吧!我写日记,并非像我原先料想的由于闲居无事,而是出于哀愁。哀愁是罪孽的一种状态,我已经忘了的,我恨它,我愿叫我的灵魂摆脱它的纠纷。这本手册该帮助我在我的心里重新得到幸福。

哀愁是一种错杂。我从来不想法分析我的幸福。

在奉格瑟玛尔,我也孤独,更孤独……可是为什么我感觉不到呢?当芥龙从意大利写信给我的时候,我情愿他没有我在一起看东西,情愿他没有我在一起生活,我以思想追随他,把他的喜悦当作我的喜悦。现在我却不由自主地要他了,没有他,我所看到的一切新东西都叫我厌烦。……

6 月 10 日

　　日记刚开始就中断了许久;小丽思诞生;长日长夜地看护在须丽叶身边;我能写给芥龙的一切,我都不高兴写在这里。我愿不致犯一般妇女的这一条通病;写得太多。把这本手册当作一种自我完善的利器吧。

(以后的几页是读书札记、摘录,等等。然后重新是在奉格瑟玛尔的日记了……)

7 月 16 日

　　须丽叶是幸福的;她说如此,看起来也如此;我没有权利、没有理由怀疑她这一点……现在我在她身边,何由而来了这种不满足、不安的心情呢? ——也许是由于感觉到这种幸福如此见之于实际,如此易得,如此完全的"称身"以至于显得把灵魂束紧了、窒息了……

　　我现在自问我所希求的到底是幸福呢,还是向幸福的行进。主啊! 不让我接触我可以很快就达到的一种幸福吧! 教会我延宕我的幸福,使它远退到你那里吧!

(以后许多页已经撕掉了;显然是记的我们在勒阿弗尔那次苦痛的会面。日记到翌年才续下去;没有注明日子,可是当然是写在我小住奉格瑟玛尔的时候。)

　　有时候听着他讲话,我似乎看着我自己思索。他给我自己解释我自己,揭露我自己。我会没有他而生存吗? 我有他我才存在呢……

　　有时候我迟疑:我对他所怀的感情就是所谓爱情吗——通常描摹爱情的图画与我所愿意的那么不同。我愿意一点都不说起爱情,爱他而不知道我爱他。我尤其愿意爱他而他不知道。

　　我觉得没有他而过的生活,不再能给我任何喜悦。我的全盘德行无非是为了叫他喜欢。然而,在他身边,我觉得我的德行衰落了。

　　我喜欢练习钢琴。因为我觉得我可以每天得一些进步。这也许也就是我喜欢读外国文著作的奥秘；当然并不是因为我爱好某种外国文甚于本国文，或者我所敬佩的本国作家有什么地方赶不上外国作家——而是因为捉摸意义，揣摩感情所遇到的轻微的困难所生的不自觉的骄傲，使我在心智的快乐以外，又感到某一种我觉得我所不能少的精神的满足。

无论如何幸福，我不能希求一种无进步的状态，我想像天国的喜悦并非是与神的混合，而是无限的、持续的接近……如果我不怕搬弄字眼，我要说我看不起一种不是进步的（progressive）喜悦。

· · ·

今晨我们两个人并坐在林阴路的长椅上：我们什么也不说，不感到讲话的要求……突然间，他问我信不信未来的生命。

"啊，芥龙，"我立刻嚷起来了，"在我这岂止是一种希望；这是一种确信哩……"

猝然间我觉得我的全盘信念仿佛都倒进这一声感叹里了。

"我想知道，"他接着说，停了一会儿，然后："没有信心，你会作别样的行动吗？"

"我怎能知道呢？"我回答。我又加上说："你自己呢，不由你自主，朋友，你除了由信心的激发，再不能作旁的什么行动。不然，我就不爱你了。"

不，芥龙，不，我们的德行并不是为了将来的报酬而努力；我们的爱情并不是追求报酬。辛劳获得报偿的观念对于大方的灵魂是一种凌辱。德行在它也不是一种装饰；不是，是它的美的形式。

爸爸身体又不好起来了；不会有什么要紧，我希望，可是三天以来只能吃牛奶了。昨天晚上，芥龙刚回到他的房间去；爸爸，还不就寝，同我在一起，可是离开我一会儿。我坐在沙发上，或者不如说——我差不多从来不这样的——躺在那里,不知道为什么。灯罩给我的眼睛,我的上半身,遮住了灯光,我机械式地看着我的脚尖,从我的袍子底下露出了一点,给灯光笼住。爸爸回来的时候,他呆立了一会儿,在门口凝视我,神情古怪,一半含笑,一半含愁。漠然地觉得有一点不好意思,我站起来了;于是他向我招手……

"来,坐我身边,"他对我说。虽然时候已经不早了,他开始向我谈起我的母亲来了,自从他们分离了以后他还从不曾谈过呢。他对我讲他怎样和她结婚,他怎样爱她,她起初在他是多么重要。

"爸爸,"我终于对他说,"请求你告诉我为什么你今晚对我讲这种话——为什么你恰好在今晚对我讲这种话……"

"因为,刚才,我回到客厅里来,看见你躺在沙发上的时候,我在一瞬间以为重新看见了你的母亲。"

我所以这样追问他,乃是因为就在这一晚……芥龙没有读书,站在我背后,靠着我的椅子,俯身看我。我看不见他,可是感受到他的气息,仿佛还感觉到他身上的热,身上的颤动。我假装继续读书,可是我已经读不懂了;我连行数也分不清楚了;一种如此古怪的烦乱侵袭了我,使我不得不赶紧趁我还站得起来的时候,从椅子里站起来。我居然能走出去一下而侥幸没有引起他注意到什么……可是,稍晚一些,我独自在客厅里,躺在那张沙发上,爸爸觉得我像我的母亲,就在那时候,我恰好想起了她。

我这一夜睡得很不好;心里不安、烦闷、苦恼;过去的记忆像悔恨的波浪涌起来困扰我不休。

主啊,让我明白凡是具有恶貌的一切是多么可怕吧。

可怜的芥龙!如果他知道有时候他只要作一点表示呵,如果他知道我有时候等待那一点表示呵……

当我还是小孩子的时候,早已是为了他的缘故我才希望长得美呢。现在我觉得我除非为了他,我从不曾"勉力图完美"。这一种完美，没有他，是达不到的。这一点，上帝啊！在你的一切教训里，是最叫我灵魂为难的一种。

德行与爱行合一的灵魂该多么幸福！有谁怀疑除了爱，尽可能的爱，愈爱愈深，是否有旁的德行……可是有些日子，唉！德行在我看来无非是爱情的阻挠而已。什么！我敢把我心的最自然的倾向称为德行吗！啊，惑人的诡辩！似是而非的诱引！幸福的恶作剧的幻景！

今晨我在拉·布吕埃尔（La Bruyère）的书里读到：

人生的过程里，有时候会遇到禁止我们享受的极可爱的快乐、极温存的期许，叫我们不由不希望至少允许我们享受的：如此大的诱惑非知道用德行克制它的人不足以超越。

那么为什么我在这里想自以为有什么要禁止呢？莫非我在秘密中被一种比爱情的诱惑更有力、更动情的诱惑所吸引了吗？啊！倘若能同时牵引了我们两个灵魂，借爱情的力量，超越了爱情啊！……

唉！我现在知道得太清楚了：在上帝与他之间，并没有旁的障碍，除了我自己。如果，诚如他对我所说，他对我的爱情起初是使他倾向上帝的，现在这一种爱情阻碍他了，他舍不开我，他偏重我，我变成了他的偶像，绊住他，使他不能在德行里有更大的进步。我们两个一定得有一个达到那一步；在我怯懦的心里，我已经没有希望克制我的爱情了，上帝，赐我力量以教他不再爱我，因此，以我的功德为代价，我可以向你呈献更高出千百倍的他的功德……虽然我的灵魂今天哭泣我失去了他，我失去他不就是为了以后我要在你身上重新找到他吗？……

说吧，上帝！还有什么灵魂更配得上你呢？他不是生来适于作更高出爱我的事情吗？如果他停止在我这里，我还会这样爱他吗？本可以是英勇的一切，在幸福里缩得多么可怜呵！……

星期日

"上帝给我们预备了更好的东西。"

星期一，5月3日

幸福就在那里，近在身边，向我们自献……只要一伸手就可以得到……

今晨，同他谈话的时候，我完成了我的牺牲。

星期一晚

他明天走……

亲爱的芥龙，我永远带了无限的柔情而爱你；可是我将永远不再能告诉你了。你强加给我的眼睛、我的嘴唇、我的灵魂的约束是那么严酷，以致离开你在我是一种解放、一种苦味的满足。

我竭力按理性行动，可是在动作的一刻，指使我行动的理性就脱出了我的把握，或者在我看来像十足迂阔了；我不再信它们了。

理性指使我逃避他吗？我不再信它们了……然而我还是逃避他，悲哀地逃避他，而不知道为什么我要逃避他。

主啊！但愿我们，芥龙与我，一块儿互相协助地向你前进；在人生的道上像两个朝圣者一样的走着，有时候一个向另一个说："靠在我身上吧，弟弟，如果你累了，"另一个回答说："觉得你在我近旁，我就足够了……"可是不！你指点给我们的路，主啊，是一条狭路——窄得容不下两个人并肩而行。

7月4日

我已经六星期没有翻开这一本手册了。上月，重读其中若干页的时候,我在那里看出了一种荒谬的、罪恶的想把文字写得好的苦心……我得自他的赐予……

仿佛,在我这一本手册里,无非是为的使我没有他也可以过活而开始写的,我倒是不断地为他而写了。

我把自觉写得好的各页都撕掉了。(我知道我说"写得好"是什么意思。)我本该把涉及他的各页都撕掉。我本该把它们统统撕掉……我办不到。

因为我撕去这些页,我早已感觉到一点骄傲了……这一种骄傲我本来会见笑的,如果我的心不这样病弱。

看起来当真像我有什么值得称道,销毁这些有什么了不得呢!

7 月 6 日

我得离弃我的藏书了……

从一本书到一本书,我逃避他而重新碰见他。甚至于我没有他而自己发现的各页,我也听见他还在读给我听的声音呢。我只介意他感兴趣的地方,我的思想取了他的思想的方式,以至于我不能把它们分辨,不比我乐意把它们混在一起的时候更分辨得清楚。

有时候我力求写得坏,以便逃避他的字句的节奏;可是力抗他仍然是念念不忘他。我下了决心暂时什么都不再读,只读《圣经》(可能也读《遵主圣范》),在这本日记里,什么都不写,除了每天抄录我所读的主要的经文。

(以后接着写的是一种"家常便饭"(pain quotidien),从七月一日起,每天的日子都附带一节经文。我在这里只抄下附有按语的各段。)

7 月 20 日

"变卖你所有的一切,分给穷人。"我明白我该把我只给芥龙安排的这颗心分给穷人。同时不就该教他也这样办吗?……主啊,给我一点勇气吧。

7 月 24 日

我辍读了《内在的安慰》。这种古文很叫我感觉兴趣，可是使我分心，而且它所给我的近于异教的喜悦一点也谈不上我在其中想得到的教益。

重拿起《遵主圣范》，甚至于并不读拉丁原文，因为我以懂原文自夸。我喜欢甚至于不署名的译本——当然是新教的，可是标题上说"各基督教社团一概适用"。

"啊！如果你知道进德的时候，你会得到何等的平安，给别人得到何等的喜悦，我确信你会更关切的在这一点上努力了。"

8 月 10 日

如果，上帝，我用了赤子的信念的热诚，天使的超人的声音而向你呼喊……

这一切，我知道，不是从芥龙来的，而是从你。

可是为什么，在你与我之间，你到处都揭起他的形象来呢？

8 月 14 日

两个多月以完成我这个工作……主啊，帮助我！

8 月 20 日

我深感到，我在悲哀里感到，牺牲并没有在我的心里完成。上帝，只有他常使我领教的喜悦，让我只归功于你吧。

8 月 28 日

我所达到的德行是多么平庸、多么可怜啊！我对自己太苛求了吗？——不再为之痛苦。

总是向上帝求力量是多么卑怯的行为！现在我所作的祷告全是哀求了。

8 月 29 日

"看田野里的百合花……"

这句如此简单的话今早使我沉入了一种悲哀，叫我无论如何也不能自拔。我走到田野里。不由自主地，不断的重念着这句话，使我心里，我的眼眶里，都注满了眼泪。我看着空漠的大平原，那里有农夫俯伏在犁上操劳。"田野里的百合花……"可是，主啊，它们在哪里呢？……

9 月 16 日，晚十时

我重见他了。他在这里，在这所房子里。我看见他的窗子投在草地上的灯光。当我写这些字的时候，他还没有睡；也许他在想我吧。他没有变，他说如此，我也觉得如此。我会照我的决意去对待他，以绝他对我的爱情吗？……

9 月 24 日

噢！惨痛的谈话，我居然假装得冷淡无情，虽然我的心在胸中情不自禁……直到现在，我总安于逃避他。今早我却相信上帝会给我战胜的力量，相信老是规避抗争不免是懦怯的行径。我战胜了吗？芥龙爱我已经稍稍不如原先了吗？……唉！这就是我又盼望同时又害怕的……我从此不再爱他了。

主啊，如果你为了把他从我这里救出去，必须要我先灭亡，你就这样办吧！……

"走进我的心，我的灵魂，来担负我的苦恼，来继续在我的身上忍耐你还得受的苦难。"

我们谈起了帕斯卡尔……我说了什么呢？多么可耻的胡言乱语啊！就在我说出来的时候，我已经觉得痛苦了，今晚我更追悔不迭，有如追悔亵渎的行为。我重新把那本沉重的《随想录》拿起来，信手翻到了写给洛安奈小姐（Mlle de Roannez）的书简中的这一段：

> 你只要自愿地一直跟随着引导者前行，就感觉不到牵他的绳索；可是一开始抵抗，一开始想法走开的时候，你就当真要感觉痛苦了。

这句话如此透彻地感动了我，以致我没有力量再往下读了；可是翻到书中另一个地方，我遇见了我原先不知道，现在刚抄下的非常可佩的一段。

9 月 17 日

（日记第一册在这里完了。显然，其后的一册已经被毁掉了；因为，在阿丽莎所留下的文件中，日记在三年以后才重见写作，那时候还在奉格瑟玛尔——在九月里——就是在我们最后一次会面以前不久的时候。

这本最后的日记开头是如下的字句。）

上帝，你知道，为了爱你，我需要他。

9 月 20 日

上帝，把他给我吧，我好把我的心给你。

上帝，只要让我再看见他一次。

上帝，我把我的心许给你；允准我的爱情对你的请求吧。我将要把我的余生只向你奉献……

上帝，宽宥我这个卑劣的祷告吧，可是我不能使他的名字离开我的嘴唇，也不能忘掉我心里的痛楚。

上帝，我向你呼号，别把我委诸苦难吧。

9 月 21 日

"你将用我的名义向父请求的一切……"

主啊！用你的名义，我不敢……

可是,即便我不再作我的祷告了,你因此就不大看得出我心里狂热的希求吗?

9 月 27 日

今晨起非常平静。差不多整整地默想、祷告了一夜。突然我觉得一种光华的和平,像我小时候对于圣灵的想像一般,把我裹起来,直降到我的深心。我立刻就寝,深恐我的喜悦只是神经的激奋;我差不多很快就入睡了,趁这种幸福的心情还不曾舍我而去。它今晨还完全在这里。我现在确信它会再求的。

9 月 30 日

芥龙!我的朋友,我还称你为我的弟弟,可是我爱你比爱一个弟弟还深过千万倍……我在山毛榉树丛里喊过你多少次了!……每日近黄昏的时候,我总走出菜园的小门,走下早已昏暗的林阴路……如果你突然回答我,如果你在我张望的石堤背后现出来,如果我老远就望见你坐在长椅上等待我,我的心不会吓得一跳的……不!不见你,我才惊讶呢。

10 月 1 日

仍然什么也没有。太阳在澄清无比的天空里落下去了。我等待。我知道不久,我要同他一块儿坐在那张长椅上了……我早已听他说话了。我那么爱听他说我的名字……他将要在那里了!我要把我的手放在他的手里。我要把前额放在他的肩上。我要贴近他呼吸。昨天我早已把他的几封信拿出来重读;可是我看都没有看,一心只想念他了。我也拿出了他所爱的,在从前一个夏天,我不要他走的时候,一直是每晚必佩的那副紫水晶的十字架。

我很想把这副十字架交还他。我久已做了这个梦:他结婚了,我是他的第一个女儿小阿丽莎的教母,我把这一件饰物送给她……为什么我从来不敢告诉他呢?

10 月 2 日

今天我的灵魂轻快得像一只筑巢在天空里的小鸟。今天他该来了;我感觉到;我知道;我真愿意昭告全世界;我觉得我必须写在这里。我再也掩不住我的喜悦了。甚至于罗伯,平常对我是那么不经意、不关心的,也看出了。他的问话使我为难。我不知道如何回答。我怎能等到今晚呢? ……

我不知道蒙上了何种透明的束带,使我到处都看见他扩大了影像,把爱情的光芒集中在我心上惟一的焦点上。

噢! 我等得好累呵! ……

主啊! 向我开启一下幸福的大门吧!

10 月 3 日

一切都烟消火灭了。唉! 他从我的臂间溜走了,像一个影子。他本来在这里啊! 他本来在这里啊! 我现在还觉得他在这里呢。我唤他。我的手、我的嘴唇在黑夜里徒然地寻找他……

我不能祷告,也不能睡觉。我重新走到黑暗的园子里。在我的房间里,在全所房子里,我都害怕;我的苦恼重新把我引到了我抛下他的门口;我把门打开,满怀了痴心地希望;但愿他回来了! 我呼喊。我在黑暗里摸索。我又回到房子里来给他写信,我不能忍受我的悲苦。

到底是怎么一回事呢? 我对他说了什么了! 我做了什么了? 为什么我在他面前总想要夸张我的德行呢? 我心里完全否认的一种德行有什么价值呢? 我暗中背弃了上帝安排在我嘴唇上的言语。我心里胀满了东西,可是一点也吐不出。芥龙! 芥龙,苦痛的朋友,在你身边我心碎,不在你身边我不能活,不要听信我刚才对你所说的一切,除了我的爱情对你讲的话。

撕掉了我的信,随即重新写……现在破晓了;灰色的,沾濡了泪珠,和我的思绪同样的愁惨……我听见农场里最初的声响,一切沉睡的都又苏生了……"现在,起来吧。时候到了……"

我的信不发了。

10 月 5 日

嫉妒的上帝啊,你掠夺了我的,索性把我的心拿去吧。所有的情热从此都舍弃它了;再没有什么会动它了。那么帮助我战胜我自己可哀的残余罢。这所房子、这个园子,令人难以忍受的鼓励我的爱情。我要逃到一个只能看见你的地方去。

你要帮助我把我所有的财产分给你的穷人;让我把不容易变卖的奉格瑟玛尔派给罗伯。我已经写了遗嘱,可是大部分必要的手续我都不知道,昨天我同律师未能作充分的谈话,生怕他猜疑到我下的决心,怕他告诉须丽叶或罗伯……我要到巴黎去办妥这一桩事务。

10 月 10 日

到这里累极了,不得不在床上躺过了最初这两天。人家不得我同意擅自请来的那位医生说必须做一种手术。反对有什么用处呢?可是我很容易使他相信我害怕做手术,我宁愿等待先"恢复了一点力量"。

我想法隐埋了我的名字,我的住址。我在疗养院的事务处存了足够的钱款,让他们并不为难地收容我,留我到上帝认为已非必要的时候为止。

我喜欢这个房间。十足的清整已够作四壁的装饰了。我十分惊讶我自己竟觉得近于喜悦呢。这是因为我对于生命已无所期望了。是因为现在我得满意上帝,因为他的爱惟有到完全占据了我们的深心以后才是甜蜜的……

我身边只带了一本《圣经》；可是今天，比我在那里所读到的言语还要高的，在我心里响着帕斯卡尔这一句狂热的嘘欷：

凡不是上帝的一切，都不能满足我的盼待。

噢，我这颗轻率的心所希求的太属于人间的喜悦啊……莫非是为了逼出我这一声呼号，主啊，你才使我绝望了吗？

10 月 12 日

你的王国来了吧！来到我心里吧，你好单独统治我，完全统治我。我对你不再计较我的心了。

虽然疲乏得仿佛我很衰老了，我的灵魂还保持了一种出奇的稚气。我仍然是从前那样的小姑娘，非等房间里一切都整齐了、等脱下的衣服在床头折叠好了才能睡觉……

我愿意就是这样布置妥帖了才死。

10 月 13 日

在销毁以前，把日记重读了。"伟大的人品不屑散播自己所感的苦恼。"我想是克洛蒂尔玳·德·服(Clotilde des Vaux)说的，这个说得很美的句子。

正要把日记扔进火里去的一刹那，一种警告把我止住了；我觉得日记早已不属于我了，我没有权利从芥龙的手里夺下来；我写来一向就是为了他。我的不安、我的疑虑，今天在我看来是如此可笑，我不再能看重它们，也不再能相信他们会搅扰芥龙了。上帝，让他在那里不时地听出一颗心，亟欲把他推举到我没有希望达到的德行的极顶，而发出的笨拙的音调吧。

"上帝,领我到我所达不到的那块岩石上。"

10 月 15 日

"喜悦、喜悦、喜悦的眼泪……"

在人间的喜悦以上,在一切的痛苦以外,是的,我预感到这种光华的喜悦。我不能达到的那块岩石,我知道名字叫:幸福……我明白我的一生都是虚浮的,要不是归趋到幸福……啊!然而主啊,你把幸福许给了清净无欲的灵魂。"从此有福了,"你的神圣的言语如此说,"死在主怀里的从此有福了。"我必须等到死吗?我的信念在这一点上动摇了。主啊!我用全力来向你呼喊。我是在黑夜里;我在等天明。我向你一直呼喊到死。来宽解我的心吧。我一下子渴望起幸福来了……或者我应该自信我已经有了吗?有如不耐烦的小鸟,说是报晓还不如说是唤书,啼啭在黎明以前,我该不等到夜色阑珊了就歌唱起来吗?

10 月 16 日

芥龙,我愿意教你以完全的喜悦。

今早一阵呕吐直叫我不能支持了。过后我立刻觉得衰弱到有一刻我以为要死了。可是不;起初我的全身心得了一种极大的平静;随后,袭来了一种苦楚,一种灵与肉的颤抖;这仿佛是我生命的解除迷幻的豁然开朗。我好像第一次看见我房间的四壁空无一物,光得难堪。我害怕了。现在我还借写东西以安我心呢。主啊!让我能毫不曾有所亵渎而达到终点吧!

我还能起来。我像一个孩子一样地跪下了……

我愿意现在赶快死,趁我还不曾从新感觉到孤独。

去年,我重见了须丽叶。自从她上次写信报告阿丽莎死讯以来,已经十年多了。乘道出南部之便,我在尼姆稍作勾留。台西埃家在闹市的中心,在浮熙路,住一所相当讲究的房子。虽然我已经写信通知我来了,我跨进门槛的时候,颇有点情不自胜。

一个女仆领我到客厅里,过了一会儿,须丽叶来见我了。我以为看见了朴兰提叶姨母了:同样的步态、同样的肩幅、同样气不暇喘的恳挚。她立刻,不等我一一作答,殷殷地探问我的事业,我在巴黎的生活、我的职务、我的交往;我来南方做什么事情? 为什么我不可以到爱格维孚去? 爱德华在那里一定很高兴见到我呢……随后她对我报告全家人的情形,讲她的丈夫,她的孩子们、她的弟弟、上期的收成、跌价……我听说罗伯已经把奉格瑟玛尔卖掉,来爱格维孚住了;他现在和爱德华合伙,让爱德华有工夫跑外,专管商务一方面的事情,留罗伯在田间,改良和扩大种植。

同时我不安地向四周巡视有什么可以唤起往日的东西。我在客厅的新陈设之中,确乎认出几件奉格瑟玛尔搬来的家具,可是在我心里颤动的这一份过去,须丽叶现在似乎不在意了,或者竭力把我们从那方面岔开。

两个十二三岁的男孩子在楼梯那里玩;她叫他们来见我。大女儿丽思陪她的父亲到爱格维孚去了。另有一个十岁的男孩子要散步回来了;这就是须丽叶在向我报丧的时候,说快要出世的那个孩子。那一次分娩有过不少的困难;须丽叶过了许久还感觉痛苦呢;然后,到去年,仿佛幡然改图似的,她生了一个小女孩,听她的口气,她宠爱这个小女孩甚于其余的孩子。

"我的房间,她睡的,就在隔壁,"她说,"来看看吧。"当我跟她走去的时候:"芥龙,我一向不敢写信给你……你会答应当她的教父吗? ……"

"我极愿意,如果你喜欢我当,"我说,有一点惊讶,一边俯就那一只摇篮,"我的干女儿叫什么名字?"

"阿丽莎……"须丽叶低声地回答,"她有点像她,你看是不是?"

我捏了须丽叶的手,没有回答。小阿丽莎,经她的母亲抱起了,睁开了眼睛;我把她抱了过来。

"你做起父亲来多么好哪!"须丽叶一边说,一边勉强笑笑,"你还等什么才结婚呢?"

"等我先忘记了许多事情。"我看着她脸红。

"你希望不久会忘记的?"

"我从不曾希望会忘记的。"

"到这里来,"她忽然说,领我进一个小一点的、早已暗了的房间,那里一道门通她的寝室,另一道门通客厅,"我一有空,就隐避到这里;这是全所房子里最清静的房间;我到了这里就觉得简直躲开了生活了。"

这个小客厅的窗子并不像其余各房间的窗子那样的开向市嚣,而是对一个栽了树木的院子。

"我们坐下吧,"她说,一边跌坐到一张圈椅里,"如果我猜得不错,你是想忠于阿丽莎的纪念。"

我一下子没有回答。

"也许不如说忠于她对我所抱的观念……不,不要以为这是我的美德。我想我别无他法。如果我同另一个女子结婚,我只能假装爱她。"

"啊!"她说,仿佛无动于衷的,然后转过脸去,向地上低下去,好像寻什么失去的东西。"那么你相信一个人能在心里把一种无望的爱情保持得那么长久吗?"

"我相信,须丽叶。"

"也相信生活天天在它上面透气而不至于吹灭它吗?……"

黄昏像灰色的潮流一样涌上来,掩到了,淹没了每一件东西,在一片朦胧里,每一件东西都似乎复活了,低声地报告自己的过去。我重见了阿丽莎的房间,须丽叶把那里的家具统统收集在这里了。现在她向我重掉过脸来,我已经看不清她的眉目,因此我不知道她的眼睛是否闭着。我觉得她很美。我们现在大家都不说一句话。

"得!"她终于说,"我们得醒来了……"我看见她站起来,向前跨了一步,重新无力地倒在近旁一张椅子里,她用手掩面,我想她是在哭了……

一个仆人走进来,擎来了一盏灯。

[据《窄门》,纪德著,卞之琳译,安徽教育出版社,2007年出版]

第三编

戏　剧

威尼斯摩尔人
奥瑟罗
悲剧

[英国]莎士比亚

剧中人物

威尼斯大公。

布拉班旭,元老,玳丝德摩娜之父。

其他元老院元老。

格雷协诺,布拉班旭之弟。

罗陀维科,布拉班旭之亲戚。

奥瑟罗,摩尔人,供职威尼斯政府。

凯西奥,奥瑟罗之副将。

亚果,奥瑟罗之旗官。

洛德里科,威尼斯少爷。

蒙太诺,塞浦路斯总督,奥瑟罗之前任。

小丑,奥瑟罗之仆。

玳丝德摩娜,布拉班旭之女,奥瑟罗之妻。

爱米丽亚,亚果之妻,侍候玳丝德摩娜。

碧安卡,娼妓,钟情凯西奥。

水手、信使、传令官、军官、绅士、乐师、侍从。

地点

威尼斯、塞浦路斯。

四剧中仅本剧在"第一对折本"剧文末印有剧中人物表,排列和称谓
如下:

奥瑟罗,摩尔人。

布拉班旭,玳丝德摩娜之父。

凯西奥,正直副将。

亚果,恶汉。

洛德里科,受骗绅士。

威尼斯大公。

元老院众元老。

蒙太诺,塞浦路斯总督。

塞浦路斯绅士多名。

罗陀维科,与格雷协诺,威尼斯二贵人。

水手数名。

小丑。

玳丝德摩娜,奥瑟罗之妻。

爱米丽亚,亚果之妻。

碧安卡,妓女。

～～ 第一幕 ～～

第一场　威尼斯。街头。

洛德里科与亚果上。

洛　得了,别跟我讲了! 我说你亚果
　　也太无情了:我的钱包就让你
　　随便掏,你却早就知道了这一点。

亚　天作孽,你就不肯听我说下去!
　　要是我曾经料想到会有这等事, 　　　　　5
　　我就不是人。

洛　还跟我说什么你心里确实恨他哩!

亚　要是我不恨他,就算我狗矢不如!
　　城邦有三位大人物恭请他提升我
　　当他的副将;我凭天理良心说, 　　　　　10
　　论身价,我不该再低于这个位置了。
　　可是他自命不凡,自以为是,
　　拐弯抹角,只一味海阔天空,
　　胡搬乱弄了一些战争套话,
　　话到临了, 　　　　　　　　　　　　　15
　　拒绝了我的说情人;"当然,"他说,
　　"我早就选定了谁当我的副将了。"
　　那可是怎样一个人?
　　嗨,那是一位了不起的算学家,

名叫迈开尔·卡西奥,佛罗伦萨人　　　　　　　　20
(会娶个娇妻活该倒霉的家伙)①,
从没有带一支小部队上过战场,
并不比娘儿们更懂得摆开阵势,
进行战斗;只熟悉书本理论,
可是在这方面,穿长袍元老讲起来　　　　　　　25
也一样高明。会空谈而不懂实际,
是他的军人本色。偏是他中选了;
我呢,我在罗兹岛,在塞浦路斯岛,
基督徒、异教徒中间,都战功煊赫,
奥瑟罗亲见过,却只得对收支记账人,　　　　　30
对这个拨弄算盘人,甘拜下风。
他呀,好福气,理当做他的副将,
我呢,天晓得,活该当黑大人的旗官。

洛　天在上,我宁愿绞死他当了刽子手!

亚　没有法子,当兵的活该受罪。　　　　　　　35
如今要升官,得靠来头和恩宠,
不再照老规矩办事,按步提升,
下一个接替上一个。你自己评评看,
我究竟凭什么关系要死心偏袒
这个摩尔人。

洛　　　　　　要是我,就不会跟随他了。　　　40
亚　老兄啊,尽管放心。
我自有主意,追随他另有目的。
我们并不能谁都当主人,主人
也不配谁都有忠仆。你可以看到,

---

① 原文本行表面意思与剧情不符,因此各家解释不一,现综合各说,酌译成如此。

有许多尽心力、卑躬屈膝的家伙，　　　　　　　　45

死不肯放松自己当奴才的职司，

活像主人的驴子，为一口草料

消磨一辈子；人一老就给撵出去。

叫这种老实货吃一顿鞭子才对！

另外也有人，表面上忠心耿耿，　　　　　　　　50

心里头只顾自己、为自己效力，

靠玩弄卖力气花招巴结主人，

一帆风顺，一等到飞黄腾达，

就只认自己了。这种人倒有点头脑；

我自命就是这样一个人。老兄，　　　　　　　　55

就像你是洛德里科，不是别人。

我要是摩尔人，我就不会是亚果。

跟随他，实际上，我是跟随我自己。

天有眼，看得清，我不是出于忠爱，

只假装如此，为了我一己的利益；　　　　　　　60

一旦我让外表的举动泄露了

肚子里装的真实打算和念头，

那就用不了多久，我会把我的心

也都掏出来，钉在我的袖子上

叫乌鸦飞来乱啄了。我不是真我。　　　　　　　65

洛　厚嘴唇家伙交了什么好运了，

　　占这么大便宜！

亚　　　　　　　把女的父亲喊起来，

闹起来——决不要放过黑郎君，扫他兴，

满街叫骂他。煽动女方的亲属；

虽然他居住了丰饶富庶的国土，　　　　　　　　70

叫苍蝇滋扰他，虽然他享尽欢乐，

给他的欢乐添这种小小的麻烦，
抹掉它几分光彩。

洛 这是她父亲的家屋了。我就叫嚷吧。

亚 喊吧，你就算望见了一座大城市，　　　　　　　　75
有千家万户，夜里失慎，着了火，
不由得大声惊叫吧。

洛 喂，布拉班旭！布拉班旭老爷，喂！

亚 醒醒！布拉班旭！捉贼，捉贼，捉贼！
喂，看好你房子，你女儿，你钱袋，　　　　　　　80
捉贼，捉贼！

布拉班旭上至高处一窗口。

布 为什么这样子惊惶，大叫大喊？
你们有什么事？

洛 先生，你们全家人都在家里吗？

亚 前后门都锁了吗？

布 　　　　　　　　啊，问这个干吗？　　　　　　85

亚 府上挨抢了！不成话，快穿起袍子！
你的心碎了，灵魂丢失了一半了。
就在这时候，这一刻，一只老黑羊
和你的小白羊交尾呢。起来，起来！
快打钟唤醒正在打鼾的市民，　　　　　　　　90
要不然黑魔鬼就要让你抱外孙了
起来呀，快！

布 　　　　　怎么，你们疯了吗？

洛 最可敬的先生，听不出我的声音吗？

布 听不出。你是什么人？

洛 我名叫洛德里科。

布　　　　　　　　　更叫我讨厌！　　　　　　　　　　　95
　　我已经吩咐过你不要上我的家门，
　　你已经听见过我说得明明白白
　　我女儿是不嫁给你的，现在，你疯了，
　　把晚饭吃饱了，把酒喝得烂醉了，
　　存心捣鬼，前来耍无赖，撒泼，　　　　　　　　100
　　闹我不安生。

洛　先生，先生，先生——

布　　　　　　　　　你得放明白，
　　别惹我发脾气，我的地位尽可以
　　使你为此叫苦。

洛　　　　　　　别动气，好先生。

布　你跟我讲什么抢劫？这儿是威尼斯，　　　　105
　　我住的也不是独家庄。

洛　　　　　　　　最尊严的布拉班旭，
　　我来找你纯出于一片好心。

亚　哎呀，老大爷真糊涂，只当是魔鬼叫你尊敬上帝，你就
　　连上帝也不理了。因为我们来给你效劳，通风报信，你以　　110
　　为我们是尤赖，你就宁要你的女儿给一匹巴巴里①黑马骑
　　了，宁要马外孙对你嘶叫：宁要马亲戚跟你攀亲了。

布　你是什么样一个渎神的坏蛋？

亚　我是特来报告你的女儿正在和摩尔人一块儿叠背做畜
　　生的勾当。　　　　　　　　　　　　　　　　　　　115

布　你是个浑蛋。

亚　　　　　　你是——一位元老。

布　我唯你是问，我认识你洛德里科。

———————————

①　巴巴里是北非洲摩尔人所在地区。

洛　我承担一切责任。我求你听我说，
　　要是经过你慎重考虑,甘愿
　　(我想这也并不是没有可能)　　　　　　　　　　　120
　　让你美丽的千金小姐在此刻
　　深更半夜,不找人保护,伴送,
　　就雇一个普通的船夫摇送到
　　一个淫荡的摩尔人粗野的怀抱里,
　　要是你知道的,而且得到了你同意,　　　　　　　125
　　那么我们是对你放肆,胡闹了;
　　要是你对此一无所知,那么
　　我认为你是错怪了我们。别以为
　　我这样竟然顾不了文明礼节,
　　胆敢对你老人家失敬,开玩笑,　　　　　　　　130
　　我再说一遍,如果你没有准许她
　　你女儿可就干得大逆不道了,
　　把她的责任、美貌、聪明和财富
　　全都抛给了一个东飘西荡,
　　到处为家的外邦人。快去搞清楚。　　　　　　　135
　　要是她在她的闺房,在你的家里
　　好好的,那就按国法严重处分我
　　这样的欺骗罪。

布　　　　　　　　喂,快点起火来!
　　给我支蜡烛! 家里人全都叫起!
　　这件事跟我梦里做到的差不多,　　　　　　　　140
　　不祥的预感已经缠了我许久。
　　拿火来,拿火来!　　　　　　　　　　　　　　[从上方下。

亚　　　　　　　　再见,我得先走了。
　　要是我留在这儿,就得出头,

来给摩尔人作见证,那就不适当,
对我的地位也不便。我了解国情,　　　　　　　145
尽管这件事会给他招来些责难,
政府并不敢轻易革他职;因为
塞浦路斯那边的局势还是紧张,
非常迫切需要他带兵去出征,
再也找不出第二个同样有本领　　　　　　　150
挑这副重担子。就为了这个缘故,
虽然我恨他就像我恨地狱的折磨,
但是为了目前生活的必需,
我得挂出个忠诚的旗子和幌子,
真就是幌子罢了。你就带搜查人　　　　　　155
上弓手旅馆,一定会在那里找到他。
我也就跟他在一起了,那就再见。　　　　　[下。

布拉班旭披袍、仆从持火炬上。

布　糟到真叫人难于相信。她走了;
我的余生叫我自己都憎厌,
只剩下辛酸了。嗯,洛德里料,　　　　　　160
你在哪儿看见她的?(可怜的孩子!)
跟那个摩尔人在一起,你说!(谁愿意
还当父亲?)你怎么知道是她呢?
(她骗得我想都想不到!)她对你说什么?
再来些蜡烛!都起来! 他们成亲了吗?　　　165

洛　我看他们是成亲了。

布　天啊! 她怎么出去的? 十足是孽种!
做父亲的,从此别相信你们的女儿,
知面不知心。世界上有没有魔法

使少女迷失本性、走上邪路的？ 170

你曾经在书上读到过这些东西吗，

洛德里科？

洛　　　　　　　是的,先生,读到过。

布　叫我的兄弟去！——倒是你娶了她好！

有的走这边,有的走那边！——你知道

我们到哪儿好抓住她和摩尔人吗？ 175

洛　我想我能够找到他,只需有劳你

多带些得力的人手,跟我一同去。

布　就请带路。我挨家挨户去叫。

许多人会听我指挥。拿起刀剑

再召集一些巡夜的警官,走吧, 180

好洛德里科,我会报答你出了力。

〔齐下。

第二场　另一街头。

奥瑟罗、亚果及侍从持火炬上。

亚　我干的是打仗的行当,也曾杀过人,

可是我总觉得良心不能容许

存心杀人。有时候我缺少狠心

为自己泄愤。总有十次九次了,

我真想就这样一刀直刺他胸口。 5

奥　随他去得了。

亚　　　　　　　可是他喋喋不休,

说了那么些下流的不堪入耳话

句句糟蹋你,

尽管我还有一点小小的度量，

也实在容忍不了。请问将军，　　　　　　　　10

你们结婚成亲了吗？相信我的话，

那位元老非常的受人尊敬，

享有极大的威望，说话的力量

远超过大公。他会逼你们离婚

或者就借铁面无私的法律　　　　　　　　　15

竭尽全力使它一点也不通融，

阻挠你，给你难堪。

奥　　　　　　　　　　就让他来好了。

我对政府立下的汗马功劳

会压倒他的控诉。大家还不知道

(要是我知道了夸耀是一种光荣，　　　　　20

我早就宣扬了)我是王室的后代；

且不说身份，凭我的功绩，

我如今攀上了这一门高贵的亲事，

也一点不感到有什么惭愧。亚果

要不是我爱上了玳丝德摩娜，　　　　　　25

即使把海洋的珍宝都拿来给我，

我也不愿意放下我自由的生活，

去受家室之累。看火光，谁来了？

亚　是那个父亲，带着亲友赶来了。

你最好进去。

奥　　　　　　　我才不，我得顶出去。　　　30

我的经历、头衔、磊落的胸怀，

都可以为我表白。来的是他们吗？

亚　两面神作怪，不像是他们。

奥　是大公派来人？还有我的副将？

凯西奥及军官数名持火炬上。

深夜光临，祝你们晚安，朋友们！   35
有什么事情？

凯   大公问候你将军；
他请你火速前去，当面商谈，
切勿延误。

奥   你看有什么情况？

凯 我猜是塞浦路斯方面有什么问题。
情况一定很紧急。今天一夜晚   40
就已经开兵船派来了十二位使者
一位跟一位，接二连三来这里；
许多元老都被从睡梦里叫起来，
聚集到大公府。他们急需你前去；
因为在你的寓所里没有看见你，   45
元老院又派人分成三路，四处来
把你寻找。

奥   幸而给你们找到了。
让我先到里边去说完一句话，
就跟你们走。   〔下。

凯   旗官，他为何来此呀？

亚 他今夜登上了一艘陆地运宝船。   50
抢来的变成了合法的，他可就发迹了。

凯 我不懂。

亚   他已经结婚了。

凯   跟谁？

亚 唔，跟——

奥瑟罗上。

　　　　　将军,你就走?

奥　　　　　　　　　　　　走吧。

凯　另外一队人也来这里找你了。

　　　　布拉班旭、洛德里科、警官等持火炬、刀剑上。

亚　这是布拉班旭。将军,你得当心点。　　　　　　　55
　　他此来不怀好意。

奥　　　　　　喂! 站住!

洛　先生,正是摩尔人。

布　　　　　　　　干掉他贼骨头!

　　　　　　　　　　　　　　　　　[双方拔剑。

亚　你洛德里科! 老兄,我来对付你。

奥　明晃晃刀剑都收起,着露水会生锈。
　　老先生,你凭高龄,有话尽吩咐,　　　　　　　60
　　无须动武呀。

布　恶贼,你把我女儿藏到哪里了?
　　你这样的魔鬼想不到竟把她迷住了!
　　我们按世间的常情常理来说,
　　像这样一个温柔、美貌的姑娘,　　　　　　　65
　　在家里娇生惯养,不愿意出嫁,
　　本国有许多富家的风流公子
　　都受她拒绝,要不是受魔法蛊惑,
　　怎么会不怕招来世人的讥笑,
　　背弃亲荫,投入你这样一个丑东西　　　　　70
　　漆黑的怀抱,不是贪欢,是受罪。
　　叫世人评评看,这不是明明白白

你用邪恶的法术把她蛊惑了，
用什么药物糟蹋她脆弱的青春，
使她迷失了心窍。我定要追究。   75
这是可能的，也不是想象不到的。
所以我现在逮捕你，归案法办，
罪行昭彰，你行使法令禁止的、
社会不容的邪术，败坏风化。
上去抓住他。如果他硬要抗拒，   80
由他自己来承担危险。

奥   住手，
不管是你那一边的，我这一边的！
该当我动手的时候，我自会知道，
不用别人来提示。你要我到哪儿
去答复你的控诉？

布   先去坐牢，   85
等法庭开审，依法传唤你的时候，
再来答复。

奥   我就从命，怎么样？
只是我这样又怎么向大公交代呢？
他派来的使者就在这里，我身边，
正要召唤我立即赶去商谈   90
紧急的公事。

军官   真的，尊贵的先生
大公正在召开会议，我相信，
也已经派人请阁下。

布   大公在开会？
在这样深更半夜？把他带走！
我这个案件也并不等闲。大公   95

或者元老院的弟兄们一旦听说了，
一定会感到好像是身受的侮辱。
这样的行为都可以放过不管，
奴隶和异教徒就要来执政当政。

[同下。

第三场　会议室。

大公及众元老上，围桌而坐，侍众持火炬。

大公　这些报告说法都并不一致，
难于相信。

元老甲　　　　它们确大有出入，
我的信上说一百零七艘战舰。

大公　我的说一百四十。

元老乙　　　　　　我的说二百。
可是尽管确实的数目对不上　　　　　　　5
（在这种场合，估计数字总难免
有些出入），情报却一致肯定
是一支土耳其舰队，正开往塞浦路斯。

大公　可不是，据情况判断，这大有可能。
我并不因为报导有差错的地方　　　　　　10
尽自放心了，我相信主要的这一点，
感到很不安。

水手　[自内]报告！报告！报告！

水手上。

军官　兵船上来的信差。

大公　　　　　　　　　又有什么事？

水手　土耳其舰队是向罗兹岛进发的，　　　　　　　　15
　　　安琪罗大人派我来这里向政府
　　　报告军情。

大公　你们怎么看这个变动？

元老甲　　　　　　　　　按理说，
　　　这是不可能的。这是虚张声势，
　　　对我们声东击西。我们想一想　　　　　　　　　20
　　　塞浦路斯对于土耳其多么重要，
　　　我们设身处地，再权衡轻重
　　　来看看，它比罗兹岛更为关切，
　　　而且可以轻而易举的夺到它，
　　　因为它上面设防比较单薄，　　　　　　　　　　25
　　　完全比不上罗兹岛戒备森严。
　　　我们只要这样想一想，就不会
　　　相信土耳其人会这样碌碌无能，
　　　把最关切身利益的撇在最后，
　　　居然不采取轻而易举的尝试，　　　　　　　　　30
　　　而甘冒危险，不怕会劳而无功。

大公　对，一定不是去进攻罗兹岛。

军官　又来消息了。

　　　　　　　　　　一使者上。

使者　大公和各位大人在上，土耳其人
　　　原来把舰队一直向罗兹岛开去，　　　　　　　　35
　　　却让它中途会合了第二支舰队。

元老甲　不出我所料。你估计有多少船只？

使者　三十艘；现在他们掉转了船头，

倒过来开行,毫不掩饰,把目标

直指塞浦路斯岛。蒙太诺大人, 　　　　　　　　　　40

你们忠诚的最为英勇的臣下,

义不容辞,特派我前来报告,

愿蒙亮察。

大公　那么一定是攻塞浦路斯岛了。

玛可斯·路齐科斯此刻不在这里吗? 　　　　　　　　45

元老甲　他正在佛罗伦萨。

大公　写封信给他,十万火急的送去。

元老甲　布拉班旭和英勇的摩尔人来了。

布拉班旭、奥瑟罗、凯西奥、亚果、洛德里科

及警官数名上。

大公　英勇的奥瑟罗,我们要立即派遣你

前去抵挡我们的大敌土耳其人; 　　　　　　　　50

[对布拉班旭]

我没有见你来。欢迎,高贵的大人,

今夜还缺了你的高见和帮助。

布　我也正需要帮助。阁下,请原谅。

不是责位,也不是听到了风声,

把我从床上唤起来;邦家大事 　　　　　　　　55

引不起我关怀;因为我私人的悲痛,

好像打开了闸门,到处泛滥,

淹没了,吞没了一切其他的忧伤,

本身还是消不了。

大公　　　　　　啊,什么事?

布　我女儿! 我女儿啊!

众　　　　　　死了?

布 　　　　　　　　　我看差不多！ 　　　　　　60

她被人骗了,拐走了,被人用符咒

和江湖医生的邪药迷住了心窍,

本来是不痴,不傻,不瞎眼,要不是

行使了妖法,怎能毒害她干出了

这么离经叛道的荒唐事。 　　　　　　65

大公 不论谁干下了这种恶毒的勾当;

害你的女儿失去了她的本性,

害你失去了女儿,法律俱在,

铁面无情,你就按严酷的条文,

随意判刑;哪怕是我的亲儿子 　　　　70

也听凭从严处分。

布 　　　　　　　多谢阁下。

人就在这儿——这个摩尔人,他似乎

正奉紧急命令,特意被召来

商谈国事哪。

众 　　　　　　这就非常抱憾了。

大公 [对奥瑟罗]你自己一方面对此有什么要分辩? 　　75

布 事实是如此,他没有什么话好说。

奥 威严、庄敬、德高望重的大人们,

我的高贵而久经考验的好主人,

说我带走了这位老人家的闺女,

一点也没有错;我当真和她结了婚。 　　80

我犯罪,说到绝顶,也就是这点,

再没有什么。我向来说话粗鲁,

不会讲娓娓动听的花言巧语;

自从我这双胳膊足足长够了

七年的气力,直到九个月以前, 　　　85

总是在沙场上显显它们的厉害；
至于这个大千世界，我没有
什么好说的，除非讲交手打仗；
因此我不会文饰我的行径，
为自己说话。承大人好意，我但求　　　　　　90
耐心听我直捷了当来陈述
我全部恋爱的经过，我用了什么药，
什么符，什么咒，什么神奇的魔法
（照他控告我用过的这些名堂）
骗到了他女儿。

布　　　　　　　她是个胆小的姑娘；　　　　　　95
素来是幽娴的，只要动一动感情，
就会脸红的；怎么竟不管品性、
年龄、种族、名声和一切问题，
爱上一个她看都怕看的家伙！
除非判断力损失，头脑出问题的，　　　　　　100
才会说一个完美的女子会这样
干出不近情理的事情，否则你必须
追究其中耍了什么样鬼花招
才弄到这样。因此我特为重申，
他一定用了什么烈性的药粉，　　　　　　105
或者用了什么迷魂的药汤，
害得她这样。

大公　　　　　　这样说，不能算证据。
没有更确切、更明显的事实作证，
单是一般的猜测、无稽的设想，
对他还是构不成有效的控告。　　　　　　110

元老甲　奥瑟罗，你说呀。

你是靠曲施花招,直施强暴,
毒害和征服了这位姑娘的感情?
还是靠正大光明,推心置腹,
真诚求爱而博得她芳心的?

奥　　　　　　　　　　请你们　　　　　　　115
派人到弓手旅馆把小姐接来,
让她在父亲面前亲自谈谈我。
要是听她说我有不正当行为,
你们尽可以撤销我的职权
而且连我的生命也就听凭　　　　　　　120
你们发落。

大公　　　　　　把玳丝德摩娜请来。

奥　旗官,你去带路,你熟悉那地方。

　　　　　　　　　　　　　　[亚果及二、三侍从下。

在她到来以前,像对天坦白
我生性的缺憾那样,我确确实实,
向你们尊贵的大人详细陈述　　　　　　125
我怎样博得了这位美人的恩情,
她怎样得到了回报。

大公　讲吧,奥瑟罗。

奥　她父亲喜欢我,常把我请去家里
总问我生平的事迹,一年又一年,　　　　130
我所经历过来的征战、围攻
和种种遭遇。
我原原本本,从我的童年开始,
一直讲到他要我讲的时期。
我就讲起最惨的千灾百难,　　　　　　135
海上陆上惊心动魄的事故,

攻城破垒中险极的死里逃生；
怎样被气焰万丈的敌人俘虏了
卖出去当奴隶，后来又怎样赎出来
怎样在千山万水里对付一切；   140
大极的洞窟、全无人烟的沙漠、
嶙峋的峰峦、峰顶接天的高山，
我都有机会讲到，我讲了这些，
又讲到吃人的生番，不只吃别人，
也吃自己的同族，还有头颅   145
长在肩膀底下的怪人。这一切
玳丝德摩娜都听得津津有味；
有时候家务不由得把她拉走了；
她总是赶快去匆匆处理完了，
重新奔回来，用她贪婪的耳朵   150
把我的一言一语都狼吞虎咽。
我一见如此，有一回得便，正好
从她的嘴里逗出了衷心的愿望：
要我把我的经历从头至尾
对她讲一遍——因为她只听过片断，   155
没有好好听全。我就答应了，
也就常常赢得她不少眼泪，
一听我讲到年轻时候遭受的
什么苦难。我讲完自己的故事，
她就用唉声叹气来向我酬谢，   160
发誓说，真奇怪，奇怪到难以置信；
真可怜，真是难以想象的可怜。
她但愿没有听说过，可是又但愿
上天也把她造成这样个男子汉。

她谢我,还说我若有朋友爱上她, 165

只需教他怎么讲我的故事

就会博得她欢心。我这才开口了。

她为了我所经历的患难而爱我,

我为了她同情这些经历而爱她。

这就是我曾使用过的唯一妖术。 170

小姐来了。就让她为我作证吧。

玳丝德摩娜、亚果、侍从上。

大公　这一番故事怕我的女儿听了

也会不由自己的。好布拉班旭,

事到如今,还是顺水推舟好。

就算是断刀折剑,总还是管用, 175

远胜过赤手空拳。

布　　　　　　　　请听她自己讲。

只要她承认自己是半推半就的,

算我错怪了这个人,我就活该

受天诛地灭! 过来,我的好姑娘。

你在这全院的贵人中间认认看 180

最该服从哪一位?

玳　　　　　　父亲大人,

我认识目前我面临双重的责任。

当然,我蒙受你生养和教育的恩情,

我的生命和教养都使我知道

怎样尊敬你:你是我的尊亲;

我一直是你的女儿。这儿却还有 185

我的丈夫;母亲当年对你好,

对你比对她的父亲还要看重,

我也就有权利对我的摩尔人丈夫

尽本分。

布　　　　　再见吧！我没有什么话要说了。　　　　　　190

请阁下继续讨论国家大事吧。

我后悔不该生孩子,该收养一个。

过来,摩尔人。

你接去吧,我现在死心塌地给了你,

要不是你早已得到了,我本来拼死　　　　　　195

也不会让你带走。因为你,宝贝,

我衷心庆幸再没有别的孩子;

否则,你的私奔会叫我当暴君,

让她们都带上脚镣。我说完了,阁下。

大公　让我像你平素一样的说几句,　　　　　　200

也许好引导这一对情人进一步

博取你的好感。

生米煮成了熟饭,也就罢休,

山穷水尽,也就不用再担忧。

吃点亏已经过去,念念不忘,　　　　　　205

那就只会招来了新的灾殃。

命运要拿走的,谁也保持不了,

逆来顺受,就乐得开了它玩笑。

挨抢的笑笑,强盗就不免失意,

徒然烦恼,是趁火打劫了自己。　　　　　　210

布　那就让土耳其夺去塞浦路斯岛,

我们能付诸一笑,也就没有丢掉。

心上没有负担的,听这路格言,

可以受得了,听起来自然舒坦;

只可惜既负担忧伤的,听了不受用,　　　　　　215

惟有借助忍耐来缓和悲痛。

这些警句,就像是两面三刀,

既叫人得安慰,也叫人添苦恼。

空话毕竟是空话,有谁听说过

心上受了伤,疗治它可以靠耳朵?　　　　　　　　　220

请阁下现在就商议国家大事吧。

大公　土耳其人,充分调集了兵力,正向塞浦路斯大举进犯。奥
　　　瑟罗,你最了解当地的防御力量,虽然我们在那里派驻了
　　　一位总督,一向有干练的名声,可是影响最大的公众舆
　　　论,认为你去镇守,更为安全。所以顾不得你暂且压一压　225
　　　新婚的喜气,派你亲自出马,前去辛苦一遭。

奥　各位庄严的元老,无情的习惯

　　已经使战场的砂砾滩、刀山火海

　　变成了我的鸭绒软床。我认识自己

　　在艰难困苦当中天生有感到　　　　　　　　　　　230

　　轻松自在的本性;我愿意受命

　　现在就出征,去抵御来犯的土耳其人。

　　我唯命是从,听凭国家的派遣,

　　只求给我的妻子作适当照顾;

　　住的地方、享受的供养,都要　　　　　　　　　　235

　　安排得周到,妥帖,使她舒适,

　　和她的身份相称。

大公　　　　　　　　　好不好就让她

布　住她父亲的家里?

　　　　　　　　　　我决不同意。

奥　我也不。

玳　　　　我也不。我不愿住那里,

　　让我每天给我的父亲看到,　　　　　　　　　　240

惹他生气。仁善的大公阁下，
请广开鸿恩，倾听我吐一下心愿，
但愿得到你一声允诺，鼓励我
提出直率的请求。

大公　你有什么请求，玳丝德摩娜？ 245

玳　我爱他本来就是为了要同他生活，
我就用激烈的攻下了命运的行动
向世界宣告吧！我的心接触了
他的事业就爱了他的事业。
我见了奥瑟罗的心见了他的面， 250
我已经把我的灵魂和我的命运
献给了他的光荣和他的功绩。
因此，各位大人，要是他出征了，
把我留下来，当一只无聊的蛾子，
就剥夺了我爱他和他共甘苦的权利， 255
而我也难以打发他外出期间的
孤单日子。让我跟他一同去。

奥　请就允准了她吧。
天给我作证，我所以要这样请求，
并非是为了要贪图温柔的滋味， 260
也不是为了满足热情（我已经
过了火旺的青春期）和正常要求①，
而无非是为了成全她的心愿。
诸位善心的大人也不要担心
我带她在身边，会对于军机大事 265
有所玩忽。如果小爱神丘比特

---

① "正常要求"或可译作"个人欲望"。

施展他扑朔迷离的轻佻花招，

居然蒙蔽了我清醒和警觉的眼睛，

竟使我沉迷声色，耽误了公事，

那就让管家婆拿我的头盔当锅子，　　　　　　　270

让一切羞耻和屈辱都落到我头上，

叫我一下子名誉扫地吧！

大公　她留下还是去，由你们自己决定。

局势非常之紧急，必须从速

相机行事。你今夜就得动身。　　　　　　　　275

玳　今夜吗，大人？

大公　　　　　　　今夜。

奥　　　　　　　　　　　定当遵命。

大公　早上九点钟我们要再来开会。

奥瑟罗，请你留下一位军官，

我们随后要派他把委任状送给你，

还有跟你的职位相符的一类　　　　　　　　280

重要东西。

奥　　　　　就留下我的旗官吧？

他是诚实的，可以信赖的一个人，

我也就托他护送我的妻子，

大人如想到还有什么事情，

也可以交他指示我。

大公　　　　　　就这样办吧。　　　　　　　285

各位晚安！

［对布拉班旭］

　　　　　　　再说，尊贵的大人，

要是德行不缺少好看的长相，

你的女婿不算黑，却实在堂皇。

卞之琳卷 / 293

元老甲　再见，勇敢的摩尔人。要好好对待

　　　玳丝德摩娜。　　　　　　　　　　　　　　　290

布　当心点，摩尔人，看住她，要小心仔细。

　　她骗过父亲，也难保不会骗你。

　　　　　　　　　　　　　　　〔大公、元老、侍从等下。

奥　我拿生命来保证她坚贞！诚实的亚果，

　　我得把我的玳丝德摩娜托付你。

　　也就请你叫你的妻子陪侍她，　　　　　　295

　　一有机会就护送她们前来。

　　来，玳丝德摩娜。我只剩半小时

　　跟你一起谈情，还有一些琐屑事

　　需要处理。我们必须抢时间。

　　　　　　　　　　　　　〔奥瑟罗与玳丝德摩娜下。

洛　亚果。　　　　　　　　　　　　　　　　　300

亚　你要说什么，大少爷？

洛　你看我怎么办？

亚　什么，上床去睡觉。

洛　我就去投水。

亚　真要去投水，我以后就再也不理你了。啊，你这个傻大　305

　　爷！

洛　既然活着只是受罪，还要活下去才叫傻呢。一死是唯

　　一的解脱，死神就是救命恩人了。

亚　无聊！我出世到今，已经阅历了四七二十八年；自从我

　　能够识别利害以来，我还从不曾见过什么人知道怎样爱　310

　　惜自己。我决不会只因为了爱一只母鸡碰钉子，就嚷着

　　要投水自杀，除非我跟一只猩猩交换了一副头脑。

洛　我该怎么办？我承认我这样痴心，实在丢脸，可是要扭

　　转过来，我又没有这份魄力。

亚　魄力?算了吧!我们变这样变那样,全在我们自己。我 　315
　　们的身体是我们的园子,我们的意志就是园丁;我们要栽
　　荨麻,要种莴苣,播下牛膝草,拔去百里香,只培养清一色
　　品种,或者凑成功?百花苗圃,懒得动就让它荒芜也罢,辛
　　勤给它施肥也好,这一切权是在我们手里,凭我们自己的
　　意志决定。如果我们生命的天平秤上,一边没有"理智"的 　320
　　秤盘平衡另一边"情欲"的秤盘,那么我们身上下流的欲
　　念就会把我们引导到荒唐透顶的结局。幸亏我们有理智
　　来冷却我们冒火的冲动、肉感的刺戟、没遮拦的肉欲;我
　　看你们所说的爱情就是这一套的花样。

罗①　不可能是这样。 　325

亚　这只是一阵淫欲的冲动、一番意志的放纵。得,做个男
　　子汉!投水自杀?淹死小猫和没有开眼的小狗去吧!我
　　已经声明是你的朋友,我承认我跟你的交情,缠在一起,
　　永远是难解难分。我此刻比什么时候都更好为你卖力。
　　把钱袋装满。随军出发;装上胡子,掩饰你的脸蛋。我 　330
　　说,把钱袋装满。玳丝德摩娜不会长远爱摩尔人——把
　　钱袋装满——摩尔人也不会长远爱这个女的。开头一下
　　子打得火热,回头一下子就会分裂。只要把钱袋装满。摩
　　尔人总朝三暮四。把你的钱袋装满了。现在他尝着的是
　　蜜一样的甜,要不了多久会感到黄连一样的苦。女的一 　335
　　定要换个年轻的。她一旦感到他的肉体腻味了,就会发现
　　她挑错了人。她一定要换换口味,一定的。所以把你的
　　钱袋装满吧。如果你一定要作践自己,该比投水自杀要
　　做得漂亮一点。把你能搜罗到的钱都搞来吧。要是一场
　　婚礼、一个流浪的野蛮人和一个心眼太多的威尼斯女子 　340

_____

① 应为"洛"。——编者注

之间一句脆弱的盟誓,凭我的足智多谋和地狱里全伙人
马的通力协助,不难破坏呢,你就会享受她。所以去搞钱
吧。别再胡说什么投水了!根本不在话下。你宁可设法
去偷香窃玉,回头被人家绞死,总不要自己先白白淹
死,而没有一亲她芳泽。   345

洛　如果我还存这一点指望,你能帮我到底吗?

亚　你对我尽管放心。去,搞钱吧。我已经告诉过你,我不
惜再三告诉你,我恨摩尔人。我从心底里和他结下冤孽;
你跟他也不能两立。我们同心协力来报他仇。如果你能
给他戴上绿头巾,你寻到了欢喜,我知道了也开了心。时   350
间的肚子里有许多妙事要等待出世哩。开步走!去!张
罗你的钱! 我们明天再细谈。再见。

洛　我们早上在哪儿碰头?

亚　在我的寓所。

洛　我一定去找你。   355

亚　得,再见。你听见了吗,洛德里科?

洛　你说什么?

亚　别再想投水了,你听见了吗?

洛　我已经改变了主意。我去卖掉我全部的田产。   ［下。

亚　我就叫这个傻瓜做我的腰包;   360
　　要是我跟这样的蠢材打交道花时间,
　　只是为开玩笑,捞便宜,那就亵渎了
　　我的真知卓见了。我恨摩尔人。
　　外边谣传说他在我的被窝里
　　替我尽过职。也不知是否确实,   365
　　但是这类事,即使仅仅是涉嫌,
　　我也要当真的行事。他对我很好;
　　我就更好使出计谋来对付他。

凯西奥是一个漂亮人。让我想想看：

夺取他的位置，一箭双雕来　　　　　　　　　　　　370

遂我的心愿——怎么样，怎么样？想想吧。

过一些日子，让我在奥瑟罗耳边

编造说他跟将军的夫人太亲密了。

他呀，人就像样，性情又温和，

叫人不放心——天生会害女人失足。　　　　　　　375

摩尔人又是生性坦率宽厚，

把不过貌似诚实的都当作诚实人；

他也就最容易被人家牵着鼻子走

就像驴子。

有了！主意来了！地狱和黑夜　　　　　　　　　　380

定要送这一胎毒计见光明世界！　　　　　　　　〔下。

∽∽ 第二幕 ∽∽

第一场　塞浦路斯—海港空阔处。

蒙太诺及二绅士上。

蒙　你从那边海岬上望得见什么？

绅士甲　什么也不见。只见白浪滔天。

白茫茫一片海天相接的中间

看不见一点帆影。

蒙　风在陆地上曾经呼啸得好厉害；　　　　　　　5

从没有更大风摇撼过我们的城堞。

如果它在海上也这样放肆过，
哪一艘坚固的橡木船经得起浪山
这样的冲击？结果有什么消息？

绅士乙　土耳其舰队散失得无影无踪。　　　　　　　　10
谁只要在水花飞溅的海滩上一望，
就会感到风涛像直拍霄汉，
风涌巨浪，竖起惊人的白鬃毛，
像泼水猛洒燃烧不息的北斗星，
要浇灭拱卫北极星的小熊星座。　　　　　　　　15
我生平第一次见到这样的骚动，
翻江倒海。

蒙　　　　　　　　要是土耳其舰队
没有能找港湾躲避，一定都沉没了。
它们不可能顶住。

　　　　　　　　　　绅士丙上。

绅士丙　好消息，大伙听！我们的战争结束了。　　　　20
险恶的大风暴狠狠的打击了土耳其人，
叫他们搁置了计划。一艘人船，
威尼斯来的，看见了他们的舰队
大部分损失惨重。

蒙　怎么，真的吗？

绅士丙　　　　　　　大船已经进港了，　　　　　　　25
一艘维罗纳大船，迈开尔·凯西奥，
英勇的摩尔人奥瑟罗将军的副将，
已经上岸了，将军还正在海上，
他奉命来全权镇守这儿塞浦路斯。

蒙　我听了很高兴。他是位可敬的总督。　　　　　　30

绅士丙　这位凯西奥,讲到土耳其的损失
　　虽然愉快,却显得有点忧愁,
　　祝祷奥瑟罗平安,因为他们
　　是给大风暴吹散的。

蒙　　　　　　　　愿上天保佑他;
　　我当过他的部下,见他指挥得力,　　　　　　　35
　　十足是大将。我们都到海边去吧!
　　我们去看看那艘大船开来,
　　放眼去远远盼待非凡的奥瑟罗,
　　哪怕我们把大海和青天直望到
　　连接在一起的远处。

绅士丙　　　　　　我们就去吧;　　　　　　40
　　因为随时随刻都可能盼见
　　有人到来。

　　　　　　　　　凯西奥上。

凯　谢谢你们英雄海岛的勇士
　　这么样称道摩尔将军! 愿上天
　　保佑他顶住了这番恶劣的天气,　　　　　　45
　　我是在惊涛骇浪中和他失散的。

蒙　他坐的那条船好吗?

凯　他的船坚固结实,他的驾驶员
　　又是久经考验,高明熟练的,
　　所以我的希望(并没有过分)　　　　　　50
　　不至于落空。

　　　　　　　[内喊声:"一条船,一条船,一条船!"

　　　　　　　　　一使者上。

凯　　他们在嚷什么？

使者　　城里是万人空巷了；男女老少

　　　　全涌上滩头，一齐叫嚷着"一条船！"

凯　　但愿来的正是新任的总督。　　　　　　　　　　　55

　　　　　　　　　　　　　　　　　　〔内鸣炮一声。

绅士乙　　听，他们在那里鸣放礼炮呢。

　　　　至少是友军。

凯　　　　　　　就有劳先生去看看，

　　　　回头告诉我们究竟是谁到了。

绅士乙　　遵命。　　　　　　　　　　　　　　　　〔下。

蒙　　好副帅，请问主帅已经结婚了吗？　　　　　　　60

凯　　婚姻绝美满，他娶得了一位佳人，

　　　　才貌出众，超过了任何夸耀，

　　　　任何生花的妙笔也难以形容，

　　　　天生就一副丽质，叫任何恭维

　　　　都白费气力。

　　　　　　　　　绅士乙上。

　　　　　　　怎么样，究竟是谁到了？　　　　　　　65

绅士乙　　是一位名叫亚果的，将军的旗官。

凯　　他倒是一帆风顺，后来先到了。

　　　　哪怕奔腾的大浪、咆哮的大风，

　　　　哪怕嶙峋的礁石、凝聚的沙堆，

　　　　当奸细埋伏了陷害无辜的船舶的，　　　　　　70

　　　　也好像认识美丽，一时都收敛了

　　　　它们凶恶的本性，安然放过了

　　神圣的玳丝德摩娜。

蒙　　　　　　　　　　这是哪一位？

凯　我讲到的那一位，我们统帅的统帅，

　　托付给勇敢的亚果护送前来的，　　　　　　　　　　75

　　他们到达的时间，比我们预计

　　要快一星期。老天爷保佑奥瑟罗，

　　请就吹口气，吹鼓他的船帆，

　　让他的军舰早光临这个港湾，

　　兴冲冲投入玳丝德摩娜的怀抱，　　　　　　　　　　80

　　重新鼓舞我们消沉的士气，

　　叫整个塞浦路斯得到宽慰！

　　　　　　玳丝德摩娜、亚果、爱米丽亚、洛德里科及侍从上。

　　　　　　　　　　看啊！

　　海船载来的奇珍异宝上岸来了！

　　塞浦路斯人，你们向她下跪吧。

　　欢迎，夫人！祝愿上天的福泽　　　　　　　　　　85

　　回护在你的前后、你的左右，

　　毫不疏忽！

玳　　　　　　谢谢你，英勇的凯西奥。

　　你说，我的丈夫有什么消息？

凯　他还没有到达；我仅仅知道

　　他是平安的，很快也就会到了。

玳　我可担心呀！你们怎么失散的？　　　　　　　　　　90

凯　大风大浪搅得要天翻地覆，

　　把我们彼此隔断了。

　　　　　　　　　　　　　　〔内："一条船，一条船。"

　　　　　　　　可是听。一条船。

〔内一声炮。

绅士乙　他们向城堡鸣放了一声礼炮。

这也是一条友舰。

凯　　　　　　　　去探听一下。　　　　　　　　　　95

〔绅士乙下。

好旗官,欢迎你。

〔对爱米丽亚〕　欢迎,我的大嫂!

好亚果,请你千万不要见怪,

我讲礼貌。我按熟悉的规矩,

总得这么样大胆行一个礼节。　　　　〔吻爱米丽亚。

亚　老兄,要是她给你尝够了嘴唇,　　　　　　　100

就像她平常用舌头狠狠对付我,

你可受不了。

玳　　　　　　她可是寡言少语的!

亚　说实话,太会饶舌了。

我每次想要睡觉,总发现如此。

当然,我承认,在夫人面前　　　　　　　105

她会有所收敛,把舌尖缩回去,

就在肚子里骂人。

爱　你不能这样冤枉我。

亚　得了,得了! 你们出门像图画,

坐在客厅里像银铃,进厨房像野猫,　　　　110

伤害起人家来像圣徒,冒犯了做魔鬼,

管家务最儿戏,上了床最一本正经。

玳　哎呀,呸,你这个毁谤专家!

亚　是真话,我不是土耳其人,实话实说。

你们是起来游戏,上床工作。　　　　　　115

爱　我不要你写诗赞美我。

亚　　　　　　　　　　　不，我才不。

玳　要是你得赞美我，你要怎么写？

亚　啊，好夫人，别那样叫我为难吧，

　　我只会吹毛求疵，什么也不成。

玳　来，试试看。——可派了谁去港口了？　　　　　　　120

亚　派了，夫人。

玳　[自语]我并无豪兴；只是得假装如此，

　　以免流露我掩饰在心里的真情。

　　[对亚果]得，你怎么赞美我？

亚　我正在绞脑汁；我的灵感贴脑门，　　　　　　　　　125

　　就像一团粘鸟胶粘住了房檐，

　　撕开来就会脑浆直流哩。幸好

　　我的诗神用功，她这样念了：

　　要是她既漂亮又聪明，才貌出众，

　　貌供人享受，才留自用。　　　　　　　　　　　　　130

玳　说得好！要是她长得黑而聪慧呢？

亚　皮肤长得黑，头脑却是机灵，

　　黑妞会找到小白脸匹配成亲。

玳　愈说愈不成话了。

爱　要是美丽而愚蠢呢？　　　　　　　　　　　　　　　135

亚　世界上美丽的女人决不会愚蠢，

　　再胡调①也会给人家养子添孙。

玳　这些是老掉牙齿的打油诗傻话，只能在酒馆里哄傻子

　　们听了笑笑；你能把一个又丑又傻的女人挖苦几句吗？

亚　别小看人家那么丑又加那么傻，　　　　　　　　　　140

　　一样会耍得了美人才女的丑戏法。

————————

① "胡调"（原文 folly）据说（威尔孙、里德雷）有双美意，"糊涂"与"乱来"。

珉　啊,好无知呀!你倒把最差的夸赞得最好。要是碰上
　　一位值得称道的女人——贤慧到直叫最厉害的毒嘴也不
　　由不恭维的,你又能怎样赞美她呢?

亚　你看她一向姣好;却从不骄傲; 　　　　　　　　　　145
　　灵嘴利舌,却从不嚷嚷闹闹;
　　有钱花,却从不打扮得花枝招展;
　　不追求什么,尽管都可以如愿;
　　一旦惹恼了,尽可以随时报复,
　　却甘受委屈,有气也马上消除; 　　　　　　　　　　150
　　头脑清醒,从不把算盘瞎打,
　　枉抛鳕鱼头去换麻哈鱼尾巴①;
　　善于思考,而从不泄露心计;
　　追求的紧跟,不回头理人家一理:
　　果真有这样的女子,那就配得上—— 　　　　　　　　155

珉　干什么?

亚　喂喂一群小傻瓜,管管伙食账。

珉　收尾多泄气,多叫人扫兴啊!爱米丽亚,你别听他教
　　诲,虽然他是你的丈夫。凯西奥,你说怎样?他说话训人
　　可不是最恶俗、最放肆吗? 　　　　　　　　　　　　160

凯　他说话直爽,夫人。你看他军人本色,不理他卖弄文
　　采,就会喜欢他了。

亚　[旁白]他捏弄她的手心。对,好得很,咬耳朵说话!我用
　　这么小的一点蜘蛛网可以抓住凯西奥这么大的一只苍
　　蝇。对,向她微笑,笑吧!我要把你献殷勤的一套做成害 　　165

---

①　关于本行原文,学者解释,聚讼纷纭,即从字面讲,鳕鱼头与麻哈鱼尾巴,孰较珍
　　贵,亦成问题。此处译文据吉特立其沿旧说之一,意为用便宜鱼的最好部分换珍
　　贵鱼的最差部分,亦即弃朴实而求奢靡。威尔孙持"鳕鱼头"为蠢货之说,解释
　　为:嫁了蠢材,不另求漂亮的外遇。

你自己的圈套。你说得对；是这样，真的！当心这些小花

招会剥夺你的副将头衔，你还是少吻吻你的三个指头①

——此刻你又准备好扮你大少爷的派头！很好！吻得好！

出色的礼貌！真的，不错。又把你的手指放到你的嘴唇上

了？但愿这些是给你自己用的灌肠器才好！　　　　　　　170

[内闻号角声。

摩尔人来了！我听得出他的军号声。

凯　果真是。

玳　我们去迎接他。

凯　看，他来了！

奥瑟罗及侍众上。

奥　我的女英雄啊！

玳　　　　　　　我最亲爱的奥瑟罗！　　　　　　　　175

奥　看见你居然比我先到了这里，

真叫我又惊又喜。我真高兴啊！

倘若风暴后都会有这样的宁静，

愿大风刮下去，直刮到把"死亡"都唤醒！

让颠颠簸簸的大船爬上浪头山，　　　　　　　　　　180

奥林匹斯一样高，再像从天上到地底

一落千丈吧！要是现在就死，

那就死得最愉快了；因为我担心，

我的灵魂得到了绝对的幸福，

在茫茫不测的命途上不再会有　　　　　　　　　　　185

另一番同样的欢乐了。

---

① 吻三个指头，是旧时流行的有教养廷臣对淑女的礼貌，意大利式，虽普通，却已受世人嘲笑。

玳　　　　　　　　　　愿上天不许，
只许我们的情爱和欢乐随时间
一天天增长！

奥　　　　　　　　心愿如此，神明！
这种幸福真叫我无法形容；
嘴堵在这里了；欢乐塞得太满了。　　　　　　　190
来一个，再一个，我们两颗心就只许

　　　　　　　　　　　　　　　　［两人亲吻。

发这个最大的噪音。

亚　［旁白］　　　　　现在倒调得好！
可是我偏要捏松谐和的栓子，
老实不客气。

奥　　　　　　　　来，我们进城去。
朋友们，好消息！仗完了；土耳其人淹死　　　195
我们岛上的老朋友这一向可好？——
宝贝，你在塞浦路斯会大受欢迎；
我发现岛上人待客都十分热情。
啊，心肝，我为了自己的幸福，
唠叨得太不像话了。好亚果，我请你　　　　200
去港口把我船上的箱子取出来。
把船长也就一块儿带来城堡。
他是个高手，他的本领叫谁也
不能不佩服。来吧，玳丝德摩娜，
又在塞浦路斯团聚了。　　　　　　　　　205

　　　　　　　　　　　［齐下，仅留亚果与洛德里科。

亚　［对下台一侍从］你就去港口等我。［对洛德里科］过来。你
要是勇敢的（人家说小人物爱上了女人也会变大丈夫
呢），你就听我说。副将今晚上在警戒台值夜。首先我得

告诉你:玳丝德摩娜显然爱上了他。

洛　爱上了他? 啊,这不可能。　　　　　　　　　　　　　　210

亚　用你的手指掩着嘴,用你的灵魂听我的吩咐。你看她
最初爱上了摩尔人,何等火热,却只因为人家对她乱吹
牛,对她讲许多荒诞不经的谎话;她为了人家能夸海口,
会永远爱下去吗?你心里明白,就不会这样想。她总得
享享眼福;看看那一副鬼脸,她会有什么舒服?玩了一阵　215
也就腻了,为了再点燃欲火,就得尝新,另开胃口,就得挑
长相漂亮、年龄相仿、仪态相当的,摩尔人在这些方面就
一无可取。好,缺少了这些必需的条件,她会感到自己误
用了柔情,开始伸脖子作呕,憎恨摩尔人。天性自然会开
导她,驱使她作另外的选择。好,老兄,这一点既然无可　220
争议了(本来是最明显不过、不用申说的),那么,谁比得
上近水楼台的凯西奥占尽优势呢?一个能说会道的家伙;
他一举一动,一言一语,讲斯文,讲礼貌,别无用心,无非
装装样子,好满足他最见不得人、最放纵的淫欲。谁也比
不上他!谁也比不上他!一个油滑机灵的家伙;眼睛尖　225
最会钻空子,到处占得到便宜,尽管并没有不招自来的真
便宜;一个坏透的家伙!此外,这家伙又漂亮又年轻,不
懂事的痴心女子追求的一套货色,他一身都齐备。一个
十足是害人不浅的坏蛋! 而那个女人早已看中了他了。

洛　我不相信她会这样。她一身具备了天生纯洁的好品　230
质。

亚　去你的"纯洁"什么的!她喝的酒也是葡萄酿的。真要
是"纯洁"什么的,她当初就不会爱上了摩尔人。"纯洁"
什么的,不值半分钱。你没有看见她捏弄他的手心吗?没
有注意到这个吗?　　　　　　　　　　　　　　　　235

洛　我看见了;可是那无非出于礼貌。

亚　调情,我敢说。无耻念头和荒淫历史的开篇和不可告
　　人的序幕。他们的嘴唇凑得这么近,两个人的气息先就
　　拥抱在一起了。恶毒的心思啊,洛德里科!这种勾搭一开
　　道,紧接着就有好戏,结局还不是肉体结合?呸!可是　　240
　　老兄,你得听我的支配,究竟是我把你从威尼斯带来的。
　　今晚你也去站岗;站岗的命令,我给你去搞。凯西奥不
　　认识你。我不会离开你很远。找机会激怒凯西奥,或者
　　大声说话,或者不理他的军令,或者见机行事,随意去捣
　　乱也行。　　245

洛　好。

亚　老兄,他性子急,脾气暴躁,说不定会拿棍子打你。惹
　　他来打你;他一动手,我就会煽起塞浦路斯人暴动,那就
　　无法安静下来,除非把凯西奥撤职。这样你就会有捷径
　　可走,我可以想方设法,叫你早日如愿;要不是顺利搬　　250
　　开了这块绊脚石,我们就休想抱什么指望。

洛　我一定干,只要我能有机会。

亚　我可以担保。回头在城堡那里再碰头。我得去把他的
　　行李取上岸。再见。

洛　再见。　　　　　　　　　　　　　　　　　〔下。255

亚　凯西奥爱她,这一点我深信不疑;
　　她爱凯西奥,这想来也大有可能。
　　摩尔人(尽管向来叫我受不了),
　　倒是有谊重情长的高贵品质,
　　我敢信他一定会做玳丝德摩娜的　　260
　　最挚爱的丈夫。唔,我可也爱她呢;
　　并非纯出于兽欲(虽然我可能
　　该受和这点罪孽同样重的指责),
　　多半倒是为了我好报仇出气,

我总疑心这个摩尔人色鬼　　　　　　　　　　　265

跳上了我的位置;这一转念

就像毒药在我的肚子里乱咬;

什么也消不了我的深仇大恨,

除非我跟他抵消,老婆换老婆;

即使做不到这样,我定叫摩尔人　　　　　　　　270

至少要大发醋劲,大烧妒火,

叫理性再也救不了。为此目的,

要是这个威尼斯蠢材,我一再

制止过他蠢动的,现在倒是顶用呢,

我就抓住了迈开尔·凯西奥的要害,　　　　　　275

马上找摩尔人,肆意说他的坏话

(我怀疑凯西奥也给我戴了绿头巾),

正好叫摩尔人感激我,宠我,报答我,

使他做了骇人听闻的大蠢驴,

把他捉弄到失去了心平气和,　　　　　　　　　280

直到发疯。有主意了,还有点模糊。

毒计要到用出来,才面目清楚。　　　　　　　〔下。

第二场　街头。

传令官持告示,人众随后上。

传令官　高贵威武的大将军奥瑟罗有令:今有确实的军情

传来,土耳其舰队全部覆灭,为此全岛军民,同志庆祝,跳

舞,放焰火,各随己意,欢娱尽兴。此为特庆胜利,亦为将

军新婚吉日志喜。将军乐为宣告:公家仓廪一律开放,从

此刻下午五点起,至钟鸣十一下,特准纵情宴乐。愿上天　　　　5

保佑塞浦路斯岛和我们高贵的将军奥瑟罗！

[齐下。

第三场　堡中一大厅。

奥瑟罗、玟丝德摩娜、凯西奥及侍从上。

奥　好迈开尔，今夜就请你负责警戒。
　　我们要提高警惕，适可而止，
　　逢场作戏，热闹里也不要出纰漏。

凯　亚果已经奉命去安排调度，
　　虽然如此，我还是要亲自前去，　　　　　　　　　5
　　以防万一。

奥　　　　　　亚果是最诚实不过的。
　　迈开尔，晚安。明天请你一早
　　就来找我去谈话——。来吧，我爱。
　　盟誓成交了，就得让开花结果，
　　丰美的实惠正要来眷顾你我。——　　　　　　　10
　　晚安。

[奥瑟罗与玟丝德摩娜及侍从下。

亚果上。

凯　欢迎，亚果。我们该去巡夜了。

亚　还早呢，副将，还不到十点钟。我们的将军这么早就撇
　　下了我们，去和他的玟丝德摩娜寻欢作乐了。也怪不得
　　他，他还没有跟她欢度过一夜，而她是够叫神仙也动心的　　15
　　风流孽种。

凯　她是优雅绝伦的大家闺秀。

亚	我敢担保说,最会耍花样。	
凯	她实在是娇嫩的如花美眷。	
亚	好一对媚眼!总是在挑逗人。	20
凯	眼睛固然可爱,我认为十分庄重。	
亚	她说起话来,不是要叫人灵魂出窍吗?	
凯	她实在完美无瑕。	

亚　好,祝他们床笫间如鱼得水吧!来,副将,我这儿有一
　　瓶酒,外边有两三位塞浦路斯好汉子愿意为黑将军干一　　25
　　杯。

凯　今晚不喝了,好亚果。我一喝酒就头昏脑胀。我但愿
　　应酬助兴另有什么新发明才好。

亚　噢,都是我们的朋友。就只喝一杯!我就给你干吧。

凯　今晚我已经喝了一杯,还是偷换了水的;可是你看我已　　30
　　经醉成这个样子了。我担心我不中用,不敢再出丑了。

亚　什么,汉子!现在正是狂欢的夜晚。这几位豪客非得
　　要喝酒不可。

凯　他们在哪儿?

亚　就在门口。我求你请他们进来吧。　　　　　　　　　　35

凯　好,可是我实在不乐意。　　　　　　　　　　　〔下。

亚　现在只要我能够再灌他一杯酒,
　　加上今晚他已经喝过的一杯,
　　他就容易冒火,动不动就吵架,
　　就像小姐的一条狗。傻洛德里科,　　　　　　　　　　40
　　相思病早已经害得他神魂颠倒,
　　今晚为玳丝德摩娜已经干了几大杯,
　　拼得个烂醉如泥,他得去站岗。
　　三个塞浦路斯小伙子,血气旺盛,
　　荣誉心非常强烈,一点也碰不得的,——

这个尚武的岛上典型的人物，——　　　　　　　　45
今晚我已经用酒把他们灌糊涂了，
他们也去站岗。现在我就得叫
凯西奥在这群醉汉中间闹乱子，
激起全岛的公愤。

凯西奥、蒙太诺、众绅士及仆从持酒上。

他们都来了。　　　　　　　50
只要结局正拍合我的心窍，
我就会一帆风顺，水涨船高。

凯　老天爷，他们已经灌了我一满杯了。

蒙　天晓得，只是一小杯罢了；还不到一斤，我是个军人，决
　　不胡说。　　　　　　　　55

亚　喂，来酒！
　　［唱］

　　　　大家来碰杯，当当叮叮，
　　　　大家来碰杯，响叮叮。
　　　　当兵的是好汉，
　　　　人生呀太短，　　　　　　60
　　　　那就让军人呀开怀痛饮。

　　伙计们，来酒！

凯　老天爷，倒是挺有意思的一支歌！

亚　我从英国学来的，他们那里喝酒真有了不起的劲头。
　　管你们什么丹麦人、德国人、大肚皮荷兰人——喝呀，　65
　　嗨！——比起那些英国人来都不在话下。

凯　英国人就那样会喝酒？

亚　他们跟人家对喝起来，轻而易举把丹麦人弄得烂醉；不
　　费什么劲，叫德国人输得不成话；害得荷兰人直呕吐，还

不等给你斟满第二杯哩。　　　　　　　　　　　　　　70

凯　为我们将军的健康干杯！

亚　我奉陪,副将,不少你一滴。

亚　啊,可爱的英国!

　　［唱］

　　　　斯悌芬真是个英明天子;

　　　　　新裤子只花了一个克郎,　　　　　　　　　　75

　　　　他还嫌贵了六个便士,

　　　　　就骂裁缝是骗人的流氓。

　　　　人家是世界闻名的人物,

　　　　　你是穷小子,还讲究干吗?

　　　　人家不挥霍,怕耗尽国库;　　　　　　　　　　80

　　　　　你就披披旧大衣也罢。

　　来酒,喂!

凯　老天爷,这支歌比那支更妙。

亚　你想再听一遍吗?

凯　不,我认为他这样干,有失身份。唔,上帝就在大家的　　85
　　头上;有些灵魂一定能得救,有些灵魂决不会得救。

亚　一点也不错,好副将。

凯　就我而论,我无意冒犯我们的将军或任何有地位人士,
　　我希望得救。

亚　我也希望,副将。　　　　　　　　　　　　　　　　90

凯　不错,可是,恕我老实说,你不会在我的前头。副将比旗
　　官先得救。别再谈这个了;我们去值班吧。愿上帝宽恕
　　我们的罪孽!各位大人先生,我们去照管正经差使吧。大
　　人先生,别以为我喝醉了。这是旗官。这是我的右手,这
　　是我的左手。现在我不醉了。我站得住,挺好的;我说得　　95
　　清,不也是挺好吗?

众　好极了。

凯　啊,那么真好了。你们千万别当我喝醉了。　　　　　　　　〔下。

蒙　上警戒台去,大爷们! 来,我们去值班。

亚　大家看看出去的这个家伙。　　　　　　　　　　　　　　　　100

　　论军人架势,配追随恺撒的左右,

　　发号施令;可是看看他发酒疯吧。

　　他的毛病就抵销了他的长处,

　　恰好是半斤对八两。真可惜他了。

　　我担心奥瑟罗对他的充分信任,　　　　　　　　　　　　　　105

　　有朝一日,出于他一时糊涂,

　　会害了全岛哩。

蒙　　　　　　　难道他常常会这样吗?

亚　他睡觉以前总要闹这么一场。

　　他会睁大眼看时钟转上一昼夜,

　　要没有酒来扶他的摇篮。

蒙　　　　　　　　　　最好　　　　　　　　　　　　　　　　110

　　给将军提醒一下这一种情况。

　　也许他不知道,或者他生性宽厚,

　　只看重凯西奥表现出来的长处,

　　忽略了他的缺点。是不是这样?

　　　　　　　　　　洛德里科上。

亚　怎么了,洛德里科?　　　　　　　　　　　　　　　　　　115

　　我吩咐你千万要钉住副将呀,去!

　　　　　　　　　　　　　　　　　　　〔洛德里科下。

蒙　实在太抱憾了,高贵的摩尔将军,

　　竟然叫染上了恶习的这样一个人

　　担任了他的副手这样的职位。

坦率跟摩尔将军说一说,该算得　　　　　　　　　　120
光明正大呀。

亚　　　　　　　　　我不干,把这块宝岛
送我也不行!我跟凯西奥很好,
尽力治好他才是。

　　　　　　　　　　　　　　　　〔内呼救声:"救命!救命!"
可是听!闹什么了?

凯西奥追逐洛德里科上。

凯　混账,你这个坏蛋!你这个流氓!
蒙　什么事,副将?　　　　　　　　　　　　　　　　125
凯　一个坏家伙居然教训我守规矩!我要打得他缩进乌龟
壳!
洛　打我?
凯　你还顶嘴,下流坯?　　　　　　　　　　〔打洛德里科。
蒙　好副将,千万请住手!　　　　　　　　　　　　130
凯　放手,大爷,当心我打破你脑袋!
蒙　得,得,你醉了。
凯　醉了?

　　　　　　　　　　　　　　　　　　　　〔二人对打。

亚　〔旁白,对洛德里科〕
快走,听我说,出去喊出事了,不好了。

　　　　　　　　　　　　　　　　　　　〔洛德里科下。

不行,好副将!天哪,各位大爷,　　　　　　135
帮帮忙!——副将——老兄——蒙太诺——老兄
帮一手,弟兄们!——这一场值夜真妙啊!

　　　　　　　　　　　　　　　　　　　　〔警钟声。

谁已经乱打起钟来了,该死,哎呀!

全城要闹翻了。天哪，副将，住手！

你从此要丢尽脸了。

奥瑟罗及侍众持刀剑上。

奥	出了什么事了？	140
蒙	混账，我血流不止。我受了致命伤。	
奥	谁要活命的都给我住手！	
亚	住手！副将——老兄——蒙太诺——大爷们！	
	你们把身份和职司全都忘了吗？	
	住手！将军在说话哪。真可耻，住手！	145
奥	啊呀，怎么了？怎么搞成这样的？	
	上天歼灭了土耳其舰队，难道	
	我们变土耳其人了，要这样毁我们自己？	
	基督徒该知羞啊，别学蛮人的胡闹；	
	谁再动手、挥刀使剑来逞凶，	150
	谁就是轻生，一动就叫他送命！	
	停止打吓人的警钟！它把全岛人	
	都给吓糊涂了。弟兄们，究竟是什么事？	
	诚实的亚果，你看来痛心得要死，	
	讲吧。是谁开的头？我命令你效忠。	155
亚	我也说不清。刚才还都是好朋友，	
	说话投机，亲密得像新郎新娘	
	就要宽衣上床呢；刚才，忽然间，	
	（好像什么恶星宿搞疯了大家）	
	剑都出了鞘，直刺彼此的胸膛，	160
	要拼个你死我活。我实在说不清	
	这一场胡闹究竟是怎样开的头，	
	但愿我在光荣的战场上丧失了	

这双腿;不叫送我来看这个场面!

奥　迈开尔,怎么你这样忘乎所以呢?　　　　　　　　　165

凯　请将军恕我死罪。我不能说什么。

奥　尊贵的蒙太诺,你向来温文尔雅;
　　你年纪青青就举止庄重严肃,
　　是世界闻名的,高明的社会贤达
　　说起你,都众口交誉。究竟为什么　　　　　　　　　170
　　把你自己的名声随便糟蹋到
　　这一个地步,硬换取一个恶名,
　　让人叫深夜闹事的酒鬼? 回答我。

蒙　尊贵的奥瑟罗,我受伤到这么严重。
　　你的旗官亚果能给你讲清楚,　　　　　　　　　　175
　　我说话都感到刺痛,请就免了我
　　讲我所知道的;我也一点不明白
　　我今晚说错了什么,做错了什么,
　　除非有时候顾自己也算是毛病,
　　受到暴力横加迫害的时候　　　　　　　　　　　　180
　　自卫也算是犯罪。

奥　　　　　　　　　啊呀,我的天,
　　我的血性开始不听控制了,
　　我的怒火迷糊了我的理智,
　　眼看要自作主张。只要我动一动,
　　举一举这一条胳臂,管你们谁最强,　　　　　　　185
　　谁也会在我的一怒里送了命。告诉我
　　这一场骚动是怎样来的,谁引起的;
　　谁要是证明了该担当这桩罪责,
　　即使是我的亲兄弟,同我是双胞胎,
　　也休盼我手下留情。真岂有此理!　　　　　　　　190

这个战时的城里，人心还未定，
居然发生私人间内部武斗，
而且在深夜，就在警戒台现场！
这太荒唐了。亚果，是谁开的头？

蒙　如果有所偏祖，或者看同僚面子，　　　　　　　　195
你的报告有半分失实的地方，
你就不配算军人！

亚　　　　　　　　不要太逼人了。
我宁愿叫我的舌头从嘴里割掉，
也不愿让它得罪了迈开尔·凯西奥。
可是我回头再一想，就讲老实话，　　　　　　　　200
也不会伤害他。事情是这样，将军：
蒙太诺和我自己正在谈话，
有一个家伙冲进来直喊救命，
凯西奥从后边追来，狠狠举了剑，
定要刺杀他。将军，这位大爷　　　　　　　　205
跨出去拦住凯西奥，请他住手，
我自己去追那个叫喊的家伙，
生怕他的叫嚣会把全城人
惊慌了（像现在这样）。他可跑得快，
我没有赶上；我就赶快回来，　　　　　　　　210
因为我听见这里剑碰剑直响，
凯西奥高声咒骂，直到今晚
我还从不曾听见他这样骂过人，
一会儿我赶到，就看见他们在拼剑，
难解难分，就像你刚才亲见到，　　　　　　　　215
亲自喝开他们时候的那样子。
我能报告的，就只是这点情况；

人总是人,最好人也难免糊涂一时。①
虽然凯西奥对他小有失手,
(人在火头上会亏待好意相劝人)   220
我深信那个逃跑的家伙一定是
给了凯西奥什么极大的侮辱,
直叫他忍无可忍了。

奥　　　　　　　　　我知道,亚果,
你出于诚实和义气把事情说轻了,
有意给凯西奥开脱。凯西奥,我爱你,   225
可是你再也不能当我的部将。

　　　　　　　　　玳丝德摩娜及侍众上。

请看连我的爱妻也给闹起来了!
我要拿你作一个榜样。

玳　　　　　　　　　什么事?
奥　现在没有事了,我爱;放心去睡吧。
　〔对蒙太诺〕
　大爷,你的伤,我自己给你照料。   230
　扶他走。

　　　　　　　　　　　　　〔蒙太诺被扶下。

亚果,你细心去巡视一下街市,
叫大家不要为这场吵闹惊慌了。
来,玳丝德摩娜。从军的常这样,
睡得正香呢就闹醒,惊听到刀剑响。   235

　　　　　　　　　〔除亚果与凯西奥外,齐下。

亚　怎么,你受伤了,副将?

_____

① 本行译文出格,多一顿(拍)。

凯　是呀,怎样也医治不好了。

亚　得了,上帝会保佑!

凯　名誉,名誉,名誉!噢,我名誉扫地了!我丧失了自己不
　　朽的部分,剩下的就和禽兽的没什么差别了。我的名誉 　　　240
　　啊,亚果,我的名誉啊!

亚　我是个老实人,本来还以为你受了点皮肉的伤痛。比
　　起名誉来,这倒还紧要。名誉是一种无聊的最靠不住的
　　随意赏赐;往往得来全不凭功德,失去又不是咎由自取。
　　你根本没有失去什么名誉,除非你自以为失去了。什么, 　　　245
　　老兄,要重新博得将军的欢心,有的是办法。他不过一时
　　气恼才把你革了职。这个惩罚不是存心跟你过不去,是
　　一种手段,好比杀鸡给猴子看①,再向他求求情,他也就罢
　　休了。

凯　我宁愿求他唾弃我,也不愿叫那么下贱、那么发酒疯、 　　　250
　　那么胡闹的一个军官去欺骗这样好的一位统帅。醉酒!
　　说胡话!争吵!吹牛!咒骂!跟自己的影子瞎扯淡!看
　　不见的酒的精灵啊,要是你还没有名字,就叫你"魔鬼"
　　吧!

亚　你拔剑追赶的那个家伙是什么人呀?他对你干了什 　　　255
　　么?

凯　我不知道。

亚　可能吗?

凯　我记得一大堆事情,可是哪一桩也记不清楚;只记得吵
　　了一场,不记得为了什么。天晓得,人竟会让敌人进嘴里 　　　260
　　偷去自己的头脑!我们竟会用吃喝笑闹把自己变成了禽

---

① 原文:"打打无辜的小狗,吓吓不驯的雄狮。""打狗吓狮"这类话,在当时西欧,已是
　　谚语。

兽!

亚　啊,你现在可清醒了。你怎样恢复过来的?

凯　就是叨光醉鬼让位给了气鬼。一种缺点让我看清了另
　　一种缺点,使我完全鄙视了自己。　　　　　　　　　　　265

亚　算了,你是个道学先生,太跟自己过不去了。按此时此
　　地、当前形势讲,我衷心希望没有发生过这回事;但是事
　　已至此,你为自己想想补救办法吧。

凯　我要是去求他恢复我原职,他会对我说我是个醉鬼!
　　即使我像九头海德拉①一样的有好几张嘴,这么一句回答　　270
　　就会把我的嘴全堵住了。现在是个有头脑人,一会儿就
　　成了个傻瓜,一转眼马上就变成个畜生了!每一杯酒一
　　过量,就受天谴;内容就是魔浆。

亚　得,得,好酒,喝得适量,就是个好知己。别再骂它了。
　　好副将,我想你认为我是爱顾你的不是?　　　　　　　　275

凯　我已经切身体会到这一点了,老兄。我不是醉过吗?

亚　任何活人都可能喝醉一时,你自然也难免,汉子。我教
　　你怎么办吧。我们统帅的夫人现在更是统帅了。我可以
　　这样说,因为他不由自主,一心只关怀、注意、欣赏她的才
　　艺和风采。你就跟夫人坦白认错。求她帮助你官复原
　　职。她秉性这么慷慨,这么仁慈,这么随和,这么善良,她　　280
　　替你出力,不超过你的要求,就自认有亏她的美德。你跟
　　她的丈夫之间有了这一点裂痕,你就恳求她替你弥合吧;
　　我敢拿我在人世间所有的和有指望得到的财产来跟值得
　　一提的任何赌注赌一个输赢,保证这个裂缝一平复,原有　　285
　　的交情会更加牢固多了。

凯　你给我出了好主意。

────────────

①　海德拉,希腊神话中的九头蛇怪。

亚　我发誓，这是出于友好的真心实意。

凯　我一点也不怀疑；明天一早我就去恳求善良的珷丝德
　　摩娜替我说情。要是这一步行不通，我的前程也就完了。　　　290

亚　你说对了。再见，副将。我该去巡夜了。

凯　再见，诚实的亚果。　　　　　　　　　　　　　　　　〔下。

亚　那么谁能说我干了坏人的勾当，
　　我这样指点他，不是纯出于真诚吗，
　　想得也周到，不正是争取摩尔人　　　　　　　　　　　295
　　回心转意的道路吗？珷丝德摩娜
　　为人热心，只要你光明正大，
　　有求必应。她生来慷慨大度，
　　就好比四大原行。她也不难
　　说服摩尔人，连叫他背弃教义　　　　　　　　　　　　300
　　抛弃任何得救的教规也行；
　　他的灵魂早上了爱情的枷锁，
　　她可以随心所欲的摆弄支配他，
　　她的任性对他薄弱的意志
　　充当了上帝了。那么我怎么是坏人呢，　　　　　　　　305
　　既然顺凯西奥的愿望给他指出了
　　于他有利的这条路？地狱的神明啊！
　　魔鬼们要干穷凶极恶的罪行，
　　总首先摆出一副圣善的样子，
　　就像我现在耍的这一招。我趁　　　　　　　　　　　　310
　　这个老实的傻瓜求珷丝德摩娜
　　挽救他，趁人家竭力向摩尔人说情，
　　正好给摩尔人耳朵里灌这副毒药——
　　说她是替跟她私通的男人说好话；
　　这样，她越是出力帮凯西奥的忙，　　　　　　　　　　315

她越是会招致摩尔人对她的疑虑，
我就把她的洁白糟蹋成漆黑，
就利用她的好心肠结成了罗网
把他们一网打尽。

洛德里科上。

怎样了，洛德里科？

洛　我在这场追逐里一直跟到了这儿，不像猎狗打猎，只是　　　320
　　凑凑数。我的钱差不多花光了；今夜特别挨了一顿好打；
　　我想结果只能是——费尽心机换来一点经验；现在，丢光
　　了钱，增长了一点头脑，回威尼斯算了。

亚　没有耐性的一路人多么可怜！
　　什么创伤不是逐渐才好的？　　　　　　　　　　　　　　325
　　你知道我们是用智谋，不是使妖法；
　　智谋就得等待时机的成熟。
　　进行得还不顺利吗？凯西奥打了你，
　　你小小挂了彩就叫凯西奥革了职。
　　虽然在阳光里万物都欣欣向荣，　　　　　　　　　　　　330
　　毕竟是开花在先的结果也在前。
　　你就安心吧。哎呀，已经是天亮了！
　　欢乐和热闹里时间就显得短了。
　　你回去；回你原来驻扎的处所去。
　　去吧！有什么情况，我一定告诉你。　　　　　　　　　　335
　　啊，快去呀！

［洛德里科下。

有两件事情我得做：
一定得叫我的老婆找她的女主人
也帮凯西奥说好话，我去鼓动她。

我自己暂且把摩尔人引开到一旁，

回头再让他恰好正撞见凯西奥　　　　　　　　340

向他的老婆求情。真是个办法！

趁热打铁，别白白耽误了妙策。　　　　　　　［下。

〜〜〜 第三幕 〜〜〜

第一场　堡前。

凯西奥及乐师数人上。

凯　师傅们，在这儿演奏吧，我会酬劳的：

　　奏一支短曲；道一声"将军，早安！"①

　　　　　　　　　　　　　　　　　　　　　　［奏曲。

小丑上。

小丑　怎么，师傅们，你们是从那不勒斯买来的乐器吗，怎

　　　这样尽是用鼻孔发音？②

乐师　怎么，大爷，怎么说？　　　　　　　　　　　　　5

小丑　请教这些是叫管乐器吗？

乐师　正是呀，大爷，正是。

小丑　难怪制造了一个活柄③。

---

① 旧时西俗，婚后次日，新夫妇窗前奏晨曲志喜，或如奥瑟罗一类要人莅临后次晨，
　　同样至窗前奏曲致贺。

② 那不勒斯旧时与流行梅毒有联系，但也有学者不能肯定小丑此处所说，含有此意。

③ 活柄，原文是 tail，在伊丽莎白时代，亦作阳物解。

乐师　怎么制造了一个话柄①,大爷?

小丑　哎,老兄,我知道许多管乐器都是这样。可是,师傅　　　10
们,把赏钱拿去吧;将军非常喜欢你们的音乐,他要你们
无论如何别再闹下去了。

乐师　好吧,大爷,我们就停奏。

小丑　要是你们能奏听不见的音乐,那就尽管奏下去。人
家说,将军就是不怎样爱听音乐。　　　　　　　　　　　15

乐师　不出声的音乐我们可不会奏,大爷。

小丑　那就把你们的笛子、管子都收拾进袋子,我要走了。
走吧,化一阵风,消失个无影无踪。

　　　　　　　　　　　　　　　　　　　　　　　　〔乐师下。

凯　你可听见,我的诚实朋友?

小丑　我听不见你的诚实朋友? 我只听见你。　　　　　　20

凯　别瞎扯了。收了这块小小的金币。要是侍候将军夫人
的那位大姐起来了,请你告诉她有一个凯西奥求见她说
句话。你能帮忙吗?

小丑　她起来了,先生。倘若她会出来,小的自当适时通
知她。　　　　　　　　　　　　　　　　　　　　　　25

凯　劳驾了,我的好朋友。

　　　　　　　　　　　　　　　　　　　　　　　　〔小丑下。

　　　　　　　　　　　　亚果上。

　　　　　　　　　　来得巧,亚果。

亚　那么你一直没有睡觉吗?

凯　当然没有。我们俩分手以前
天已经亮了。亚果,我不揣冒昧,

———————

①　话柄,原文是 tale,与 tail 谐音。

	已经捎话给嫂子了。我想求她	30
	疏通善良的苡丝德摩娜准许我	
	见她一面。	
亚	我就去叫她来找你；	
	我还要想法把摩尔人拉过一边，	
	好让你们谈起事来不会有	
	什么不便。	35
凯	我衷心感谢你。	

〔亚果下。

	我们佛罗伦萨人	
	也未见有谁这样好；这样诚实呢。	

爱米丽亚上。

爱	早啊,好副将! 你不幸惹出了乱子,	
	我为你抱憾；一切可必然会好的。	
	将军和他的夫人正谈到这件事,	40
	夫人还竭力替你说话呢。将军说,	
	被你刺伤的那位在塞浦路斯太有名,	
	太有人缘,出于审慎的考虑,	
	他只能撤你职。可是他声明他爱你,	
	不需要别人说情,一有机会,	45
	看万事妥帖,凭他对你的好感,	
	就会重新提携你。	
凯	可是我求你,	
	如果你认为方便,也可以办到,	
	帮个忙,让我有机会和苡丝德摩娜	
	单独谈几句。	
爱	那就请你进来吧,	50

我可以带你到一个合适的地方

让你们随意谈心。

凯　　　　　　　　　这就太感激了。

　　　　　　　　　　　　　　　　　　　　　　　　　　〔齐下。

第二场　堡中一室。

奥瑟罗、亚果及众绅士上。

奥　亚果,你把这些信去交给驾驶员

让他送回国为我向政府述职。

我要去视察工事,你回头就去

那里找我。

亚　　　　　　　是,将军,遵命。

奥　先生们,我们去看看设防情况吧?　　　　　　　　　　　　5

众绅士　自当奉陪。

第三场　堡园。

玳丝德摩娜、凯西奥及爱米丽亚上。

玳　你放心得了,好凯西奥,我一定

竭尽全力来替你跟将军说话。

爱　好夫人,千万帮他忙。我的丈夫

也为他难受呢,好像是自己出了事

玳　噢,那是个诚实人。别担心,凯西奥,　　　　　　　　　5

我一定叫我的丈夫和你两个人

恢复友好。

凯　　　　　功德无量的夫人，
无论迈开尔·凯西奥将来怎么样，
他一定永远做你忠心的仆人。

玳　我知道；谢谢你。你确是爱我的丈夫；　　　　　　10
你也认识他长久了；你尽管放心，
他无非在顾全大局的场合不得不
跟你疏远些。

凯　　　　　是的，可是，夫人
大局也可能不得不顾全到很久，
或者有什么鸡毛蒜皮添麻烦，　　　　　　　　　15
或者出什么新是非，又来阻挠，
只怕人不在身边，位置给顶替了，
将军会忘了我对他的敬爱和效力。

玳　别担心这一点。当着爱米丽亚面，
我保证你官复原职。你尽管放心，　　　　　　20
如果我发誓替朋友帮忙，我一定
帮忙到底。我丈夫休想安宁；
我不让他睡觉，讲得他忍受不了；
叫他上床是听课，吃饭是受训；
不管他做什么事，我都要插进去　　　　　　　25
替凯西奥说情。所以，凯西奥，高兴吧
你的辩护士宁愿自己活不成，
也不愿放弃你的正当要求。

奥瑟罗与亚果上。

爱　夫人，将军来了。

凯　夫人，我得告辞了。　　　　　　　　　　　　　30

玳　啊，别走，听我说话吧。

凯　夫人,再说吧。我现在很不自在,
　　留下来只有坏事。

玳　也罢,听便。

　　　　　　　　　　　　　　　　　　　　　[凯西奥下。

亚　嘿,我可看不惯。

奥　　　　　　　你说什么?　　　　　　　　　　　35

亚　没什么,将军:也许——我也说不清。

奥　刚跟我爱妻分手的不是凯西奥吗?

亚　凯西奥,将军?　一定不会吧,我不信
　　他一见你来到,就那样贼头贼脑,
　　赶快溜之大吉。

奥　　　　　　　我相信是他。　　　　　　　　40

玳　你来了,夫君。
　　刚才正有人要我为他说情,
　　他把你得罪了,苦恼得六神无主。

奥　你是说谁?

玳　啊,你的副将凯西奥呀。好夫君,　　　　　45
　　你如肯看我点情面,听我点话,
　　那就开恩,跟他重新和好吧;
　　倘若他不是真心诚意爱戴你,
　　这次犯错误是无意,并非存心,
　　那我是有眼不识诚实人脸了。　　　　　　50
　　我请你唤他回来吧。

奥　　　　　　　他刚刚走吗?

玳　是呀,不错;简直像无地自容,
　　人走了,还留下一份悲痛的心情
　　叫我也难受。好亲人,唤他回来吧。

奥　目前不行,亲爱的,以后再说。　　　　　55

玳　　能快吗？

奥　　　　　　为了你，能快就快。

玳　　今晚上吃饭就说定？

奥　　　　　　　　　今晚不行。

玳　　明天吃午饭时候吧？

奥　　　　　　　　　我明天不在家
吃午饭，要去城堡会见将领。

玳　　那么明天晚上吧，星期一早上吧，　　　　　　　　60
星期二中午吧，晚上吧，星期三早上吧？
我请你定一个时间，可是不能
超过三天。千真万确，他悔罪了。
他的过错按理说也不算什么，
用不着处分(除非说战时的军纪)，　　　　　　　　65
为了作出榜样，必须把最好人
挑出来严惩。什么时候召回他？
告诉我，奥瑟罗。我倒是扪心自问：
你对我有什么要求，我会拒绝
或者为难呢？怎么？迈开尔·凯西奥　　　　　　70
当初陪你来向我求婚，许多次
我说到你什么不讨人喜欢的地方，
他总是帮你说话——现在就那么
难叫他回来吗？相信我，我还有办法——

奥　　别说了。他什么时候要来就来！　　　　　　　75
我什么都依你。

玳　　　　　　　　这不是求你赐恩呀。
这就像平常我请你戴上手套，
吃什么滋养的菜肴，把衣服穿暖和，
或者求你做一件对你自己

有益的事情。哼，我要是真想 　　　　　　　　　　　80
试试你对我的情爱而现在求你
做一件什么事，那就得有点分量，
才叫你不好答应呢。

奥　　　　　　　　　我什么都依你！
作为还报，我现在求你答应我，
别跟我多说了，暂时离开我一会儿。　　　　　　　　85

玳　我会拒绝吗？不。再见，夫君。

奥　再见，我的玳丝德。我就来看你。

玳　爱米丽亚，来。——你想怎样就怎样吧。
随你怎样，我总是什么都顺从你的。

　　　　　　　　　　　　　　　[玳丝德摩娜与爱米丽亚下。

奥　真好的冤家啊！我该受天诛地灭，　　　　　　90
要是我不爱你！我不再爱你的一天
世界又该是混沌了。

亚　尊贵的将军——

奥　　　　　　　　你说什么，亚果？

亚　将军当初向夫人求婚的时候，
迈开尔·凯西奥知道你们的恋爱吗？　　　　　95

奥　他知道，从头到尾。你问它干吗？

亚　我只是忽然想到了，就随便问一声，
别无他意。

奥　　　　　　你怎么想到了，亚果？

亚　我原先以为他从前不认识夫人呢。

奥　认识呀，还常在我们中间奔走哪。　　　　　100

亚　真的吗？

奥　真的吗？是呀，真的！你看出什么了？
他不诚实吗？

亚　诚实,将军?

奥　诚实? 是的,诚实呀。　　　　　　　　　　　　　105

亚　将军,我看真是的。

奥　你怎样想?

亚　怎样想,将军?①

奥　怎样想,将军? 天,他尽做应声虫,

好像他的想法里有点什么鬼　　　　　　　　　110

不好说出口。你说话是有意思的。

刚才凯西奥走开,我听见你说

你可看不惯。你是看不惯什么呀?

听我告诉你他在我求爱过程里

还一直做过我心腹,你又嚷"真的吗?"　　　　115

而且让我看见你皱一皱眉毛,

仿佛你在自己的头脑里锁起了

什么难堪的想法。你要是真爱我,

亮出你的心思吧。

亚　将军知道我是爱你的。

奥　　　　　　　　我相信;　　　　　　　　　120

因为我知道你是忠诚老实的,

有话不掂斤簸两不轻易出口,

你现在吞吞吐吐更叫我担心;

一个虚情假意的小人倒惯会

耍这种花招的;有一个正派人场合,　　　　　125

这些却就是情不自禁、从心里

流露出来的隐衷。

亚　　　　　　　　迈开尔·凯西奥呢,

---

① 　103—108 分短行,据新亚屯版、新剑桥版所采取的"第一对开本"办法。

我敢发誓我以为他是诚实的。

奥　我也这样想。

亚　　　　　　　人应该表里如一，
做不到这样，就根本别装什么人！　　　　　　　　130

奥　当然，凡是人，就应该表里如一。

亚　所以我以为凯西奥是一个诚实人。

奥　不，你还没有说。
请你老实对我讲，就像你自己
在心里琢磨，有什么最坏的想法　　　　　　　　135
就用最坏的字眼。

亚　　　　　　　　　　好主帅，请原谅。
我有应尽的责任，自当受约束，
却也有连奴隶都不受约束的余地。
敞开思想吗？要是我想得荒唐
而且无稽，就像宫殿里有时候　　　　　　　　140
也不免飞进些脏东西呢？谁的胸怀
纯洁到决不会让一些龌龊的狐疑
和完全光明磊落的正当思考
并起并坐呢？

奥　亚果，只要你总顾到他受了委屈，　　　　　　　　145
让他的耳朵和你的想法无缘，
你就是陷害你的朋友了。

亚　　　　　　　　　　　　对不住。
也许我只是胡猜（我可以坦白说，
我有个毛病，总爱从坏处看问题，
我的疑心病常无中生有挑差错）　　　　　　　　150
请不要把人家还模模糊糊的瞎猜测
放在心上，相信自己的明智，

不要据人家无把握、零碎的观感

凭空给自己制造了无端的烦恼。

为你的安静、你的利益着想，　　　　　　　　　155

也顾全我的人格、诚信、明智，

我不讲怎么想吧。

奥　　　　　　　　你这是什么意思？

亚　好主帅，男人也罢，女人也罢，

名誉是灵魂的最关痛痒的宝贝。

谁偷了我钱包是偷了草芥，不足道，　　　　　160

我的变他的，千万人手里使用过钱，

可是谁要是剥夺了我的名誉，

却使我失窃，使人家也一无所得，

我可真一无所有了。

奥　天在上，我一定要知道你的心思！　　　　　165

亚　不可能，即使我的心是在你手里，

何况我的心现在还归我保管哩。

奥　哈！

亚　　　噢，主帅，要当心嫉妒啊！

这是绿眼睛妖魔，吞下人以前

先要玩弄他一番。戴定绿头巾的　　　　　　　170

倒还好，安命了，不再爱给他出丑的。

可是，噢，有种人才不好过日子呢，

又疼又疑心，不放心还是拼命爱！

奥　真可怜！

亚　穷而如意就是富有，够富有了；　　　　　　175

可是有种人老是怕有一天会变穷，

无穷的富有也就像冬天样光秃了。

老天爷保佑我这类凡胎俗骨

不怀醋意吧。

奥　　　　　　　怎么，怎么说这种话？

你以为我肯过一辈子嫉妒的生涯，　　　　　　　180

老是跟月圆月缺，三番四覆，

把疑病翻新吗？不！一旦生疑，

一下子解决。我倘若按你的推测

把我心灵的正务改成了天天作

这种肮脏、龌龊的疑神疑鬼，　　　　　　　185

就叫我变一头山羊吧！说我的妻子

漂亮啊，爱热闹啊，谈吐好，能歌善舞，

会弹琴，这都叫我吃不了什么醋。

美德齐备，这样就格外生色。

我想到自己有多少短处，也不会　　　　　　　190

生那么一丁点疑虑，担心她不忠，

她是有眼看中我的。不，亚果，

见了，我才会疑心；疑心了，就找证据；

证实了就二话不说，来个干脆——

情也罢，妒也罢，我都叫一刀两断！　　　　　　　195

亚　我听了很高兴；因为我现在有理由

用更为坦率的精神来尽我对你的

忠爱和责任。既然我义不容辞，

就听我说吧。我还谈不到证据。

当心尊夫人；看她和凯西奥相处，　　　　　　　200

好好睁眼看，不多心也不大意。

你出于天性，向来是宽宏大度，

我不愿坐看你反而受欺。当心！

我深知我们这个城邦的风气

威尼斯女人对着天演得出丑把戏，　　　　　　　205

就不敢让他们的丈夫看得见罢了。

她们不在乎事不为,只在乎人不知。

奥　你这样说话可当真?

亚　她当初把父亲瞒过了,和你结了婚;

　　见你面,像怕得直发抖,心里头却把你　　　　　　210

　　爱极了。

奥　　　　　　她正是这样。

亚　　　　　　　　　　　那么好,得了。

　　她那么年轻竟能够那么装样,

　　封住父亲的眼睛,不留一丝缝,

　　叫他老人家还当是谁使了妖法——

　　可是我不该了。我现在伏求你宽恕我　　　　　　215

　　对你过分忠心了。

奥　　　　　　　　我永远感激你。

亚　我看这番话有一点扫了你的兴。

奥　一点不,一点不。

亚　　　　　　　　真的,我怕真有点哪。

　　我希望你认为我刚才所说的是出于

　　我的忠心。可是我看你是激动了。　　　　　　　220

　　我得求你千万不要把我的话

　　引申出什么太大、太重的意义,

　　超过了一点点疑心。

奥　我不会如此。

亚　　　　　　　你要是那样,好主帅,

　　我的话就糟了,会造成严重的恶果,　　　　　　225

　　违背了本意。凯西奥是我的朋友——

　　主帅呀,我看你激动了。

奥　　　　　　　　　不,不怎样。

　　我总不相信玳丝德摩娜不规矩。

亚　但愿她永远这样好,你永远这样想!

奥　可是奇怪,人竟能违反本性——　　　　　　　　　　230

亚　是啊,关键在这里! 恕我冒昧说,

　　多少位少爷,同城邦、同肤色、同门第

　　前来求婚竟一点也不为所动,

　　全不合世界上万事万物的常情——

　　哼! 这样的口味未免不对头,　　　　　　　　　　235

　　总叫人感觉到有点乖戾,不自然。

　　可是请原谅,我只是泛泛的发议论,

　　并非专指她;虽说是我也担心她

　　放弃癖好,恢复了一般见解,

　　偶尔把你和她的同乡人比一比,　　　　　　　　　240

　　或许会后悔也说不定。

奥　　　　　　　　　　　　再见,再见!

　　你以后再看出什么就让我知道。

　　叫你的老婆也留神。你走吧,亚果。

亚　好主帅,我就告辞了。　　　　　　　　　　　[将下。

奥　我何必结婚呢? 这个忠厚人显然是　　　　　　　245

　　吐露少,看出多,知道多,还要多得多。

亚　[转身]

　　我的好主帅,我但愿能求得大人

　　别寻根究底了。这件事以后再说。

　　虽说恢复凯西奥原职是应该的,

　　因为他当然非常称职胜任,　　　　　　　　　　250

　　可是你不妨暂且搁置他一下,

　　借此观察他,看他出什么花样。

　　注意尊夫人是否为他的复职

竭力求情,再三再四不罢休。

这里就看得出不少名堂了。不过,   255

这是怪我出于多心,太多事了,

(我有充分理由只怕我真是的),

认夫人白璧无瑕吧,我恳求大人。

奥　别担心我会轻率。

亚　我现在再次告辞了。   〔下。260

奥　这个家伙可真是非常忠实,

他极有见识,熟悉人性,精通了

人情世故。倘使她真是一只鹰,

证明了还是野的,尽管是系在

我的心头上,我要放她随风去   265

自己觅野食。也许因为我生来黑,

又没有风流公子的那些温文的

谈吐举止,或者因为中年了,

我要走下坡路了(这倒还不算怎么样)

她把我抛了。我受了骗了。要解脱,   270

惟有唾弃她。结婚真是造孽啊,

自以为得到了尤物,并没有满足

她们的胃口! 我宁愿做一只癞蛤蟆,

关在一个地牢里,吸吸霉臭气,

不愿让我的心上人留下一角地   275

供别人享受。可也算大人物遭殃,

比起贫贱人更难享这点的豁免权。

这是不可避免的命运,像死亡。

我们一出世命里就注定要戴

这顶绿头巾。苔丝德摩娜来了。   280

玳丝德摩娜与爱米丽亚上。

要是她不忠,天该是挖苦自己了。

我才不相信。

玳　　　　　怎么样,亲爱的奥瑟罗?

午餐准备停当了,你所邀请的

岛上贵宾都到了,正在等候你哪。

奥　我失迎了。

玳　　　　你说话为何有气无力?　　　　　　　　　285

你感觉不舒服吗?

奥　我的额头上有一点儿痛,这儿。①

玳　真是,都因为没睡够;一会儿就好的。

只要我替你包扎紧,不出一小时

就会不痛了。

奥　　　　　你的手绢太小了。　　　　　　　[手绢落地。290

随它去得了,来,我跟你一块儿进去。

玳　你身体不适,我心上替你难受。

　　　　　　　　　　　　　　　　[奥瑟罗与玳丝德摩娜下。

爱　妙啊,我居然拾到了这一块手绢。

这是摩尔人送她的第一件礼物。

我那个顽皮的男人求过我上百次　　　　　295

去偷来;可是她那么爱这个纪念品

(因为她丈夫恳求她永远保存),

总把它留在身边,亲它吻它,

对它讲话。我要把图样描下来

拿去给亚果。　　　　　　　　　　　　　300

————————

①　奥瑟罗暗示额上长起角,相当于中国习称戴绿头巾;玳丝德摩娜当然不懂。

他要它干什么,天晓得,我可不知道,

一点也不;我只是顺他的怪主意。

亚果上。

亚　怎么样? 就你一个人在这儿干吗?

爱　别老训人了;我有件好东西给你。

亚　给我件好东西? 司空见惯的玩意儿——　　　　　　　305

爱　嗨?

亚　是活该我娶了个傻婆娘。

爱　噢,这就完了吗? 该给我什么呢,

　　如还要那一块手绢?

亚　　　　　　　　什么手绢?

爱　什么手绢?　　　　　　　　　　　　　　　　　　310

　　啊,摩尔人最初送玳丝德摩娜的,

　　你老是叫我给你偷来的那一块呀。

亚　你终于偷到了?

爱　没有偷,真的,是她不留神掉下了,

　　我恰巧在这儿,就顺手捡了起来。　　　　　　　　315

　　看,就在这儿哪。

亚　　　　　　　　好妖精! 给我。

爱　你老是一股劲儿我偷了它来,

　　你要拿它干什么?

亚　　　　　　　那关你什么事?　　　　　　　　　[夺手绢。

爱　除非你拿去派什么重要的用场,

　　还给我。可怜的夫人,她会急疯的,　　　　　　　320

　　如果她找它不到了。

亚　你千万不要说出去;我自有用处。

　　去,离开我。

[爱米丽亚下。

我要把这丢在凯西奥的住处，
让他拾到手。轻于鸿毛的琐屑   325
会叫吃醋人看来，像天书写下的
铁证如山。这可大有点作用哩。
我已经叫摩尔人中毒，发生了变化。
危险的想法性质上就是毒药，
初上口还不大尝得出什么怪味，   330
可是只要在血液里稍稍一活动，
烧起来就像硫磺矿。我早就说过了。

                奥瑟罗上。

看，他来了！不管是罂粟、曼陀罗，
不管世界上任何种催眠糖浆，
都再也不能给你送来昨晚上   335
那样的好睡了。

奥   哈哈！把我欺骗了？

亚 哎呀，怎么了，将军？别再想那个了！

奥 去你的！滚开！你把我害得好苦啊！
我说呀：受欺骗，蒙在鼓里总还比
就知道一点儿的好。

亚   怎么了，好主帅？   340

奥 她暗里偷人，我能有什么感觉呢？
眼不见，心不想，那就伤害我不了。
我夜里睡得好，自在，高高兴兴；
我在她嘴上看不出凯西奥亲过了。
一个人挨了抢，还没有发现失窃，   345
就让他不知道，他就是没有挨过抢。

亚　我听了感到很不安。

奥　就算全营人，一直到工兵什么的，
　　都品过她香肌玉体，只要我不知道，
　　我还是快乐的。现在啊，都永远完了，　　　　　　350
　　永别了，安宁的心境、安坦的心情！
　　永别了，威武的大军，化野心为雄心的
　　堂堂正正的战争！啊，永别了，
　　永别了，长嘶的骏马、尖厉的号角，
　　惊魂动魄的铜鼓、刺耳的军笛，　　　　　　　　355
　　迎风招展的大旗、耀武疆场的
　　一切威严，壮丽，辉煌的气派！
　　还有噢，你们伸出粗喉咙仿雷神
　　怒吼轰鸣，惊天动地的凶器，
　　永别了！奥瑟罗的事业从此完蛋！　　　　　　360

亚　何必呢，我的主帅？

奥　坏蛋，证明我内人是一个娼妇！
　　定要如此；拿出目击的证据；
　　要不然，凭我永生的灵魂起誓，
　　定叫你宁愿生来不过是一条狗，　　　　　　　365
　　不愿惹我激起的怒火！

亚　　　　　　　　　到这个地步了？

奥　让我亲见到；至少要斩钉截铁，
　　证明到没有漏洞，不生破绽，
　　引不起疑窦，办不到就要你的命！

亚　高贵的主帅——　　　　　　　　　　　　　　370

奥　如果你是平白毁谤她折磨我，
　　再不要作祈祷，留一点良心；
　　骇人听闻了添骇人听闻的罪孽；

尽管干惊天地、泣鬼神的罪恶勾当，

因为你已经做绝了，再没有什么   375

会加重你的天谴了。

亚   老天爷恕罪吧！

你是个好汉吗？你有灵魂、有感觉吗？——

再见了；请就撤我职！可怜的傻瓜啊，

居然把自己的诚实弄成罪过！

荒唐的世道啊！世人啊，留神，留神，   380

直言不讳，诚实可并不安全。

我得到了这点教训，谢谢你；从此

我不再顾朋友了，讲义气只有得罪人。

奥 慢点，不要走。你就应该诚实。

亚 我应该学聪明；诚实是一个傻瓜，   385

尽人情只有失人心。

奥   上有天下有地，

我想我老婆是忠实的，又想她不是；

我想你是正直的，又想你不是。

我要证据。她的名誉，本来像

黛安娜①芳容样洁白，现在玷污了，   390

黑得像我的脸。尽管来绳子、刀子、

毒药、火焰、令人窒息的激流，

我就是受不了这个。我要弄明白。

亚 我看，大人，你气得忘乎所以了。

我真后悔不该对你提起的。   395

你要弄明白吗？

奥   要？嗯，一定要。

————————————

① 黛安娜，希腊罗马神话中的守真月神，为阿波罗的妹妹。

亚　也可以。可是,要明白到怎样,好主帅?
　　你情愿当场做见证,睁大了眼睛
　　看她受糟蹋?

奥　　　　　　　　该死,下地狱! 噢!

亚　我想,要叫他们俩当场出丑,　　　　　　　　　400
　　可恶心,也难。他们可真该死了,
　　要是他们居然让人家看见
　　一块儿睡觉! 那又怎么样? 怎么办?
　　我还有什么好说。怎明白得了?
　　你怎样也无法看到这个场面的,　　　　　　　　405
　　即使他们像骚羊一样的发情,
　　猴子一样的上劲,狼一样的放荡,
　　是放肆、胡涂的醉汉。可是,我说,
　　有了确凿的旁证,经过推理,
　　也就直接进入了真相的大门,　　　　　　　　　410
　　你自然明白了,这倒是不难办到。

奥　给我一个说明她失节的活证据。

亚　我不爱这个差使呀。
　　可是出于愚蠢的诚实和忠爱,
　　既然惹出了是非,陷得太深了,　　　　　　　　415
　　我就说下去。最近我和凯西奥
　　睡在一起,因为我夜里牙齿痛,
　　老是睡不着。
　　世界上有种人魂灵那么不守舍,
　　会在睡梦中讲出他们的私事。　　　　　　　　　420
　　凯西奥就是这种人。
　　我听见他说:"亲爱的玳丝德摩娜,
　　我俩要小心,要瞒好我俩的私情!"

随后他就抓住我的手直嚷:

"噢,好宝贝!"接着就狠命的亲我嘴,　　　　　　　　425

仿佛要把长在我嘴上的亲吻

连根拔起来;然后把他一条腿,

压到我大腿上,喘气啊,亲嘴啊,随就嚷

"倒霉的命运把你抛给了摩尔人!"

奥　该死啊! 该死!

亚　　　　　　　　不急,他只是做梦。　　　　　　　　430

奥　可是这正是确有过什么的表现。

这是不堪的嫌疑,尽管是一场梦。

亚　说别的是无稽之谈,这可能倒像是

有点严重。

奥　　　　　我定叫她粉身碎骨!

亚　不,冷静些。还没有见到事实呢。　　　　　　　　435

她还可能是清白的。告诉我这一点——

你可曾看见过夫人的手里有时候

拿一方手绢,绣了草莓点子的?

奥　我送过她一块;是我的第一件礼物。

亚　我还不知道;这样的一块手绢　　　　　　　　440

(想必是夫人的了)我今天看见凯西奥

拿来抹他的胡子呢。

奥　　　　　　　真要是这样——

亚　真要是这样,或者拿她另外的什么,

加别的证据,对她就更不利了。

奥　啊,但愿贱货有四万条性命!　　　　　　　　445

只一条太少了,不够我报仇泄愤。

现在我看是太确凿了。你看,亚果:

我这样把全部痴情都吹上天去。

　　　　　都完了。
　　　　　漆黑的报复,从地底直升起来吧! 　　　　　　　　450
　　　　　爱情啊,把王冠和你心里的宝座
　　　　　都让给残暴的憎恨吧! 胀开吧,胸膛,
　　　　　吐出满腔毒蛇的舌头!

亚　　　　　　　　　　　　沉住气。

奥　血啊,血、血!

亚　忍耐些,我说。你也许会改变主意的。 　　　　　　　455

奥　决不会改变,亚果。就像黑海里
　　　　　冰冷的激流、滚滚而来的怒涛,
　　　　　决不回落,就只顾一往直前,
　　　　　直涌进马尔马拉海博斯普鲁斯峡;
　　　　　我的热血也这样奔腾汹涌, 　　　　　　　　　　460
　　　　　决不会回头,退缩成温顺的柔情,
　　　　　直到横扫一切的血腥报复
　　　　　把他们都扫光。好,大理石花纹的
　　　　　苍天在上,我郑重呼吁作证, 　　　　　　　〔下跪。
　　　　　在这里发下了誓言。

亚　　　　　　　　　　且慢点起来。 　　　　　〔下跪。465
　　　　　作证吧,永远照耀在上空的光亮、
　　　　　八方包围我们的四大原行,
　　　　　作证吧,亚果在这里郑重发誓,
　　　　　尽头脑、肝胆、手脚所能,一心为
　　　　　受欺的奥瑟罗出力! 供他驱使! 　　　　　　　470
　　　　　听凭叫我作什么血腥暴行,
　　　　　我都当行善。

奥　　　　　　　我接受你的忠心,
　　　　　不空口道谢,要全心全意来报答,

我就马上叫你去承担考验。

三天之内让我听你回话说 475

凯西奥不在世了。

亚　我的朋友就完蛋；

按尊命结果他。可是留女方一命吧。

奥　该死的淫妇！啊，她该死！该死！

来，我们走。我要去自己想想看， 480

找一个办法叫这个美貌的恶魔

马上死。现在起你就是我的副将。

亚　我当永远效劳。

〔齐下。

第四场　堡前。

玳丝德摩娜、爱米丽亚及小丑一人上。

玳　劳驾，你可知道凯西奥副将在哪儿住家？

小丑　我可不敢说他在哪儿作假。

玳　什么，伙计？

小丑　他是个军人；谁要说一个军人作假，就是白刀子进红

刀子出，非同小可。 5

玳　去你的。他在哪儿住宿？

小丑　告诉你他住在哪儿，就是我假在哪儿。

玳　这是什么意思呢？

小丑　我不知道他住在哪儿；我要捏造个住处，说他在这儿

住家，在那儿住家，那我就是存心说假话了。 10

玳　你不能探听明白吗？

小丑　我要踏遍世界，耳听八方去查明他；就是问大家，据

外调所得来回复。

玳　找他去，叫他到这儿来。告诉他我已经替他向将军说
　　过情了，有指望一切平安无事。　　　　　　　　　　　15

小丑　这倒是人力所及的；我就去试试看。　　　　　　　［下。

玳　在哪儿我丢了这手绢的，爱米丽亚？

爱　我也不知道，夫人。

玳　相信我，我宁愿丢了我的钱包，
　　装满了金币的；幸亏我这个摩尔人，　　　　　　　　　20
　　正直，大方，没有爱妒忌的小人
　　那种狭隘的心眼，否则也足够
　　叫他存不好的想法了。

爱　　　　　　　　　　他不会妒忌吗？

玳　谁？他？我想他在出生地
　　让阳光把这种气质都吸去了。

　　　　　　　　　　奥瑟罗上。

爱　　　　　　　　　　他来了。　　　　　　　　　　　　25

玳　我这下不放过他了，除非他马上
　　把凯西奥招回来。——你现在可好了，好大君？

奥　好，好夫人。

　　［旁白］

　　　　　　　　噢，装假可难啊！——
　　你怎样，玳丝德摩娜？

玳　　　　　　　　好，好夫君。

奥　让我握握手。手心是滋润的①，夫人。　　　　　　　　30

玳　它还不感到衰老，不懂得忧伤呢。

———————————————

①　手心湿，传说表明欲火旺，也表明强壮。

奥　　这表明花繁果多,慷慨大方,
　　　热乎乎,热乎乎,湿滋滋。你这手要求你
　　　好好节制欲念,要斋戒,要祈祷,
　　　要多多苦修,要多多潜心敬神,　　　　　　　　　　35
　　　因为这里有一个出汗的小鬼,
　　　往往会捣乱的。这是一只好手,
　　　开放的痛快手。

玳　　　　　　　　　　　你真可以这样说;
　　　正是它把我的心都送给你的呀。

奥　　开放手! 过去是心连手一起给;　　　　　　　　　　40
　　　可是现在兴这套:只交手,不交心。

玳　　这可是扯远了。得,你的诺言呢?

奥　　什么诺言啊,乖?

玳　　我叫人去请凯西奥来跟你谈谈了。

奥　　我感冒,老淌眼泪;怪不舒服。　　　　　　　　　　45
　　　借你的手绢使一使。

玳　　　　　　　　　　　拿着,亲人。

奥　　要我给你的那块。

玳　　　　　　　　　　　我没带在身上。

奥　　没带?

玳　　　　真没有,亲人。

奥　　　　　　　　　　　这就不对了。
　　　那块手绢
　　　是一个埃及女人给我母亲的。　　　　　　　　　　　50
　　　那是一个魔法师,差不多看得透
　　　人家的心思。她告诉母亲带身上,
　　　会显得姣好,叫我的父亲拜倒,
　　　一心钟爱她;可要是把它丢失了,

| | 或者送人了,那我的父亲一见她 | 55 |

或者送人了,那我的父亲一见她　　　　　　55
就会生厌,会出去寻花问柳
另觅新欢。母亲临死给了我,
嘱咐我,将来不管我跟谁结婚,
就送给新娘。我这样做了;要当心,
珍惜它就像你自己宝贵的眼珠。　　　　　　60
丢失了或者送人了,那就要闯大祸,
成万劫不复的千古恨。

苔　　　　　　　　　竟会是这样的?

奥　是真的。手绢的织成经历过法术。
一个女先知,花了多少心血,
细数过太阳绕行了两百周年,　　　　　　65
等神灵来了,才绣好手绢的花纹;
用的丝线是超凡的蚕儿吐的;
着色是用多少处女心汁液里
精炼出来的颜料。

苔　　　　　　　真的? 真这样吗?

奥　千真万确。所以要把它当心好。　　　　　　70

苔　那但愿上帝从不曾叫我看见它吧!

奥　哈! 为什么?

苔　你说话为什么这样子焦急不安?

奥　它丢了? 不见了? 说,还是找不着了?

苔　天保佑我们!　　　　　　75

奥　你说什么?

苔　没有丢失。可是万一真这样了呢?

奥　怎么?

苔　我说没有丢。

奥　　　　　那就拿来,给我看!

玳	啊,我可以;只是我现在偏不。	80
	这是耍花招,推拒我的请求。	
	请你让凯西奥重新受到任用吧。	
奥	给我把手绢拿来! 我放心不下。	
玳	得了,得了!	
	你再也找不到比他能干的人才了。	85
奥	手绢!	
玳	还是请你跟我谈凯西奥吧。	
奥	手绢!	
玳	他这个人呀,一直追随你,	
	拿你的赏识作为他前程的寄托,	
	和你共患难——	
奥	手绢!	90
玳	说真的,可要怪你了。	
奥	滚开!	[下。
爱	这个男人不是吃醋了吗?	
玳	我从未见他这样。	
	看来这块手绢确有些法力。	95
	我把它丢失了,可真叫我难受啊。	
爱	一两年功夫难认出男人的本色。	
	他们无非是胃口,我们只是肉,	
	他们把我们狼吞虎咽了,饱了,	
	就吐了。	

亚果与凯西奥上。

	看,凯西奥和我的男人。	100
亚	再没有办法,只有请她出马。	
	哎呀看,真是好运气! 正好去求求她。	

苔 怎么样,好凯西奥。你来可有什么事?

凯 夫人,还是提原先的请求。我求你
施行得力的援救,好使我起死　　　　　　　　　105
回生,重新受到他一份眷顾,
得以用一片虔敬的忠心来为他
全力效劳。我不能再捱受下去了。
说我的过失大到了不可救药,
无论过去的功绩、现在的悲痛、　　　　　　　110
将来立功的决心,无论怎样,
都不能赎回我受之于他的恩宠,
就只让我知道了也是对我好。
我就死心了,强披起要命的衣裳,
裹胁自己,另走狭隘的小道,　　　　　　　　115
去碰运气了。

苔　　　　　　　　　　唉,温文的凯西奥,
我现在说话已经叫人不爱听了。
丈夫不是丈夫了;人都会难认呢,
倘使他面貌也跟着脾气变了。
但愿每一个神祇都来帮一手,　　　　　　　　120
我已经竭尽全力为你说了情,
说得毫无顾忌,把他冲撞了,
碰了钉子! 你只好再忍耐一下
我能办都办;比我胆敢为自己
还要出力。你就到此为止吧。　　　　　　　　125

亚 将军生气了?

爱　　　　　　　　他刚从这里走开,
显然是烦躁得出奇,不比平常。

亚 他是发怒了吗? 我曾经看见过大炮,

把他的队伍直轰到满天飞扬，

像魔鬼一样的就从他的臂弯里   130

轰开他的亲兄弟——他是发怒了？

那就不简单。我马上就去找找他。

他果真发怒了，那一定是出了什么事。

珉　请去吧。一定是什么国家大事

从威尼斯来的，或者是什么阴谋，   135

还没有成熟，在这儿塞浦路斯发觉了，

搅乱了他的清明神志；一个人

在这种情况下，往往为小事生大气，

虽然针对的是大处。也就是这样；

一个手指头一痛，它就引起了   140

一个人身体别一些好好的部分

同样难受。不能把男人当天神，

也不要盼他们天天像新婚之夜

那样的体贴。怪我吧，爱米丽亚，

我太不漂亮，太不配称什么女英雄，   145

竟会在内心的法庭上控告他无情，

我现在明白倒是我卖通他出来

提供了假证。

爱　但愿像你所说的，是国家大事，

没有什么怪想法，并不是对你   150

平白的瞎吃醋。

珉　唉呀天！我没有给过他嫉妒的缘由呀。

爱　嫉妒的家伙可并不听这种表白。

他们并非总是有缘由而嫉妒，

只是为嫉妒而嫉妒。这是个怪物   155

凭空会自己生长，自己长起来。

玳　天保佑奥瑟罗不受这怪物滋扰吧。

爱　阿门,夫人。

玳　我要找他去。凯西奥,你留此走走。

　　我要是看见他高兴了,就替你再说情, 160

　　尽我的全力设法使事情办好。

凯　多谢夫人。

　　　　　　　　　　　　　〔玳丝德摩娜与爱米丽亚下。

　　　　　　碧安卡上。

碧　天保佑,凯西奥!

凯　　　　　　　你干吗不待在家里?

　　你怎样,我的玉娇娘大美人,碧安卡?

　　真的,好宝贝,我正要上你的家去。 165

碧　我可正要上你的住处去,凯西奥。

　　怎么了,一星期不来,七天七夜?

　　一百六十八小时了? 情人不见,

　　时间还要长一百六十倍,好苦呀,

　　算起来累死人!

凯　　　　　　　请原谅,碧安卡, 170

　　我这一阵子有非常沉重的心事;

　　再过些日子,要没有别的打岔,

　　我算清欠你的这笔账。我的好碧安卡,

　　　　　　　　　　〔交与玳丝德摩娜的手绢。

　　请描下这上的花式。

碧　　　　　　　噢,凯西奥,哪来的?

　　这是从哪个新相好得来的纪念品。 175

　　你不来看我,我现在看出道理了。

　　可不是? 好,好。

凯　　　　　　　去你的,女人!
把你恶毒的瞎猜测抛还给魔鬼吧,
你是从它得来的瞎疑心。你吃醋了,
说什么新相好啊,什么纪念品啊。　　　　　　　　　　180
不,真不是,碧安卡。

碧　　　　　　　　那又是谁的?

凯　不知道,亲爱的。我在我房里捡到的。
我很喜欢这上的花式,趁归还以前
(准有人来寻的)我想把花式描下来。
拿去给我描,现在暂且离开我。　　　　　　　　　　185

碧　离开你? 为什么?

凯　因为我正在这儿等候将军,
让他看见我和一个女人作伴,
于我不利,我也不愿意。

碧　　　　　　　　为什么?

凯　不是我不爱你。

碧　　　　　　就是因为你不爱我!　　　　　　　　　　190
我请你陪我走一段路,并且告诉我
今天晚上我能不能就再见到你。

凯　我只能陪你走小小一段路,因为我
在这儿等候呢;我不久会去看你的。

碧　这就很好。我也只得将就了。　　　　　　　　　　195

　　　　　　　　　　　　　　　　　　　　〔齐下。

～ 第四幕 ～

第一场　堡前。

奥瑟罗与亚果上。

亚　你会这样想?

奥　　　　　这样想,亚果!

亚　　　　　　　　　什么?

　　私下里亲嘴?

奥　　　　这是不正当的亲嘴。

亚　或者跟她的男朋友光身同床

　　不止一小时而不转什么邪念呢?

奥　光身同床,亚果,而不转邪念吗?　　　　　　5

　　这是对魔鬼作假的虚伪行径。

　　他们算正经,却作了那个勾当,

　　他们受魔鬼捉弄,就捉弄上帝。

亚　如果他们没干,那是小疏忽。

　　可假定我给了老婆一块手绢——　　　　　　10

奥　那又怎样?

亚　那就是她的了,将军,既然是她的,

　　我想她可以随便送给什么人。

奥　她的荣誉也是属于她自己的,

　　她可以随便送人吗?　　　　　　　　　　15

亚　她的荣誉是件看不见的东西;

人家实际上并没有,却常常会有。

可是手绢呢——

奥　天啊,我但愿把它忘记了才好!
　　你说过(噢,我忽然记起它来了,　　　　　　　　20
　　就像乌鸦飞绕遭瘟的房顶,
　　叫得好不祥啊!)他得了我那块手绢。

亚　对,那又怎么样?

奥　　　　　　　　那可不大好。

亚　假如我说了见过他对不起你呢?
　　或听过他说——因为有这等妄人,　　　　　　　25
　　要么死纠缠人家,终于到手了,
　　要么逢情妇痴心,出于自愿,
　　移樽就教了,害他们得意忘形,
　　他们到处瞎吹——

奥　　　　　　　　他说过什么吗?

亚　说过,将军;可是我敢保他说过的　　　　　　　30
　　都是可以否认的。

奥　他说过什么?

亚　他说干过——不知道他干过什么。

奥　什么? 什么?

亚　睡觉。

奥　　　同她?

亚　　　　　同她,糟蹋她,随你说。

奥　同她睡觉?糟蹋她?——我们说糟蹋她就是说人家毁　　35
　　谤她。——同她睡觉!浑蛋,可真恶心!——手绢——
　　坦白——手绢!——叫野汉子坦白,再把他吊死,报他
　　的德行——先把他吊死,再叫他坦白!我一想到就直
　　哆嗦。我眼前突然间一阵昏黑,证明事出有因。光是

几句话,不至于震动我到这个地步。——呸!贴鼻子,

磨耳朵,对嘴唇吗?真会这样吗?——坦白吗?—— 　40

手绢呢? ——嗨,魔鬼!

[昏厥倒地。

亚　发作吧,

我的药,发作吧! 轻信的傻瓜们落网了,

多少洁白无瑕的女人就这样 　45

无辜受唾骂。——怎么了,喂,好将军!

主帅,我说! 奥瑟罗!

凯西奥上。

怎么样,凯西奥?

凯　怎么一回事?

亚　将军忽然犯起癫痫病来了。

这是他第二次发作;昨天就发过。 　50

凯　擦擦他的太阳穴。

亚　　　　　　　　不,别碰他。

昏迷一阵子,静一静自己会过去。

要不然,人就会口吐白沫,一会儿

爆发成野蛮的疯狂。看,他动了。

现在你就暂且退出去一会儿。 　55

他马上就会恢复。等他走了,

我有重大的事情要跟你谈谈。

[凯西奥下。

怎么了,将军? 你没有把头摔痛吗?

奥　你是嘲笑我吗?

亚	嘲笑你?① 不,决不是。	
	我但愿你担受住逆运,做个大丈夫!	60
奥	头上戴绿头巾的是怪物,是个畜生。	
亚	那么在一个人口众多的城市里,	
	就有许多畜生和文明怪物了。	
奥	他自己供认了?	
亚	将军,做个大丈夫。	
	想想看,凡是套上了家累的须眉汉	65
	都跟你并驾齐驱。千百万男子	
	夜夜躺在并非专有的床上	
	还自命享受着专利。你倒还好一点。	
	噢,该是地狱里魔王的恶作剧:	
	叫人在无忧的床上亲一个淫妇,	70
	还当她清白呢! 不,宁让我睁开眼,	
	看清了我怎样,就知道该叫她怎样。	
奥	你真聪明啊! 当然了。	
亚	请走开一会儿。	
	克制自己,不越出耐性一步。	
	刚才你正在这儿气昏倒地	75
	(有身份男子汉最不该这样发作了)	
	凯西奥来过。我把他打发走了,	
	把你的昏迷开脱得一干二净;	
	叫他回头来这儿跟我谈话,	
	他答应再来。你现在就躲在一边,	80
	注意他含讥带嘲的一种神情	

---

① 说"嘲笑",因为奥瑟罗现在一听说别人提到他的头,总想到"头上出角人"(戴绿头巾人)。

流露在他的脸上每一个角落；
我要他重新讲：在什么地方、
怎样、多少次、多久前、什么时候
曾经，和还要，勾搭你的夫人。　　　　　　　　　　85
我说，就注意他表情。可要忍耐啊！
否则我要说你是肝火太旺了，
全无丈夫气。

奥　　　　　你听我说吗，亚果？
你会发现我倒是最善于忍耐；
可是（你听吗？）心最狠。

亚　　　　　　　　那倒没什么；
就还是总得要沉住气。请就躲起来。　　　　　　　90

　　　　　　　　　　　　　　［奥瑟罗退至一侧。

现在我要跟凯西奥谈谈碧安卡，
她这个贱货本来是靠出卖肉体
给自己买进衣食的。想不到她竟
痴恋凯西奥；也算是娼妇的灾星：　　　　　　　95
玩弄许多人再受一个人玩弄。
凯西奥听到我在这儿说起她，自然会
忍俊不禁，放声大笑。他来了。

　　　　　　　　凯西奥上。

他一定会笑，奥瑟罗就一定会气疯，
他不通人情世故的嫉妒心一见　　　　　　　　100
可怜的凯西奥嬉笑、轻松的举动
都会解释得不对头。你怎样，副将？

凯　你别再用这个头衔来折磨我吧，
　丢了它，我正懊恼得要丢命！

亚　抓紧玳丝德摩娜，一定会捞回它。　　　　　　　　　　　105

　　要是碧安卡力所能及，你求她，

　　管保你马到成功！

凯　　　　　　　　　　唉，可怜虫！

奥　[*旁白*]看他已经笑了！

亚　我从未见过女人会这样爱男人。

凯　唉，小贱人！我看她倒真爱我。　　　　　　　　　　　　110

奥　[*旁白*]他并不断然否认，只一笑置之。

亚　你听见吗，凯西奥？

奥　[*旁白*]　　　　　　现在他逼紧一步

　　要他讲了。哼！干得好，干得好！

亚　她扬言说你一心想跟她结婚呢，

　　你真想这样吗？　　　　　　　　　　　　　　　　　　115

凯　哈，哈，哈！

奥　[*旁白*]得意吗，罗马狂人①？算你胜利了？

凯　我跟她结婚？什么，跟一个卖笑妇？请你还多少相信

　　我的头脑，别以为我已经胡涂到这个地步，哈，哈，哈！

奥　[*旁白*]好，好，好，好！赢的就笑吧！　　　　　　　120

亚　真的，外边都传说你要跟她结婚了。

凯　请别胡说。

亚　我要是胡说，我就是坏蛋。

奥　[*旁白*]你还要羞辱我？好。

凯　这是猴子的招摇。她以为我要跟她结婚，纯粹是自己　　125

　　骗自己，我并没有答应她。

奥　[*旁白*]亚果向我挥手示意。现在他要开始讲他的故事

────────────

①　何以奥瑟罗称凯西奥为罗马人，众说不一，但都肯定由"胜利""得意"的联想而来，
　　新剑桥版另指出奥瑟罗意识到自己的非洲"野蛮人"与意大利"文明人"的关系。

了。

凯 她刚才还在这儿;她到处缠我。前几天,我正在海岸上
和几个威尼斯人谈话呢,这个活宝贝也就来了,天晓得,　130
竟这样直扑过来搂我脖子——

奥 [旁白]嚷着"亲爱的凯西奥啊",想必如此。看他的表情
就明白。

凯 就这样吊在我身上,赖在我身上,哭哭啼啼,这样拉我
扯我!哈,哈,哈!　135

奥 [旁白]现在他要讲女人怎样拉他到我的寝室去了。噢,
我看得清你的鼻子,就是说不准割下了①要扔给哪一条狗
吃。

凯 唔,我必须摆脱她。

碧安卡上。

亚 哎呀! 看,她来了。　140

凯 好一只骚臭的黄鼠狼!哼,还满身洒了香水。你是什
么意思呀,老这样缠住我?

碧 让魔鬼和他的老婆缠住你作祟吧!你刚才给我那块手
绢,是什么意思?我拿它才是个大傻瓜。我得把整块的
花式都描下来吗?亏你说得出你在自己的寝室里捡到的,　145
还不知道是谁丢在那里的!这是哪一个妖精送你的纪念
品,竟要我把花式描下来?拿去,还给你那个烂污女人
去。不管你从哪儿搞来的,我就是不替你描上面的图样。

凯 怎么了,我的好碧安卡? 怎么了? 怎么了?

奥 [旁白]天啊,这该是我的手绢呀!　150

碧 今晚上你来吃晚饭也好;要是你来不了,下次方便的时

---

① 切开鼻子或割掉鼻子是旧时公认的一种惩罚或报仇方式(里德雷)。

候来吧。 [下。

亚　追她去,追她去!

凯　真的,我非得去不可;要不,她会骂街的。

亚　你要去她那里吃晚饭吗? 155

凯　对,我想去。

亚　好,我也许会碰见你;因为极想跟你谈谈。

凯　请来吧。你肯吗?

亚　快去! 别多说了。

[凯西奥下。

奥　我怎样宰他好,亚果? [上前。160

亚　你看见了吗,提起他的造孽,他还直笑?

奥　噢,亚果!

亚　你看见手绢吗?

奥　那是我的吗?

亚　是你的,我举手起誓!你看他多么尊重贵夫人,你这位 165
痴心女人。她把手绢送给他,他却拿去送给了娼妇。

奥　我要杀他九年才让他死!——这个雅致的女人呀,一
个美丽的女人呀,一个可爱的女人呀!

亚　不,你得忘掉这一面。

奥　唔,让她腐烂,让她毁灭,让她今夜就下地狱;不让她活 170
下去。对,我的心已经变成了石头。我捶它,只有伤我的
手。噢,世界上再没有更可爱的人儿了!她尽可以躺在
一位皇帝身边,指挥他干任何苦差使。

亚　不,你不该这样说。

奥　去她的!我只是看她是怎样就说她是怎样。她做起针 175
线活儿来那么灵巧!她是那么了不起的一位音乐家!噢,
她唱起歌来,会把一只野熊的野性都唱掉哩!她的聪明、
才智是这么高妙,这么层出不穷。

亚　她这样，就更坏了。

奥　更坏一千一万倍！而且，性情这样温柔！　　　　　　　　180

亚　唔，太温柔了。

奥　对，千真万确。可是多可惜，亚果！啊，亚果，真可惜，
　　亚果！

亚　她这样不要脸，你还这样痴心，索性就授与她伤风败俗
　　的特许权；因为你自己都不在乎，这就不关别人什么事。　185

奥　我要把她剁成肉酱！竟叫我做乌龟！

亚　哼，她就是这样糟。

奥　竟跟我的部下勾搭！

亚　那更糟。

奥　给我找点毒药来，亚果，就在今晚上。我不想跟她多费　　190
　　口舌，生怕她的肉体美又害我手软。就在今晚上，亚果！

亚　不用毒药干。把她掐死在床上，就在她搞脏了的床上。

奥　好，好！活该受报应。很好！

亚　至于凯西奥，我来打发他。你半夜就可以听到结果。

奥　非常之好！　　　　　　　　　　　　　　　　　　［号角声。

　　　　　这又是什么喇叭声？　　　　　　　　　　　　　195

亚　一定是威尼斯来了人。

　　　　　　　罗陀维科、玳丝德摩娜及侍众上。

　　　　　　　是罗陀维科，

大公派来的；看夫人跟他在一起哪。

罗　上帝保佑你，大将军！

奥　　　　　　　多谢，大人。

罗　威尼斯大公和元老向将军致意。　　　　　　　　　［交一信。

奥　我在这上面亲吻他们的意旨。　　　　　　　　　　［拆信读。200

玳　有什么消息，罗陀维科好表哥，

亚　　得见大人前来光临塞浦路斯,

　　　　万分荣幸,谨表欢迎。

罗　　谢谢。凯西奥怎么样?

亚　　　　　　　　　　健在,大人。

玳　　大表哥,他和我丈夫之间发生了　　　　　　　　205

　　　　一点不愉快;你一定能弥合一切。

奥　　你有把握吗?

玳　　你说什么?

奥　　[读信]　　"务请照办为要——"

罗　　他没有说什么;他在忙着读信。

　　　　你丈夫和凯西奥之间有什么意见吗?　　　　　210

玳　　非常不愉快。我想尽力使他们

　　　　恢复和好,因为我很喜欢凯西奥。

奥　　天火临头!

玳　　　　　　说什么?

奥　　　　　　　　　你头脑清醒吗?

玳　　怎么,他生气了?

罗　　　　　　　也许信把他激动了;

　　　　因为,我想,他们要召他回国,　　　　　　　215

　　　　正要派凯西奥代理他的职务。

玳　　说真的,我听了很高兴。

奥　　　　　　　　　真的?

玳　　　　　　　　　　什么?

奥　　我见你疯了很高兴。

玳　　　　　　　　为什么,好亲人?

奥　　魔鬼!　　　　　　　　　　　[打玳丝德摩娜。

玳　　我没有干什么该受这一下。　　　　　　　　220

罗　　将军,这传到威尼斯,会无人置信,

　　　　即使我发誓说亲见到。这太不像话了。

　　　　快向她赔罪，她哭了。

奥　　　　　　　　　　　魔鬼啊魔鬼！

　　　　女人的眼泪倘能使大地繁衍，

　　　　她掉一滴泪，就会变一条鳄鱼。①　　　　　　　　　　　225

　　　　滚开！

玳　　　　我就走，免得在这儿冒犯你。　　　　　　　　　〔待下。

罗　真是个顺从的夫人。

　　　　将军，我郑重请你叫她回来。

奥　太太！

玳　　　　亲人？

奥　　　　　　　大人要跟她说什么？

罗　谁？我吗，将军？　　　　　　　　　　　　　　　　　230

奥　是呀。是你要我叫她回来的。

　　　　她会转回来，转过去，老是转下去，

　　　　转来转去；她会哭，哭了又哭；

　　　　她顺从，正如大人所说的，顺从，

　　　　很顺从。——你尽管流你的眼泪得了——　　　　　235

　　　　来信呢，大人（噢，多会假伤心！）

　　　　原来是召我回去——给我滚开，

　　　　一会儿再叫你。——大人，我服从命令，

　　　　准备动身回威尼斯。——走，快滚！

　　　　　　　　　　　　　　　　　　　　　　　〔玳丝德摩娜下。

　　　　就叫凯西奥接替我。大人，今晚上　　　　　　　　　240

　　　　我请你和我一块儿共进晚餐。

——————————

①　"鳄鱼泪"，意为"假惺惺"，在欧洲早成习语。

欢迎大人来塞浦路斯。——山羊和猴子！①　　　　　　　　　　〔下。

罗　这难道还是那个高贵的摩尔人吗？

　　我们元老都夸他大才呢。他还是

　　意气都动摇不了，硬朗、结实，　　　　　　　　　　　　　　245

　　随便挨"意外"的炮弹、"偶然"的标枪，

　　都不会擦得破，刺得穿？

亚　　　　　　　　　　　　　他变了很多。

罗　他的头脑还清醒吗？没有变胡涂吗？

亚　他就是他那样。我不好说什么意见。

　　如果他不是他应该那样，我但愿　　　　　　　　　　　　　　250

　　天保住他本色！

罗　　　　　　　　怎么，竟打他的夫人？

亚　真的，这不大好；可是我但愿

　　打一下就算到头了。

罗　　　　　　　　　他惯常这样吗？

　　还是今天的这封信把他激动了，

　　叫他新犯下这个过失？

亚　　　　　　　　　　唉唉！　　　　　　　　　　　　　　　　255

　　我出于忠心，不好讲我所见

　　和所知。你还是自己细心观察他，

　　他的行径会说明他的情况，

　　省得我多说什么。你只要跟前去，

　　注意他接下去怎样。　　　　　　　　　　　　　　　　　　　260

罗　我很抱憾，他竟叫我失望了。

　　　　　　　　　　　　　　　　　　　　　　　　　〔齐下。

————————

① "山羊和猴子"都被认为淫兽。

第二场　堡中一室。

奥瑟罗与爱米丽亚上。

奥　那么你没有看见过什么?

爱　也没有听见过什么,疑心过什么。

奥　可是你看见过她跟凯西奥在一起啊。

爱　那么我看不出有什么不对头,而且我
　　听得见他们之间的一言一语。　　　　　　　　　　5

奥　怎么,他们从没有交头接耳过?

爱　从没有,将军。

奥　　　　　　　也不曾把你支使开?

爱　从不曾。

奥　去替她拿扇子呀,手套呀,面纱,等等?

爱　从不曾这样,将军。　　　　　　　　　　　　　　10

奥　那就怪了。

爱　将军,我敢打赌说她是清白的,
　　押下我灵魂! 你要有什么歪想法,
　　快把它销除,别让它毒害你心胸。
　　哪个坏蛋要把它灌输进你头脑,　　　　　　　15
　　活该他受毒蛇应得的报应!
　　要是她还不清白,不忠贞,世界上
　　就没有幸福的男人了,他们的老婆
　　再干净也只是烂污货。

奥　　　　　　　　　叫她来。去。

　　　　　　　　　　　　　　　　　　　[爱米丽亚下。

　　她说绝了;可是不会像她这样说,　　　　　　　20
　　就不配做老鸨了。这是个狡猾的淫妇,

肚子里锁满了见不得天日的秘密，
却还会跪下来作祷告；我看见她做过。

珉丝德摩娜与爱米丽亚上。

珉　亲夫，你有何吩咐？

奥　　　　　　乖，过来。

珉　要怎样？

奥　　　　让我看看你的眼睛。　　　　　　　　　　25
　　朝我脸看。

珉　　　　　这是什么怪主意呀？

奥　[对爱米丽亚]你去望风，太太。
　　让一对狗男女留下，把门关上，
　　要是有人来，哼一声或者咳一声。
　　尽你的职司，尽你的职司！快走！　　　　　　30

　　　　　　　　　　　　　　[爱米丽亚下。

珉　我跪求告诉我：你说的是什么意思？
　　我完全明白你话里有气，大得很，
　　就不懂你的话。

奥　嘿，你是什么人？

珉　　　　　　是你的妻子，
　　忠实的妻子。

奥　　　　　来发誓，自作自受；　　　　　　　35
　　免得看起来像天使，叫那些魔鬼
　　不敢抓你。所以给自己加罪吧，
　　发誓说你是清白的。

珉　　　　　　天知道真是的。

奥　天知道你明明学魔鬼，做了骗人精。

珉　骗了谁，亲夫？跟谁骗？我怎么骗人？　　　40

奥　噢,玳丝德! 去吧,去吧,去吧!

玳　唉,可真惨痛啊! 你干吗哭呀,

　　可是我引起的你这些眼泪,亲夫?

　　要是你疑心我的父亲捣了鬼,

　　人家才这样一下子把你召回的,　　　　　　　　45

　　你也别怪我。你已经丢了他,那么

　　我也早把他丢了呀。

奥　　　　　　　　　　如果老天爷

　　要百般折磨我,把一切灾殃和耻辱,

　　披头盖脑,直向我瓢泼下来,

　　把我全身就泡在贫困的泥坑里,　　　　　　　　50

　　把我和我的希望全都囚禁了,

　　我还可以在我的灵魂深处

　　找得到一丁点忍耐。可是唉,叫我做

　　世人讥笑的靶子,让人家存心

　　举起手指来指着我,一动也不动啊!　　　　　　55

　　连这个我也能忍受;倒也罢,罢了。

　　可是剥夺了我的心所寄托,

　　生死所完全依存的切肤痛痒处,

　　叫我一往情深的灵府源泉

　　枯竭了或者变成了专供癞蛤蟆　　　　　　　　60

　　在里边纠缠繁殖的一个臭水洼,

　　那还了得! 对此该脸色一变了,

　　耐性啊,你这位唇红齿白的小天使,

　　显得地狱样狰狞!①

玳　希望我高贵的丈夫认我是干净的。　　　　　　65

---

① 　62—64 此三行各家综合各种原版本,众说纷纭,仍属费解,现暂译如此。

奥　是啊！就像屠场里夏天的苍蝇，

　　到处下蛋生蛆。噢，你这毒草啊，

　　看起来这么娇艳，闻起来这么香，

　　多叫人心疼。但愿世界上没有你！

玳　唉，我犯了什么无知的罪孽啊？　　　　　　　　　70

奥　这张皎洁的白纸，这本漂亮书，

　　可是写"娼妇"字样的？犯了什么？

　　犯了？啊，你这个公开的娼妓！

　　我只要一说起你干的这种好事，

　　我的两颊就会变一对熔炉　　　　　　　　　　　75

　　把羞耻烧成了灰烬。犯了什么？

　　天都掩鼻子，月亮都会闭眼睛，

　　淫荡的风，见什么就要亲什么的，

　　也都会静悄悄躲藏到洞窟的深处，

　　不愿意听见人家说。犯了什么？　　　　　　　　80

　　厚脸皮婊子！

玳　　　　　　天啊，你把我冤枉了！

奥　你不是婊子吗？

玳　　　　　　不是，我是个基督徒！

　　如果为我的丈夫守身如玉，

　　不让任何不正当接触所玷污，

　　说不上是什么婊子，我就决不是。　　　　　　　85

奥　怎么，不是个娼妇？

玳　　　　　　　不是，我希望得救！

奥　可能吗？

玳　天宽恕我们吧！

奥　　　　　那么就请你原谅了，

　　我以为你本是威尼斯狡猾的娼妇，

后来跟奥瑟罗结了婚。——喂,太太,   90

圣彼得是给天堂看门的,你相反,

给地狱把门!

爱米丽亚上。

　　　　　　你你,对,你来!

我们已经干完了好事。赏你钱!

请你镇好门,保守住我们的私情。   [下。

爱　　唉,这位大人闹什么名堂呀?   95

　　　怎么样,夫人? 怎么样,我的好夫人?

珴　　哎呀,好像在睡梦中。

爱　　好夫人,我的老爷是怎么一回事?

珴　　你说谁?

爱　　我说我的老爷呀?   100

珴　　哪个老爷?

爱　　　　　　你的丈夫,好夫人。

珴　　我没有丈夫。别谈了,爱米丽亚。

　　　我不能痛哭;也没有什么好回答你,

　　　除了两行泪水。今晚上请你

　　　把我新婚的被单铺床上,记好;   105

　　　把你的丈夫叫来。

爱　　　　　　这可真怪了!   [下。

珴　　我该受这样对待,完全应该。

　　　我可犯了什么天大的过失①

　　　引得起他一丝一毫的气愤呀?

---

① "天大的过失",据"第一四开本"(为新亚屯版所采用);或可据"对开本"(为新剑桥版等采用)译为"一丁点过失"。

亚果与爱米丽亚上。

亚　夫人叫我来有何吩咐？你怎样了？　　　　　　　　　　110

玳　我也说不清。大人教训小娃娃，
　　往往用温和的语言、轻松的惩戒。
　　他也尽可以这样责备我；受责备，
　　我也是孩子了。

亚　　　　　　　　　怎么一回事，夫人？

爱　唉，亚果，将军骂了她叫娼妇，　　　　　　　　　　　　115
　　那么侮蔑、那么难堪，叫谁有
　　心肝的也都受不了。

玳　我是这种人吗，亚果？

亚　什么人，夫人？

玳　她说我丈夫叫过我的那种人。　　　　　　　　　　　　　120

爱　他叫她娼妇。一个叫化子，喝醉了，
　　也不能用这个名称来叫他的姘头啊！

亚　为什么他会这样。

玳　我可不知道，只知道我不是这种人。

亚　不要哭，不要哭。唉，可真不幸啊！　　　　　　　　　　125

爱　难道她撇开了多少贵人的求婚，
　　抛下了父亲、家乡、所有的朋友
　　就为了让他叫娼妇吗？谁想到不伤心？

玳　我只怨自己的命苦。

亚　　　　　　　　　　真该怪他！
　　他怎么想到了这么离奇啊？

玳　　　　　　　　　　　　天晓得。　　　　　　　　　　　130

爱　我打赌，一定是哪个坏透的家伙，
　　爱管闲事，播弄是非的流氓，

阴险狡黠的骗子，为了向上爬，
造了谣言，要不是就把我绞死！

亚　胡说，哪会有这样一个人！不可能。 135

玳　如果有这样一个人，上天宽宥他！

爱　绞刑套宽宥他！地狱嚼他的骨头！
他怎好叫她娼妇呢？谁跟她在一起？
在什么地点时间？有什么形迹？
摩尔人上了当，听信了哪一个大坏蛋， 140
卑鄙的狗东西，十恶不赦的恶棍。
天啊，愿你揭发出这种家伙来，
让每个正直人手里都拿根鞭子
把这些浑蛋剥光了衣服抽一顿，
从东方直抽到西方！

亚　　　　　　　　　别大声叫嚷。 145

爱　哼，去他们的！也就是这样个家伙
上一次搅昏了你的头脑，害得你
瞎疑心我同摩尔人有什么关系。

亚　你是个傻婆娘。得了。

玳　　　　　　　唉，亚果啊，
挽回我丈夫的欢心，我该怎么办？ 150
好朋友，你去找找他；我对天发誓，
我不知怎样把他得罪了。我下跪。
假如我在思想上或者行动上
曾经有意辜负过他的恩情，
我的眼睛、耳朵或别的感官 155
从别人身上得到过同样的欢喜，
假如我还不曾，从不曾爱过他，
即使他把我弃如敝屣了，我从此

就不会深深的爱他,那就罚我

一辈子苦到底！无情可以有大影响；　　　　　　　160

他的无情可以毁我的生命——

抹不杀我的爱情！我不会说"娼妇",

现在我一说出来就叫我恶心；

要我干出丑事来捞这个称号,

把花花世界全部送给我也不成!　　　　　　　　165

亚　请你宽心。这只是他一时发脾气。

国家大事使他感到不愉快,

他就找你出了气。

玳　要没有别的——

亚　　　　　　　就是这样,我保证。

　　　　　　　　　　　　　　　　　〔内号角声。

听,喇叭响了,你该去吃晚饭了。　　　　　　　　170

威尼斯来的使者在等候开筵。

进去吧,别哭。一切都一定会好的。

　　　　　　　　　　　　〔玳丝德摩娜与爱米丽亚下。

洛德里科上。

怎么样,洛德里科?

洛　我看出你没有真心实意对待我。

亚　那我又怎样对待你的。　　　　　　　　　　　175

洛　你每天都想起花招来敷衍我,亚果,叫我现在看来,你
不是提供我一点点实现希望的便利,而是不让我有一点
点机会。我真不愿意再忍受下去了;我早已作为傻瓜,上
了当,也不能就此忍气吞声。

亚　你肯听我说吗,洛德里科?　　　　　　　　　　180

洛　我实在已经听得太多了;你说的和干的并不对头。

亚　你怪我,太不公正了。

洛　一点也不冤枉你。我把钱都白白花光了。你从我手上
　　拿去送玳丝德摩娜的那么多珠宝,足够叫一个出家的修
　　女都会动心哪。你告诉我她接受了,要报答我的期望,给　185
　　我喜讯,马上约我见面;可是结果什么也没有。

亚　好,算了,很好。

洛　很好!算了!我可不能就算了,伙计;这也太不好。我
　　看简直是下作,我明白我当了冤大头。

亚　很好。　190

洛　我对你说这太不好了。我要自己去找玳丝德摩娜,当
　　面说穿。要是她还我珠宝,我就此罢休,悔恨自己不该作
　　不正当的追求。要是不还,你放心,我一定要跟你算账。

亚　现在你已经说定了。

洛　对,而且说到的一定要做到。　195

亚　啊,现在我看你倒有点骨气;就从此刻起,我比以前任
　　何时候都看得起你了。伸过手来,洛德里科。你完全有
　　理由责备我;可是我也得声明,我为你的这件事出力,完
　　全问心无愧。

洛　可是没有见结果。　200

亚　我承认还没有见结果;你的怀疑也不是没有道理。可
　　是,洛德里科,要是你真有点什么——我现在比以前更有
　　理由相信你有了——我是说决心、勇气、胆量——今晚上
　　就显它一显。要是你明晚上还不能把玳丝德摩娜享受到
　　手,那么听凭你使什么奸诈的计谋把我从人世除掉得了。　205

洛　好吧,你说要怎样?你出的主意切实可行吗?

亚　老兄,威尼斯派来了特使,叫凯西奥替代奥瑟罗的职
　　位。

洛　真的吗?那么奥瑟罗和玳丝德摩娜就该回威尼斯去了。

亚　噢,不是。他去毛里塔尼亚,把漂亮的玳丝德摩娜也带　　　　210
　　走,除非出了什么事,叫他在这儿耽搁下来;出什么事,最
　　关紧要都不如排除凯西奥。

洛　你说排除他,是什么意思?

亚　哼,就是不让他能代替奥瑟罗的位置——砸烂他的脑
　　袋。　　　　　　　　　　　　　　　　　　　　　　　　215

洛　你要我来干这个?

亚　对,要是你敢为自己干一件好事,于你有利的大好事。
　　他今晚上在一个窑子家吃饭,我要去那里找他。他还不
　　知道自己交上了好运。要是你守在外边,等他从那里出
　　来,我安排在十二点和一点之间,那时候他就听凭你摆　　220
　　布了。我会躲在近边接应你,他就落在我们两个人中间,
　　准逃不了。来,别站着发呆,跟我一起走。我会告诉你为
　　什么非叫他死不可,你一想也会感到非亲自动手干掉他
　　不可。快吃晚饭了,时候不早。准备吧!

洛　我还要听听这么干的道理。　　　　　　　　　　　　　225

亚　我说给你听。

　　　　　　　　　　　　　　　　　　　　　　　　　［齐下。

第三场　　堡中另一室。

奥瑟罗、罗陀维科、玳丝德摩娜、爱米丽亚及侍众上。

罗　请将军就此留步,不劳远送了。

奥　噢,请见谅;走走对我有好处。

罗　夫人,夜安。我感谢夫人的盛情。

玳　欢迎光临。

奥　　　　　我们走吧,大人。

　　　　噢,珧丝德摩娜——　　　　　　　　　　　　　　　　5

珧　　亲夫有何吩咐?

奥　　你就去上床。我一会儿就回来。把你的侍女从那儿打

　　　发走。注意照办。

珧　　遵命,亲夫。

　　　　　　　　　　　　　　　　　　〔奥瑟罗、罗陀维科及侍众下。

爱　　现在怎样了。他看来温和了一点。　　　　　　　　　10

珧　　他说他过一会儿就要回来,

　　　叫我马上就进去上床睡觉,

　　　吩咐我把你打发开。

爱　　　　　　　　　　把我打发开?

珧　　他吩咐这样。所以好爱米丽亚,

　　　拿我的睡衣给我,随后就再见。　　　　　　　　　15

　　　现在我们再不能叫他不高兴了。

爱　　我但愿你从来没有见过他一面!

珧　　我可不这样希望。我一心爱他,

　　　就连他的粗暴、责备、生气

　　　(请替我解扣)也叫我觉得可爱。　　　　　　　　20

爱　　我照你吩咐已经把被单铺好了。

珧　　也罢。我们真会胡思乱想啊!

　　　如果我比你先死,就从这些被单里

　　　挑一条给我裹尸。

爱　　　　　　　　得得,别瞎说。

爱　　我母亲从前有一个侍女叫芭芭莉,　　　　　　　　25

　　　她爱过男人,人家后来疯了,

　　　把她抛弃了。她会唱一支《杨柳曲》。

　　　那是老曲子,倒表达了她的苦命,

　　　她临死还唱它。今晚上这一支曲子

老是叫我忘不了。我怎样想摆脱，　　　　　　　　　30
却还是要学可怜的芭芭莉的样子，
侧着头唱这支曲子。请你快走吧。

爱　　拿你的睡衣吗？

玳　　　　　　　　　　不，就替我解扣吧。
这位罗陀维科是长相不俗的男子。

爱　　很漂亮的男子。　　　　　　　　　　　　　　　35

玳　　谈吐也好。

爱　　我知道威尼斯有位贵妇人，宁愿赤脚直走到巴勒斯坦，
只要能接触一下他的下嘴唇哩。

玳　　〔唱〕

　　　　可怜人长吁短叹坐在枫树旁，
　　　　　唱啊唱青青的杨柳：　　　　　　　　　　　40
　　　　她把手按在胸口，头垂到膝上，
　　　　　唱杨柳啊，杨柳，杨柳。
　　　　清水流过她身边，也替她吐哀怨，
　　　　　唱杨柳啊，杨柳，杨柳；
　　　　她掉下辛酸泪，叫石头也变软，　　　　　　　45
　　　　　唱杨柳啊——

把这些搁在一边。

　　　　　杨柳，杨柳；

快点，他就要来了。

　　　　唱啊拿青青的杨柳编我的花冠。　　　　　　50
　　　　叫谁也不怪他；是我该受他白眼——

不，接得不对。听！谁敲门？

爱　　是风吹。

玳　　　我叫他负心汉；可是他又怎样讲？
　　　　　唱杨柳啊，杨柳，杨柳：　　　　　　　　55

　　我天天搞女人，你就夜夜换情郎。

你走吧;晚安。我的眼睛发痒呢。

这可是预兆哭泣吗?

爱　　　　　　　　这没有什么。

玳　我听说如此。啊,这些男人!

　　爱米丽亚,你凭良心说你以为　　　　　　　　　60

　　世界上竟会有女人欺骗丈夫

　　荒唐到这样吗?

爱　　　　　　　有的,没有问题。

玳　全世界都给你,你肯干这种事情吗?

爱　啊,你呢?

玳　　　　天光在上,我决不。

爱　天光在上,我也决不会干的。　　　　　　　　65

　　黑暗当中,我可是不敢担保。

玳　全世界都给你,你肯干这种事情吗?

爱　世界是一件大东西。赏格既然这样高,过失也就不足

　　道。

玳　天理良心,我看你不会干的。　　　　　　　　70

爱　凭我的良心说,我看我会干的;我干了这个勾当,我还

　　会撤销它的。啊,我当然决不会干这样的事情,要是就为

　　了换一只合欢戒指,换几尺麻纱,换几件袍子,几件裙子,

　　几顶帽子,换随便什么细小的礼物;可是换它一整个世

　　界——天晓得!谁不愿意叫自己的丈夫做乌龟来使他当　　75

　　一位君王呢?为了这一点,净火炼狱的折磨我也甘愿去

　　受一受。

玳　咒我吧,如果我肯犯这样的大错,

　　换它一整个世界。

爱　错只是错在世界里;你既然得到了世界作你的酬劳,错　　80

就错在你自己的世界里,你可以马上把错改成了对啊。

玳　我不信世界上竟有这样的女人。

爱　有,不少呢;多到尽可以塞满她们赢得的世界哩。

可是我以为总还是丈夫先不好,

老婆才堕落。他们要疏忽责任,　　　　　　　　　　　　85

把我们珍爱的东西乱抛给人家;

或者要无端吃醋,蛮不讲理,

把我们乱管束一气,或者要打我们,

发狠心削减我们的零用钱——

好,我们也会狠;尽管善良,　　　　　　　　　　　　90

我们也会报复的,让他们知道

老婆也同样有感觉:看得见,闻得到,

尝得出什么是甜,什么是酸,

跟丈夫全一样。她们甩我们换别人,

是为的什么呢? 是为的逢场作戏吗?　　　　　　　　95

我看是的。是出于多情多感吗?

我看是的。是喜新厌旧的结果吗?

这也是的。那么我们就不会想

调调情,玩玩,变变,像男人一样吗?

让他们好好待我们,要不然让他们知道:

我们干什么样坏事,全都亏他们的指导!　　　　　　　100

玳　晚安,晚安。愿上天教会我清醒:

不从恶学恶,而从恶学到聪明!

[齐下。

〰 第五幕 〰

第一场　街头。

亚果与洛德里科上。

亚 这儿,躲在小棚屋后边,他就来了。
　 拔出你的剑,对准要害直刺去。
　 快快! 别害怕;我就在你身边。
　 我们的成败都在此一举——记好,
　 坚定你的决心。　　　　　　　　　　　　　　　5

洛 紧挨我旁边。也许我出手不顺利。

亚 我就在这儿。大着胆,站好位置。　　　〔站立一旁。

洛 我自己并不热心要来这一手,
　 可是他举的理由却实在充分。
　 这只是去掉一个人。一剑,他完了!　　　10

亚 我已经把这个小脓包刺到了痛处,
　 急得他直跳了。不管他杀了凯西奥,
　 凯西奥杀了他,还是互相都杀死,
　 对我都有利。让洛德里科活下来,
　 他就会向我索回我骗他到手、　　　　　15
　 说是送给玳丝德摩娜的那大宗
　 金钱和珠宝了。
　 那绝对不行。要是让凯西奥留下来,
　 他在生活里有一种日常的美德
　 害得我天天出丑,而且摩尔人　　　　　20

也许会向他揭发我,那我就太危险了。

他非死不可。就这样! 我听见他来了。

凯西奥上。

洛　看走路的样子,正是他! 坏蛋,要你命!　　　　　　　　［刺凯西奥。

凯　这一剑真够是给我的致命一击,

　　幸亏你不知道我里边还穿了铠甲。　　　　　　　　　　　　　　25

　　我看看你穿的什么!　　　　　　　　　　　　　　［刺伤洛德里科。

洛　　　　　　　　啊,我完了!

　　　　　　　　［亚果从旁冲出,刺伤凯西奥腿部,下。

凯　我从此残废了。救命! 杀人了! 杀人了!　　　　　　　　　　［倒地。

奥瑟罗上。

奥　凯西奥的声音。亚果倒真是守信。

洛　噢,我做了坏蛋!

奥　　　　　　　　一点也不错。

凯　噢,救命啊! 照个亮! 来个医生!　　　　　　　　　　　　　30

奥　是他。好样的亚果啊,诚实、正直,

　　讲义气,决不坐视朋友的受欺!

　　我受教了。活宝,你的情夫丧命了,

　　你的劫数也难逃了。娼妇,我来了。

　　我从心底里遮了你迷人的媚眼,　　　　　　　　　　　　　　35

　　定叫你纵淫的床头酒你的血点点!　　　　　　　　　　　　　［下。

罗陀维科与格雷协诺上。

凯　怎么了? 巡警呢? 过路人呢? 杀人了! 杀人了!

格　一定是出了什么事。叫喊声很惨。

凯　噢,救命!

罗　听!　　　　　　　　　　　　　　　　　　　　　　　　　40

洛　噢,倒霉的坏蛋!

罗　呻唤的像有两三个。夜色太阴沉。

　　这也许是骗局。不多找一些人手,

　　光我们两个赶去,当心遭暗算。

洛　没有人来吗?那我要流血死了。　　　　　　　　　　45

罗　听!

亚果持火炬上。

格　有人了,还只穿衬衫,有火把和武器。

亚　是谁?什么人在喊救命呀,杀人了?

罗　我们不知道。

亚　　　　　你们没听见叫喊声?

凯　来啊来!千万救救我!

亚　　　　　　　　怎么一回事?　　　　　　　　　　50

格　我想这个人该是奥瑟罗的旗官。

罗　当真是他,一个挺勇敢的人物。

亚　你是什么人,在这儿这么样惨叫?

凯　亚果吗?噢,我毁了,遭了毒手!

　　救救我。　　　　　　　　　　　　　　　　　　　55

亚　哎呀,副将哪!是哪些恶棍干的?

凯　我想有一个恶棍还在近边,

　　他没有能逃掉。

亚　　　　　　好一批奸险的恶棍!

　[对罗陀维科与格雷协诺]

　　你们是什么人?过来帮我们一下。

洛　噢,过来救救我!　　　　　　　　　　　　　　　60

凯　这就是一个。

亚　　　　　杀人的奴才!恶棍!　　　　　　[刺洛德里科。

洛　该下地狱的亚果!丧良心的狗贼!

亚　乘黑夜杀人？这一帮杀人的强盗呢？

　　全城好静啊！喂！杀人了！杀人了！

　　你们是什么人？是好人还是坏人？　　　　　　　　65

罗　是谁是怎样由你看。

亚　是罗陀维科先生？

罗　正是,老兄。

亚　恕我死罪了。凯西奥被坏人刺伤了。

格　凯西奥？　　　　　　　　　　　　　　　　　　70

亚　你怎样,兄弟？

凯　我有一条腿砍断了。

亚　　　　　　　　　　　唉呀,真作孽！

　　拿火把。我就拿身上的衬衣来包扎。

　　　　　　　　　碧安卡上。

碧　什么事,喂？谁在这儿叫喊啊？

亚　谁在这儿叫喊啊？　　　　　　　　　　　　　　75

碧　噢,我的好凯西奥！亲爱的凯西奥！

　　噢,凯西奥,凯西奥,凯西奥！

亚　噢,臭名昭著的婊子！——凯西奥,

　　你可想得到谁这样把你伤害的？

凯　想不到。　　　　　　　　　　　　　　　　　　80

格　我见你这样,很痛心。我正来找你呢。

亚　借我条吊袜带。好。找个担架来

　　把他轻轻抬走！

碧　啊,他晕过去了！凯西奥,凯西奥！

亚　诸位听我说,我猜这个贱货　　　　　　　　　　85

　　是跟凶手串通的。——

　　忍耐一下,好凯西奥。——来,来！

　　替我照一照。大家可认识这张脸？

　　哎呀,是我的朋友,我的好同乡

　　洛德里科吗? 不。正是他,天哪! 　　　　　　　　90

格　什么,威尼斯那个人?

亚　就是他,大人可认识他?

格　　　　　　　　　　　认识他? 认识。

亚　格雷协诺先生。请多多见谅。

　　流血事件叫我忘记了礼貌,

　　把大人怠慢了。

格　　　　　　　我很高兴见到你。 　　　　　　　95

亚　你感觉怎样了,凯西奥? ——担架,担架!

格　洛德里科吗?

亚　他,正是他。

　　　　　　　　　　　　　　　　　　　　[担架抬上。

　　　　　　　　好,担架来了。

　　你们好好把他小心抬走。

　　我去找将军的医生。

　　[对碧安卡]　　　　　至于你大姐儿, 　　　　　　　100

　　免劳你操心了。——凯西奥,那个死人

　　是我的好朋友。你们有什么冤仇呀?

凯　毫无冤仇;我根本不认识这个人。

亚　[对碧安卡]

　　怎么,你脸色发白了。——抬他进屋去啊。

　　　　　　　　　　　　　[凯西奥与洛德里科被抬下。

　　你留下,好姐儿①。你脸色多么苍白呀! —— 　　　105

　　你们看得出她眼色的惊慌样子吗?

　　得了,你瞪眼,我们就更明白。

────────────

① “你留下,好姐儿”(Stay you, good gentlewoman)据各“四开本”;据“对折本”应为
　　“你们留下,好先生”(Stay you, good gentlemen)。

请大家看看她,把她看个仔细。
看见吗,诸位? 尽管把嘴闭紧,
罪过会自己说话。   110

爱米丽亚上。

爱　唉,出了什么事呀? 什么事,丈夫?
亚　凯西奥在这儿黑暗里受人袭击,
　　洛德里科刺了他;同伙逃走了。
　　他差点送了命,洛德里科是死了。
爱　唉,多好的一个人! 唉,好凯西奥!   115
亚　这是嫖妓的结果。爱米丽亚,
　　去问明凯西奥今晚上在哪儿吃的饭。
　　[对碧安卡]
　　怎么,你一听就发抖了?
碧　他在我家里吃饭的,这没有什么。
亚　他在你家里吃饭的? 我叫你跟我走。   120
爱　呸,你这个烂污货!
碧　我不是什么烂污货,别这样辱骂我,
　　我跟你一样是正直人。
爱　　　　　　　　跟我? 不要脸!
亚　诸位,我们去看凯西奥包扎得怎样了。
　　[对碧安卡]来,大姐儿,你得换一套话来讲。——   125
　　爱米丽亚,你快跑去城堡里
　　告诉将军和夫人出了什么事。
　　请你们先走一步。
　　[旁白]　　　　　成全我,葬送我,
　　成败得失,全看今夜的结果。

[齐下。

第二场　堡中一寝室。

玳丝德摩娜睡床上。奥瑟罗擎烛上。

奥　记住原因,记住原因,我的心。
　　纯洁的星星,对你们不说出罪名吧!
　　记住原因。可是我不愿溅血,
　　也不愿毁伤她肌肤,比雪还白的,
　　雪花石膏碑还没有这样光润呢。　　　　　　　　　　　　5
　　可是她必须死,要不然会出卖更多人。
　　把光亮熄灭,然后就——把光明熄灭吧。
　　要是我把你熄灭了,光明使者,
　　我后悔了就可以把你重新点亮的;
　　可是你,精美绝伦的造化的极品啊,　　　　　　　　　　10
　　我一旦把你生命的光辉熄灭,
　　不知道哪儿找普罗密修士神火
　　重新点亮你。我把玫瑰花摘下了,
　　我就不能再使它恢复生机,
　　它只能枯萎。我就在枝上闻闻吧。　　　　　[吻。 15
　　噢,温馨的气息,它几乎说服了
　　正义把怒剑折断了! 再一下,再一下!　　　[吻。
　　愿你死后都这样吧,我就杀死你
　　再爱你。再一下,这是最后一下了!　　　　[吻。
　　这样妙却又是这样绝。我不能不哭,　　　　　　　　　　20
　　可是掉的是无情泪。这就叫"天伤心":
　　偏找心爱的地方来下手。她醒了。

玳　谁? 奥瑟罗?

奥　　　　　　　是我,玳丝德摩娜。

玳　你上床睡觉吧，亲夫？

奥　今晚上你祷告了吗，玳丝德？

玳　　　　　　　　　　祷告了，亲夫。　　　　　　　　　25

奥　如果你想到自己有什么罪孽

　　还没有得到上天的开恩宽恕，

　　赶快祈求吧。

玳　唉，亲夫，你说的是什么意思？

奥　快祷告，别说费话，我到一边等。　　　　　　　　　30

　　我不愿不让你精神上有准备就杀你。

　　天不许！我不愿杀害你的灵魂。

玳　你说杀我吗？

奥　　　　　正是。

玳　　　　　　　　那么我祈求，

　　上天可怜我吧！

奥　　　　　　　阿门，心愿如此！

玳　你既这样，我看你不会杀我了。　　　　　　　　　　35

奥　哼！

玳　可是我怕你；你这样转动着眼睛，

　　是动了杀心。为什么要害怕，我不懂，

　　因为我不知道犯过罪；可是我觉得害怕。

奥　想想你作过什么孽。

玳　　　　　　　　　那就是太爱你了。　　　　　　　　40

奥　唔，你爱，你该死。

玳　为了爱而挨杀，死得太不近情理。

　　唉，为什么你这样咬紧下嘴唇？

　　一股杀性把你的全身都震动了。

　　这是预兆；可是我希望，我希望　　　　　　　　　　45

　　还不是针对我。

奥　　　　　　你闭嘴，不要作声！

珰　好。究竟为什么事？

奥　我那块珍爱的手绢，给了你，你送了
　　凯西奥。

珰　　　　　　不是，凭生命和灵魂起誓！
　　叫他来，问问他。

奥　　　　　　　　　可爱的灵魂，当心，　　　　　　　50
　　当心发假誓；你已经快没有命了。

珰　我还不死呢。

奥　　　　　　　死，马上就死。
　　所以坦白忏悔你的罪孽吧；
　　你发誓否认一切，都不能动摇
　　和挡住我心里一想到就要直叫的　　　　　　　　55
　　坚定不移的信念。你就得死。

珰　愿上帝给我慈悲吧！

奥　　　　　　　　　我说阿门。

珰　你也发慈悲吧！我生平从没有
　　得罪过你；从没有爱过凯西奥，
　　我对他只有上天许可的那一种　　　　　　　　　60
　　正当友情。我没有送过他纪念品。

奥　天在上，我见过我手绢在他手里！
　　发假誓女人啊！你叫我心变石头了，
　　逼我把我想干的叫作杀害，
　　我本来倒想拿你作祭献的牺牲。　　　　　　　65
　　我亲眼看见过这手绢。

珰　　　　　　　　　那他是捡到的。
　　我从来也没有给过他。叫他来这儿。
　　让他坦白说实话。

奥　　　　　　　他已经坦白了。

珰　他说什么，亲夫？

奥　说跟你有来往。

玳　　　　　　　　怎么？不正当来往？　　　　　　　　70

奥　对。

玳　　他不会这样说。

奥　　　　　　　　　他不会说话了，
　　忠诚的亚果已经封住了他的嘴。

玳　啊，我怕明白了。怎么，他死了？

奥　即使他的命跟他的头发一样多，
　　大仇必报，我也能把它们吞干净。　　　　　　　　75

玳　唉，他受冤枉了，我也毁了！

奥　去你的，婊子！你当着我的面哭他吗？

玳　噢，亲夫，赶走我，可是别杀我！

奥　躺下，婊子！

玳　明天杀我，就让我活过今夜！　　　　　　　　80

奥　不，你要是挣扎——

玳　就过半小时！

奥　　　　　　　一不做，二不休，等不了。

玳　可是等我再祷告一次！

奥　　　　　　　　太晚了。　　　　　〔扼死玳丝德摩娜。

爱　〔自门外〕老爷，老爷！喂！老爷，老爷！

奥　是什么声音？还没死？还没死透？　　　　　　　　85
　　我尽管心狠，手不软，我还是心慈，
　　我不愿叫你在痛苦里多挨延。
　　得，得。

爱　〔自内〕喂！老爷！喂！老爷！

奥　　　　　　　　　是谁？

爱　〔自内〕噢，好将军，我要跟你说句话。　　　　　　　　90

奥　唔，是爱米丽亚。——等一等。——她死了。——
　　她该是跑来报告凯西奥的死讯。

是这里出声音。嘿！一动也不动了？
坟墓样寂静。——让她进来吗？好吗？——
我觉得她又动了。不是。——怎么办？   95
她进来，一定要跟我的妻子说话的。
我的妻子，妻子！什么妻子？
我没有妻子。受不了！愁惨的时辰啊！
我想太阳和月亮现在该已经
一同晦暗了，地球看风云变色   100
也该直吓得张了嘴。

爱　[自内]　　　　　　请你开开门，
好将军，我进来有话要跟你讲呀。

奥　我把你忘了。进来吧，爱米丽亚。
且慢，等一等。——让我把帐子拉上了。——
你在哪儿？   [开门。

爱米丽亚上。

此刻你有什么事？   105

爱　噢，好将军，那边出了凶杀案了！

奥　什么？现在吗？

爱　刚才，老爷。

奥　这都是因为月亮出了偏差，
不走常轨，忽然靠近了地球，   110
可以叫人都发疯了。①

爱　凯西奥杀死了一个威尼斯小伙子，
名叫洛德里科。

奥　　　　　　洛德里科被杀死了？
凯西奥也被杀死了？

---

① 109—111 旧时迷信，月亮失常也会影响人发疯。

爱	他没有被杀死。	
奥	凯西奥没有被杀死？那就杀乱了，	115
	痛快的报仇乱了套。	
玳	噢，错杀了，错杀了！	
爱	天啊，谁叫喊？	
奥	叫喊？什么？	
爱	哎呀，唉！这是夫人的声音呀。	
	救命！救命啊救命！夫人啊，再说说！	120
	亲爱的玳丝德摩娜！好夫人，说话吧！	
玳	我死得无辜啊。	
爱	噢，谁干的这一手？	
玳	谁也没有干——是我自己。再见。	
	替我向亲夫致意。啊，再见吧！	［死。125
奥	啊，怎么会杀了她？	
爱	唉，谁知道？	
奥	你刚才听见她自己说不是我干的。	
爱	她是这样说，我可得报告真相。	
奥	她还要说谎，不怕下火烧的地狱！	
	是我杀了她。	
爱	她就更是个天使，	130
	你就更是个魔鬼！	
奥	她干出了无耻勾当，她是个娼妇。	
爱	你平白冤枉了她，你是个恶魔。	
奥	她水性杨花。	
爱	你急火攻心，胡说她	
	什么性薄！噢，她圣洁无比！	135
奥	她私通凯西奥。去问问你的丈夫。	
	噢，把我打下地狱的底里吧，	
	要是我这样叫自己做绝了而没有	

充分的根据！你的丈夫全知道。

爱　我的丈夫？　　　　　　　　　　　　　　　140

奥　你的丈夫。

爱　知道她欺骗了丈夫？

奥　对,勾搭凯西奥。她要是清白的,
　　即使上天用了一整块宝石
　　雕凿成另一个世界要我来换她,　　　　145
　　我也不干。

爱　我的丈夫？

奥　　　　　　是他首先告诉我。
　　他是一个诚实人,最痛恨那些
　　肮脏龌龊的行径。

爱　　　　　　　　　我的丈夫？

奥　干吗反复问,女人。是你的丈夫。　　　150

爱　夫人啊,奸计中伤了你的坚贞!
　　是我的丈夫说她不忠吗?

奥　　　　　　　　　是他。
　　说你的丈夫,不懂吗? 我的朋友,
　　你的丈夫,诚实的诚实的亚果。

爱　如果他说过,那就叫他的毒心肠　　　　155
　　一天天烂下去! 他竟昧良心造谣。
　　夫人对她这个臭男人太痴心了。

奥　嗨!

爱　要怎样作恶就怎样作好了。
　　你这种行为不配受天宥,正像你　　　　160
　　这个人不配受她爱。

奥　　　　　　你最好别声张。

爱　尽管你穷凶极恶对我下毒手,
　　也伤害不了我什么。傻瓜啊! 木头啊!

粪土样愚蠢！你干了一桩好事——

我不怕你的剑，我定要叫人人知道，　　　　　　　165

哪怕我丢掉廿条命。救命啊，救命！

摩尔人杀了夫人！杀人了！杀人了！

蒙太诺、格雷协诺、亚果及其他人众上。

蒙　这儿又出了什么事？怎么样，将军？

爱　噢，你来了，亚果？你干的好事，

　　人家要把杀人罪叫你承担了。　　　　　　　　170

格　什么事？

爱　你要是好汉，就当面驳这个坏蛋。

　　他说你告诉他，他的老婆不忠。

　　我知道你不会；你不是这种坏人。

　　快说呀，我气得心都要胀开了。　　　　　　　175

亚　我只是想到什么告诉了他什么，

　　是他自己发现我说的是真情。

爱　可是你没对他说过他女人不忠吗？

亚　说过。

爱　你说谎，撒了个该死的弥天大谎！　　　　　　180

　　凭我的灵魂说，是谎话，恶毒的谎话！

　　她跟凯西奥私通？你说跟凯西奥？

亚　我说跟凯西奥，太太。得，闭嘴吧。

爱　我不能闭嘴，我一定得说给大家听：

　　夫人在这儿床上给人家杀害了——　　　　　　185

众　噢，造孽啊！

爱　你的造谣造成了这桩命案。

奥　不，请各位别瞪眼。这是实情。

格　咄咄怪事！

蒙　骇人听闻！

| 爱 |　　　　　恶毒啊,恶毒啊,恶毒啊! | 190 |

爱　　　　　　恶毒啊,恶毒啊,恶毒啊!　　　　　　　　190
　　我现在想起了,想起了! 闻出了! 好恶毒!
　　我早已猜想了。现在我悲痛得不想活了。
　　恶毒啊,恶毒!

亚　怎么,你疯了? 我勒令你快回家去。

爱　各位大人,请允许我说几句话。　　　　　　　　　195
　　我本该服从他,可是现在决不能。
　　也许,亚果,我再也不肯回家了。

奥　噢! 噢! 噢!　　　　　　　　　　　　〔倒床上。

爱　　　　　　倒下去尽吼吧!
　　因为你杀死了世界上活过的一个
　　最温柔不过的清白人。

奥　　　　　　　　　　噢,她肮脏!　　　〔起立。200
　　我没有认出你大叔。你的侄女
　　躺倒在那里。这双手刚叫她断了气。
　　我知道这一个行为太狰狞可怕。

格　可怜的玳丝德! 幸亏你父亲死了,
　　你的婚姻给了他致命的打击,　　　　　　　　　205
　　极度的悲伤摧折了他的老命。
　　要是他还在,见到这光景,会发狠;
　　是呀,一定会跳起来咒骂神明,
　　自绝于天恩。

奥　这真是悲惨,可是亚果知道　　　　　　　　　210
　　她跟凯西奥干出了无耻的勾当
　　不知有多少次,凯西奥自己承认了。
　　她确实满足了凯西奥偷摸的苦心,
　　送了他一件私情的信物,本来是
　　我给她的,我见过凯西奥拿在手里。　　　　　　215
　　是一块手绢,是我的父亲送给

我的母亲的一件古老的珍品。

爱　天啊！天上的神明啊！

亚　　　　　　　　　　浑蛋,闭嘴!

爱　真相要大白,要大白! 要我闭嘴?　　　　　　　　　　　
　　休想! 我要讲痛快,像刮大北风。　　　　　　　　　　220
　　就叫天上神、世间人、地下鬼一起,
　　一起都来骂我吧,我还是要讲。

亚　要识相,给我回家去!

爱　　　　　　　　　　决不!

　　　　　　　　　　　　　　　〔亚果拔剑威胁爱米丽亚。

格　　　　　　　　　　　呸!
　　你拿剑来对付女人?

爱　你这个愚蠢的摩尔人,你说的手绢　　　　　　　　　225
　　是我偶尔捡到的,交我丈夫的;
　　他几次三番(为这样一种小东西
　　真是犯不着)那样的认真、严肃,
　　苦苦要求我偷它。

亚　　　　　　　　邪恶的娼妇!

爱　她送给凯西奥? 太骗人了,是我捡到的,　　　　　　230
　　是我给我丈夫的。

亚　　　　　　　　贱货,你撒谎!

爱　天作证,我没有说谎,没有,先生们。
　　杀人的糊涂虫啊! 这样个蠢材怎配
　　这样个好女人?

奥　　　　　　　难道天上要省雷,
　　还不马上劈下来吗? 好一个恶汉!　　　　　　　　　235

　　　　　　　　　　〔猛扑亚果,为蒙太诺所阻,亚果刺杀爱米丽亚。

格　这女人倒下了。他杀死了他的妻子。

爱　唔,唔。把我抬到夫人的身边。

[亚果下。

格　他逃走了,他的妻子却被杀死了。

蒙　这是个毒透的坏蛋。你拿着这支剑,
　　那是从摩尔人手里夺过来的武器。　　　　　　　　　240
　　来,在门口把守。不让他出去,
　　否则就杀了他。我去追那个坏蛋,
　　那个该死的奴才。

　　　　　　[蒙太诺、格雷协诺偕人众下,余奥瑟罗与爱米丽亚。

奥　　　　　　　我也算不得好汉了,
　　哪一个毛小子都可以夺走我的剑。
　　可是心都给狗吃了,还要面子?　　　　　　　　　245
　　都给我滚吧。

爱　　　　　　夫人,你唱那支歌
　　是什么预兆呀? 听,你还听得见吗?
　　我要学天鹅,唱着歌死去。
　　[唱]

　　　　杨柳啊,杨柳,杨柳。
　　摩尔人,她清白;她爱你,残暴的摩尔人。　　　　　250
　　我的灵魂得救了,因为我说真话。
　　这样想也就这样说,我死了,我死了。　　　　[死。

奥　我在房间里还有一件武器;
　　西班牙造的剑,经过冰水炼铸的
　　噢,这儿哪。——大叔,我一定要出去。　　　　　255

格　[自内]你倘要出来,就得付重大的代价。
　　你没有武器,只有死路一条。

奥　那就进来看看我,跟我说说话,
　　要不然,我空手也要对你不客气。

格雷协诺上。

格　什么事？

奥　　　　　看，我手里有一件武器。　　　　　　　260
军人的身边从来也没有挂过
比这更好的一把剑。想当年我曾经
就凭这一条胳臂，这一把利剑，
杀出重重的包围，比你的阻挡
不止强二十倍。可是啊，还夸耀什么！　　　265
谁能支配自己的命运呢？不同了。
虽然你看见我手里有武器，别害怕。
这里是我的归宿，旅途的结束，
最后一次远涉重洋的终点。
你后退了，有点慌张吗？这是虚惊。　　　270
只要用一根灯草刺一刺奥瑟罗，
他就倒退了。奥瑟罗该去哪儿呢？
看看你脸色怎样了？薄命的丫头啊！
像你的衬衫样苍白。到末日审判了，
我们再相见，你这副脸色就会把　　　　　275
我的灵魂扔出天让群魔抓去。
冷了，冷冷的，就像你的贞操。——
该死的奴才啊！魔鬼们，鞭打我，
不许我张望这个天堂的景象！
让狂风吹到我处转！用硫磺烧我！　　　　280
叫我在火流的万丈深渊里受冲刷！
玳丝德摩娜啊，玳丝德摩娜！死了！
噢！噢！噢！

罗陀维科、蒙太诺、凯西奥被抬、亚果被押及警官侍从上。

罗　这个最为不幸的莽汉在哪儿呢?

奥　这就是曾经是奥瑟罗的那个人。我就是。　　　　　285

罗　那条毒蛇呢? 把那个恶汉带过来。

奥　我看看你的脚——可只是传说罢了。

　　你如果真是魔鬼①,那我就杀你不死了。　　　　〔刺亚果。

罗　夺掉他的剑。

亚　　　　　　我流血,可没有给刺死。

奥　我也不觉得可惜,宁愿你活下去:　　　　　　　290

　　在我看来,死倒是一种幸福。

罗　你啊,奥瑟罗,你本来是那样善良的,

　　竟然落入了一个该死奴才的圈套,

　　该对你说什么呢?

奥　　　　　　　随便说什么都可以;

　　如果你愿意,说是个正直的凶手吧;　　　　　　295

　　我干的,不是出于恨,全为了荣誉。

罗　这坏人已经部分坦白了罪行。

　　杀害凯西奥,是你跟他商定的?

奥　是的。

凯　亲爱的将军,我从未亏待过你啊。　　　　　　　300

奥　我相信是这样,现在就请你原谅。

　　请你们问问这个人形的魔鬼,

　　为什么要陷害我的灵魂和肉体?

亚　别问我什么。你们知道的,都知道了。

　　从今以后我再也不说一句话。　　　　　　　　　305

罗　连祷告也不做了吗?

———————————

①　魔鬼足传说系偶蹄。

格　　　　　　　　　　　苦刑会叫你张嘴。

奥　嘿，你这样倒最好了。①

罗　将军，你听听还有怎样的经过，

　　我想你还不知道。这封信是从

　　洛德里科尸体的口袋里发现的；　　　　　　　　　　310

　　这儿还有一封。其中有一封

　　表明要由洛德里科去下手

　　杀死凯西奥。

奥　啊，恶棍！

凯　　　　　　最邪恶，最毒辣不过了。

罗　这儿还有表示不满的一封信，　　　　　　　　　　315

　　也是从他的口袋里找到的；这好像

　　本来是洛德里科想交给这个坏蛋的，

　　可是，显然，信还没有送，亚果

　　插进来把他说服了。

奥　　　　　　　　你这个畜生！——

　　凯西奥，我妻子的那块手绢怎么会　　　　　　　　320

　　落到你手里？

凯　　　　　　在我房间里捡到的；

　　他刚才自己承认他故意把它

　　丢在那里，让我捡到，正好

　　中他的奸计。

奥　　　　　　蠢材啊！蠢材！蠢材！

凯　洛德里科还在信里责备亚果，　　　　　　　　　　325

　　说不该唆使他趁我巡夜的时候

　　向我挑衅；我就是为那次争吵，

　　受革职处分的；他看来已经死了，

────────────

①　意谓：你的罪恶非言语所能形容（吉特立其）。

刚才却还说了话——说亚果还杀他，

亚果害了他。   330

罗　你得离开这房间，跟我们一起走。

　　你的职位和兵权已经撤销了，

　　凯西奥接管塞浦路斯。这个奴才呢，

　　任何极刑，只要能狠狠折磨他，

　　叫他慢慢受长罪，就都用来   335

　　不留情对付他。你得受严密看管，

　　等我们把你的过错呈报到威尼斯，

　　听候政府的发落。来，带他走。

奥　慢点！再听我说了一两句才走。

　　我为国家立过功，当局是知道的——   340

　　这不用再提了。你们写公文报告

　　这些不幸事件的时候，请你们

　　照我的实情说实话。不要开脱，

　　也不要恶意诬蔑。你们应当说：

　　这个人用情欠明智，却是太热诚；   345

　　这个人不轻易嫉妒，一受人摆布，

　　可就烦乱到极点；这个人就像

　　一个愚昧的印度人，抛掉颗珍珠，

　　不知道它比全部落还值钱，这个人

　　虽然不惯于受感情融解，一崩溃，   350

　　可就会把热泪洒得像阿拉伯森林

　　洒下来药性的胶汁。把这些记下来；

　　另外再添上一句说：阿勒颇地方

　　有过一个恶意的裹头巾土耳其人

　　殴打一个威尼斯人，糟蹋城邦，   355

　　我抓住了这个受割礼狗子的脖子

　　一下子把他刺杀了——这样子！   ［自刎。

罗　啊,可怕的结局!

格　　　　　　　　什么话都白费了。

奥　我杀你先吻你。现在也只能这样——

　　杀死我自己,就在一吻里收场。　　　　　　　　　　[倒床上身死。360

凯　我早担心了,只是想他没有武器;

　　他心胸博大。

罗　　　　　　你这斯巴达恶狗,

　　要比剧痛、饿火、怒涛更凶狠!

　　看这张床上承担了多惨的负荷。

　　这是你的功绩。真惨不忍睹;　　　　　　　　　　　　　365

　　遮起来。格雷协诺,你保管这所房子,

　　接收摩尔人所有的财物,它们该

　　归你所有。总督大人,你负责

　　审判这个万恶的奸贼。听凭你

　　排时间、定地点、决用刑——从严处分!　　　　　　　　370

　　我怀了沉痛的心情、立即上船,

　　回去陈述这件惨痛的血案。

　　　　　　　　　　　　　　　　　　　　　　　　　　　　[全下。

[据《莎士比亚悲剧四种》,卞之琳译,人民文学出版社,1988 年出版。部分注释据《卞之琳译文集》(下卷)添加,卞之琳译,安徽教育出版社,2000 年出版]

卞之琳译事年表

1910 年

12 月 8 日，卞之琳出生于江苏海门汤家镇，祖籍南京市溧水区。曾用笔名季陵、林子、林迟、林达、薛林等。

1930 年（20 岁）

11 月，翻译爱尔兰诗人约翰·沁孤（John Millington Synge，今译约翰·米林顿·辛格或约翰·辛格）诗《冬天》（"Winter"）①，刊于 11 月 15 日《华北日报·副刊》。

1931 年（21 岁）

10 月，翻译英国诗人罗塞提（C. G. Rossetti，今译罗塞蒂）诗《歌》["Song (Oh What Comes over the Sea)"]、法国诗人玛拉美（Stéphane Mallarmé，今译马拉美）诗《太息》（"Soupir"），刊于《诗刊》第 3 期。

---

① 卞之琳早期在报刊上发表的译诗大多没有提供原文信息，我们尽可能查找了原诗，并在译名后标出原诗名。在底本无法考证的情况下，仅提供译文信息。此外，在早期译文中，卞之琳往往不译作者名，为准确还原卞之琳译事原貌，对于作者、作品名等，我们在此采取原译文中的标注形式，同时在括号中提供今译名。下同。——编者注

1932 年 (22 岁)

7 月，翻译西班牙诗人 Victor Domingo Silva (今译席尔瓦) 诗《梵亚林小曲》（"Balada del Violín"），刊于《诗刊》第 4 期 "志摩纪念号"。该诗为卞之琳从英文转译，译文末标注 "英译为 L. E. Elliot"。

11 月，翻译英国批评家哈罗德 · 尼柯孙 (Harold Nicolson) 文章《魏尔伦与象征主义》，刊于《新月》月刊第 4 卷第 4 期。译者在译文前对原文出处、原作者和诗人魏尔伦做了简要介绍。根据介绍，《魏尔伦与象征主义》为尼柯孙所写传记《魏尔伦》(*Paul Verlaine*) 的节选。

1933 年 (23 岁)

2 月，翻译西班牙作家阿左林 (Azorín) 的《传教士》，以笔名季陵发表于《牧野》杂志第 6 期。译文末标注从英文版《西班牙的一小时》[*Una hora de España* (*1560—1590*)]译出。

3 月，翻译波特莱 (Charles Baudelaire，今译波德莱尔)《恶之花零拾（波特莱诗抄）》，共选译《应和》（"Correspondances"）、《人与海》（"L'homme et la mer"）、《音乐》（"La Musique"）、《异国的芳香》（"Parfum exotique"）、《商籁》（"Sonnet d'automne"）、《破钟》（"La Cloche fêlée"）、《忧郁》（"Spleen"）、《瞎子》（"Les Aveugles"）、《流浪的波西米人》（"Bohémiens en voyage"）、《入定》（"Recueillement"）等 10 首诗，刊登于《新月》第 4 卷第 6 期。

4 月，翻译法国诗人玛拉美散文诗《秋天的哀怨》（"Plainte d'automne"），以笔名季陵发表于《牧野》第 12 期。

4 月，翻译法国诗人 Alphonse de Lamartine (今译拉马丁) 诗《孤寂》（"L'isolement"），以笔名季陵发表于 4 月 29 日天津《益世报 · 文学周刊》。

4 月，翻译 Paul Valéry (今译瓦雷里) 诗《和蔼的林子》，发表于《清华周刊》第 39 卷第 5—6 期。译文末指出，"此诗原名 Le Bois amical，刊于 Album de vers anciens，诗中的伴侣，听梁宗岱先生说，即名作家 Pierre Louys"。

6 月，翻译法国诗人波特莱诗《穷人之死》（"La mort des pauvres"），发表于《文艺月刊》第 3 卷第 12 期。

7 月，翻译波特莱诗《喷泉》（"Le jet d'eau"），发表于《文艺月刊》第 4 卷第 1 期。

8 月，翻译波特莱诗《露台》（"Le Balcon"），发表于《文艺月刊》第 4 卷第 2 期。

10 月，翻译玛拉美《玛拉美散文诗两篇》《玛拉美散文诗两篇(续)》，分别刊登于 10 月 7 日、10 月 11 日天津《大公报·文艺副刊》。《玛拉美散文诗两篇(续)》译文末有"译者附记"，主要介绍了法国作家 Huysmans（今译于斯曼斯）在小说 *À Rebours*（今译《逆流》）中对这两篇散文诗的评价。

11 月，翻译比利时作家梅特林克(Maurice Maeterlinck)诗一首，刊登于 11 月 8 日天津《大公报·文艺副刊》。

11 月，翻译法国诗人 Francis Jammes（今译雅姆）诗《带着蓝布伞》（"Avec ton parapluie bleu"），刊登于 11 月 16 日《民报》。

1934 年（24 岁）

2 月，翻译伊凡·蒲宁(Иван Бунин)的《中暑》（"Солнечный удар"），刊登于 2 月 3 日天津《大公报·文艺副刊》。根据译文前"译者按"，翻译蒲甯作品的其中一个动机，应是作家在 1933 年获诺贝尔文学奖这一事件。

2 月，翻译玛拉美诗《太息》（"Soupir"）和《海风》（"Brise marine"），以《玛拉美诗两首》为题刊登于 2 月 10 日天津《大公报·文艺副刊》。译者在译文末对原文出处做了介绍，并指出这一版《太息》与三年前刊登于《诗刊》的译文相比有所改进。

2 月，翻译卜罗思忒(Marcel Proust，今译普鲁斯特)《往日之追寻》（*À la recherche du temps perdu*，通译《追忆似水年华》）第一卷《史万家一边》（*Du côté de chez Swann*，通译《在斯万家那边》）第一段，并冠以《睡眠与记忆》的标题，刊登于 2 月 21 日天津《大公报·文艺副刊》。译者在译文前对卜罗思忒与《往日之追寻》的风格做了简要介绍，同时指出所译片段依据的原文是伽利玛(Gallimard)出版社出版的《卜罗思忒作品选粹》

(*Morceaux choisis de Marcel Proust*)中的选段,选段名为"Le Sommeil et la Mémoire",这就解释了译者给译文冠名"睡眠与记忆"的原因。

2月,翻译吴尔孚夫人(Virginia Woolf,今译伍尔夫)的《论英国人读俄国小说》,刊登于2月28日天津《大公报·文艺副刊》。译者在译文前对吴尔孚夫人及这篇文章有简短的介绍,指出原题为《俄国人的观点》("The Russian Point of View"),出自吴尔孚论文集 *The Common Reader*(《普通读者》)。

3月,翻译阿左林的《西班牙小景(阿左林杂忆九篇)》,包括《阿左林是古怪的》等九篇小品,以笔名林迟发表于3月7日天津《大公报·文艺副刊》。同一版还刊登了小文《译阿左林小品之夜》。

3月,翻译英国作家 J. B. A. Seager(今译西格)的《街》,以笔名季陵刊登于3月17日天津《大公报·文艺副刊》。译文前标注"季陵译自《伦敦水星》一月号"。《伦敦水星》应为1919—1939年发行的 *The London Mercury*。

3月,翻译爱尔兰作家 Kathleen Coyle(今译科伊尔)的《白雄鸡》,分两部分刊登于3月24日、3月28日天津《大公报·文艺副刊》。第二篇译文末标出"译自《伦敦水星》二月号"。

4月,翻译英国作家哈代(Thomas Hardy)诗《倦旅》("Tired Travel"),刊登于《文学季刊》第1卷第2期。《倦旅》收入1983年版《英国诗选:莎士比亚至奥顿,附法国诗十二首,波德莱尔至苏佩维埃尔》时更名为《倦行人》,此后一直保持《倦行人》这个译名。

4月,翻译阿左林的《奥蕾莉亚的眼睛》,以笔名林迟发表于4月4日天津《大公报·文艺副刊》。

4月,翻译英国作家詹姆士·史陡(James Stern)的《我们的父亲》("Our Father"),以笔名季陵刊登于4月14日天津《大公报·文艺副刊》。译者在译文前对原文出处及特色做了简要介绍。

4月,翻译法国作家纪德(André Gide)的《浪子归家》(*Le retour de l'enfant prodigue*),分别刊登于4月25日、4月28日天津《大公报·文艺副刊》。译者在第一篇译文前对原文出处做了简要介绍,并将《新约·路加福音》第十五章中有关"浪子归家"的故事抄出,作为背景知识提供给读者。

5月,翻译英国诗人 T. S. Eliot(今译艾略特)文学论文《传统与个人的才能》("Tradition and the Individual Talent"),发表于叶公超、林徽因等人创办的《学文》月刊第 1 期上。

5月,翻译罗马尼亚作家西撒·彼忒理斯科(Cezar Petrescu)小说《算账》,刊登于《文学》月刊第 2 卷第 5 号。译者在译文前指出该小说从法文转译。

5月,翻译英国作家 H. E. Bates(今译贝茨)的《孩子》,以笔名季陵发表于 5 月 19 日天津《大公报·文艺副刊》。

5月,翻译西班牙作家阿尔代利乌思(Joaquín Arderíus)的《霜夜》,分两部分刊登于 5 月 14 日、5 月 21 日《国闻周刊》第 11 卷第 19 期、20 期上。译文前对作者做了简要的介绍。

5月,翻译英国作家史密士(Logan P. Smith)的《史密士小品》(*More Trivia*),选译史密士小品 12 则,刊登于 5 月 26 日天津《大公报·文艺副刊》。

5月,翻译英国作家 D. H. Lawrence(今译 D. H. 劳伦斯)的《一度》,以笔名季陵发表于 5 月 30 日天津《大公报·文艺副刊》。

6月,翻译英国作家马丁(E. M. Martin)的《道旁的智慧》,分上、下两部分刊登于半月刊《人间世》第 5 期、第 6 期。译文前标注该文"译自马丁文集 *Wayside Wisdom*(Longmans Green & Co.)"。

6月,翻译奥地利诗人李尔克(Rainer Maria Rilke,今译里尔克)散文诗多首,以《李尔克散文诗九段》为题刊登于 6 月 6 日天津《大公报·文艺副刊》。译文末标注"选自 Rainer Maria Rilke:Das Lied des Leben und Tod des Cornets Christoph Rilke"。实际原文应为 *Die Weise von Liebe und Tod des Cornets Christoph Rilke*(《旗手克里斯多夫·里尔克的爱与死》)。

6月,翻译吴尔孚夫人短篇两则《在果园里》和《邱园》,以《两种园》为题刊登于 6 月 27 日天津《大公报·文艺副刊》。译者在译文末指出,《在果园里》"译自 *The Criterion* 第一卷第三期（一九二三）"，《邱园》"译自 *Kew Gardens* 单行本（一九二七）"。

6 月，翻译美国作家 Alvah C. Bessie（今译贝西）的《天边》，以笔名季陵发表于 6 月 30 日天津《大公报·文艺副刊》。

7 月，翻译爱尔兰作家 Liam O'Flaherty（今译欧弗拉赫提）的《信》，以笔名林达发表于 7 月 25 日天津《大公报·文艺副刊》。

8 月，翻译法国作家 Aloisius Bertrand（应为 Aloysius Bertrand，今译贝尔特朗）的《水上的黄昏》，刊登于《文学评论》第 1 卷第 1 期。译文末标注"译自 *Gaspard de la nuit*"。*Gaspard de la nuit* 今译《夜之卡斯帕尔》。

9 月，翻译美国作家高德曼的散文《流浪的孩子们》，刊登于《文学》杂志第 3 卷第 3 期。译文末标出"译自 *The Symposium* 第四卷第三期（一九三三）"

10 月，翻译法国诗人 Paul Valery（正确拼写为 Valéry，今译瓦雷里）散文《年轻的母亲》（"La jeune mère"），刊登于 10 月 10 日天津《大公报·文艺副刊》。译文末标注"译自 *Morceaux choisis*（*Prose et poésie*）"。

11 月，翻译爱尔兰作家 James Joyce（今译詹姆斯·乔伊斯）小说《爱芙伶》（"Eveline"），刊登于 11 月 17 日天津《大公报·文艺副刊》。译文末标注"译自 *Dubliners*"。

1935 年（25 岁）

1 月，翻译阿左林作品《招租（Felix Vargas 断片）》，刊登于 1 月 20 日天津《大公报·文艺副刊》。

2 月，翻译黎尔克（今译里尔克）的《军旗手的爱与死》，发表于 2 月 17 日天津《大公报·文艺副刊》。译文末对翻译依据的原作底本进行了介绍，指出"本篇德文原名 Die Weise von Liebe und Tod des Cornets Christoph Rilke（全译为：军旗军克利斯多夫·黎尔克的爱与死之歌）"，介绍中还提到，译文此前曾以《李尔克散文诗九段》为题刊登于 1934 年 6 月 6 日天津《大公报·文艺副刊》，当时依据的是英文杂志 *Dial* 上的英译文，中译文标题也由此而来，此次找到原作的法文全译本，根据法译本对中译文进行了修订,并重新刊出。

3 月,翻译法国诗人保尔·福尔(Paul Fort)的《亨利第三》(*Henri III*),发表于 3 月 31 日天津《大公报·文艺副刊》。译文末有较长附注,主要对法王亨利三世及当时的时代背景做了简要介绍。《亨利第三》收入 1936 年出版的《西窗集》,译者在该版本译文末指出《亨利第三》译自 "*Ballades françaises*,VIIIe série"(《法兰西谣曲》第 8 卷)。

8 月,翻译阿索林小品《轮船先生》("Una Conversion"),刊登于 8 月 19 日《国闻周报》第 12 卷第 32 期。作者姓名译名由先前的阿左林变成了阿索林。

1936 年(26 岁)

3 月,《西窗集》由上海商务印书馆出版。《西窗集》为郑振铎主编的 "文学研究会世界文学名著丛书"一种,编写工作实际完成于 1934 年 12 月,全书共 6 辑,收录卞之琳在 1930—1934 年间零星翻译发表的作品,包括波特莱、玛拉美、樊乐希、古尔蒙、梅特林克、哈代、纪德、卜罗思式、吴尔孚夫人、乔伊斯、阿左林、里尔克、福尔、史密士等作家的作品共 37 种。

4 月,翻译 Paul Valéry 诗《风神》("Le Sylphe"),刊登于《绿洲》月刊第 1 卷第 1 期。译文末对原诗格律特点做了简要介绍。

4 月,翻译法国诗人相纳维埃尔(Georges Chennevière)诗《老套》,刊登于 4 月 10 日天津及上海《大公报·文艺》①版。翻译 Paul Valery(正确拼写为 Paul Valéry)诗《失去的美酒》("Le Vin perdu"),刊登于 4 月 15 日天津及上海《大公报·文艺》版,译文末对诗歌思想做了简短评论。

4 月,翻译纪德《赝币制造者》(*Les Faux-monnayeurs*)第一部第二章,刊登于《国闻周报》第 13 卷第 16 期。

5 月,翻译法国诗人 P. 爱吕亚(P. Eluard)诗《恋人》("L'Amoureuse"),发表于 5 月 29 日天津及上海《大公报·文艺》版。译文末对原诗格律做

---

① 1936 年 4 月起,《大公报》在天津、上海等多地同时发行,《文艺副刊》改名为《文艺》,没有了"副刊"二字。——编者注

了简要介绍。

6 月,翻译纪德《纳蕤思解说(象征论)》,刊登于《文季月刊》创刊号(第 1 卷第 1 期)。译文末"译者附记"指出,"本篇译自《浪子归家集》[*Le retour de l'enfant prodique précede*(正确拼写应为 *prodigue précédé*) *de cinq autres traités*]这六篇(译者已译出三篇)","本篇是书中第一篇,原名 Le Traite(正确拼写应为 traité) du Narcisse [Theorie du Symdole(正确拼写应为 Théorie du Symbole)]"。同时翻译法国批评家苏台(Paul Souday)的一段话,对原标题中的 Traité(卞译"解说")一词及本篇的象征主义创作手法进行了简要评说。

7 月,翻译法国诗人 G. 阿博理奈尔(G. Apollinaire,今译阿波利奈尔)诗《联系》("Liens"),发表于 7 月 19 日天津及上海《大公报 · 文艺》版。

12 月,翻译纪德《爱尔 · 阿虔或假先知解说》,刊登于《文季月刊》12 月号(第 2 卷第 1 期)。译文末"译者附记"指出,本篇"原名 El Hadj ou le Traite(正确拼写应为 Traité) du faux prophete(正确拼写应为 prophète)为《浪子回家集》[*Le retour de l'enfant prodigue precede*(正确拼写应为 *précédé*) *de cinq autres traites*(正确拼写应为 *traités*)]中第三篇",并译苏台的一段话,解释了标题"爱尔 · 阿虔"的意义。

12 月,翻译阿索林《飞蛾与火焰》,发表于 12 月 13 日天津及上海《大公报 · 文艺》版。

1937 年(27 岁)

1 月,翻译纪德的《恋爱试验》("La Tentative amoureuse ou le traité du vain désir"),刊登于《时事类编》半月刊第 5 卷第 1 期(1 月 1 日版)。译文前有译者的简要介绍,指出该篇是《浪子回家集》[*Le Retour de l'Enfant prodique*(正确拼写应为 *prodigue*) *précédé de cing*(正确拼写应为 *cinq*) *autres traités*]中的一篇,并译苏台的一段话,对该篇内容进行了介绍。

5 月,所译纪德《浪子归家》与另外五篇解说合编为一册,更名《浪子回家》,由上海文化生活出版社出版,为"文化生活丛刊"第 21 种。

1938 年（28 岁）

3—7 月，翻译纪德中篇小说《新的食粮》（*Les Nouvelles Nourritures*），刊登于何其芳、方敬、朱光潜、罗念生、谢文炳等人自费创办的小型半月刊《工作》1—8 期上。据卞之琳回忆，《新的食粮》乃 1937 年客居杭州西泠桥北陶舍时译出。

6 月，《西窗集》第 3 版由上海商务印书馆出版。

1939 年（29 岁）

9 月，翻译梅特林克诗一首，刊登于 9 月 17 日上海《新华》报。

1940 年（30 岁）

2 月，翻译英国作家斯特莱切（Giles Lytton Strachey，今译斯特雷奇、斯特拉奇）的《维多利亚女王传》（*Queen Victoria*），由香港商务印书馆出版。《维多利亚女王传》系卞之琳为胡适主持的中华教育文化基金董事会编译委员会特约翻译，翻译工作始于 1934 年。1935 年卞之琳完成译稿并上交编译委员会。抗日战争全面爆发后，编译委员会解散，《维多利亚女王传》的译稿几经辗转，最终由迁至香港的商务印书馆出版。1986 年北京生活·读书·新知三联书店、1988 年商务印书馆再版了这本译著。

8—9 月，《浪子归家》在北京《沙漠画报》周报第 3 卷第 29 期、第 30 期、第 31 期、第 32 期连载完毕。

12 月，翻译法国作家班雅曼·贡思当（Benjamin Constant，今译本雅明·贡斯当）小说《阿道尔夫》（*Adolphe*）第一、二章，刊登于上海《西洋文学》月刊第 4 期。

1941 年（31 岁）

1—4 月，翻译《阿道尔夫》第三章至第十章，刊登于《西洋文学》月刊第 5 期、第 6 期、第 7 期、第 8 期。

1 月，翻译法国作家昂得列·勒·布洛东［Andre（正确拼写应为 André）Le Breton］文章《贡思党及其〈阿道尔夫〉》，刊登于《西洋文学》第

5 期。译文末指出原文出自巴黎大学教授勒·布洛东著作《19 世纪法国小说史》。经查证,原著法语名 *Le Roman français au XIXe siècle*,*Avant Balzac*,《贡思党及其〈阿道尔夫〉》为著作第十章《阿道尔夫》("Adolphe")内容。

1 月,《维多利亚女王传》第 2 版由商务印书馆出版。

1942 年(32 岁)

8 月,《新的食粮》译文第一卷及第二卷开头刊登于《创作月刊》(桂林)第 1 卷第 3 期。同一期杂志刊登了 A. 玛尔洛(André Malraux,今译马尔罗)撰写的《纪德的〈新的食粮〉》一文,未标注译者名,应为卞之琳所译。原文为马尔罗于 1935 年 12 月发表于《新法兰西评论》(*La Nouvelle Revue Française*)第 267 期的"*Les Nouvelles Nourritures*,par André Gide"。

10—12 月,《新的食粮》在《创作月刊》第 1 卷第 4/5 期合刊、第 6 期,第 2 卷第 1 期连载完毕。

1943 年(33 岁)

3 月,从《西窗集》抽出福尔的《亨利第三》与里尔克的《军旗手的爱与死》,加序编成单行本《亨利第三与旗手》,由昆明文聚社出版,收入"文聚丛书"。

5 月,《阿左林小集》由重庆国民图书出版社出版,收入"文艺丛书"。《阿左林小集》在《西窗集》第三辑中阿左林部分的基础上,增加了《〈堂·欢〉断片》(1981 年江西人民出版社版本中译为《堂胡安》)八章、《〈菲利克思·梵迦士〉断片》中《招租》一章、《玫瑰·百合·剪边罗》等七章(1981 年版给这七章加了总标题《〈蓝白集〉七篇》)。在译文前的"卷头小识"中,卞之琳提到编这本小集起意于 1936 年,同时详尽介绍了自己十余年翻译出版阿左林作品的曲折历程。

5 月,翻译纪德《窄门》(*La Porte étroite*),在桂林文汇书店出版,为"世界艺术名著译丛"第 4 种。

10 月,《新的食粮》单行本由桂林明日社出版,收入"西洋作家丛刊",作家中译名为安特列·纪德。译文前有"译者序",详尽分析了纪德的创作艺术与《新的食粮》的写作特色。此前,该"译者序"已以《纪德和他的〈新的食粮〉》为题,发表于 1943 年 5 月的《明日文艺》(桂林)第 1 期。

11 月,翻译英国诗人奥登(W. H. Auden)诗《战时在中国作》(*In Times of War*)6 首,发表于《明日文艺》第 2 期。译文前有译者"前记",对原文出处、诗人奥登、原诗风格与格律进行了介绍,同时对译文格律进行了说明。

1945 年(35 岁)

7 月,所译班雅曼·贡思当的《阿道尔夫》在重庆人生出版社出版。根据卞之琳回忆,《阿道尔夫》在 1937 年就已译好。1940—1941 年间,《阿道尔夫》在《西洋文学》完成连载。至西南联大后,卞之琳在教翻译之余,与外文系学生校订译书,撰写译序,原计划将由他本人翻译的《阿道尔夫》、於绍方翻译的亨利·詹姆斯(Henry James)的《诗人的信件》(*The Aspern Papers*)、周彤芬翻译的亨利·詹姆士的《螺丝扭》(*The Turn of the Screw*)、冯丽云翻译的大卫·加奈特(David Garnett)的《女人变狐狸》(*Lady into Fox*)、黄惟新翻译的桑敦·槐尔德(Thornton Wilder)的《断桥记》(*The Bridge of San Luis Rey*)、林秀清翻译的凯塞林·坡特(Katherine Porter)的《开花的犹大树》(*Flowering Judas*)6 种译本,合编为"舶来小说"第一批,在贵阳文通书店出版。但译稿之后被转交给重庆人生出版社出版,且最后只出了《阿道尔夫》《诗人的信件》《女人变狐狸》三种。卞之琳为这 6 种小说写的序以《小说六种》为题刊登于 1945 年 11 月发行的《世界文艺季刊》第 1 卷第 2 期。

11—12 月,翻译纪德《〈赝币制造者〉写作日记》,刊登于《中法文化》月刊第 1 卷第 4 期、第 5 期。根据卞之琳回忆,《〈赝币制造者〉写作日记》的翻译初稿也完成于 1937 年。

1946 年（36 岁）

1—2 月、4—5 月，继续翻译纪德《〈赝币制造者〉写作日记》，刊登于《中法文化》月刊第 1 卷第 6 期、第 7 期、第 9 期、第 10 期。

6—7 月，翻译英国作家衣修午德（Christopher Isherwood）的《紫罗兰姑娘》（*Prater Violet*），刊登于郑振铎、李健吾主编的上海《文艺复兴》月刊第 1 卷第 5 期、第 6 期上。第 1 卷第 5 期上还刊登了卞之琳为译文撰写的序言《衣修午德的〈紫罗兰姑娘〉》。1946 年 3 月，卞之琳写完《紫罗兰姑娘》的译者序后，翻译成英文寄给原作者衣修午德，后者于 4 月回信，称赞"如果译文和你的序文一样好，那么我不能再求更好了"①。《文艺复兴》杂志上刊登的《紫罗兰姑娘》为删节版，之后卞之琳获得新的材料，对译文进行了增补。

7 月，翻译奥登诗《服尔泰在斐尔奈》（"Voltaire at Ferney"），刊登于 7 月 12 日上海《大公报·文艺》版。译文末附注对原诗与译诗的格律进行了简要说明。

1947 年（37 岁）

1 月，英国作家白英（Robert Payne）编《当代中国诗选》（*Contemporary Chinese Poetry*），由伦敦劳德里奇（Routledge）出版社出版。收入卞之琳《春城》《距离的组织》《水成岩》《断章》《第一盏灯》《音尘》《寂寞》《鱼化石》《旧元夜遐思》《雨同我》《泪》《候鸟问题》《半岛》《无题三、四》《妆台》等 16 首，由卞之琳自译成英文。

2 月，修订《紫罗兰姑娘》译文，修订版由文化生活出版社出版，为"西窗小书"之一。

3 月，《维多利亚女王传》第 3 版由商务印书馆出版。

4 月，翻译奥登诗《小说家》（"The Novelist"），发表于上海《东方与西方》月刊第 1 卷第 1 期。译文后附有原文，根据编者按语，这是为了让读

---

① 卞之琳. 从《西窗集》到《西窗小书》//衣修午德. 紫罗兰姑娘. 北京：中国工人出版社，1995：6.

者"观摩"卞之琳诗歌翻译的"独到之处"。

6月,《浪子回家》由文化生活出版社再版,封面书名《浪子回家集》,书名页题为《浪子回家及其前另五篇解说》,为"西窗小书"之二。译文前有写于1941年的译者序,对这6篇作品的内容与整体风格进行了评述,强调了其象征主义色彩。

9月,所译纪德小说《窄门》由文化生活出版社出版,为"西窗小书"之三。据译者序附记中介绍,《窄门》的翻译"于1937年夏天开始于雁荡山中,最后一小部分于8月间完成于上海炮声中,于李健吾先生家里"。实际上,《窄门》中译文曾于1943年在桂林文汇书店出版过,但卞之琳似乎对这一版本不甚满意,他在1947年版的"初版译者序"和1987年版的"新版译者序"中都提到过这件事。

1948 年(38 岁)

4月,所译奥登诗《小说家》刊登于天津《大公报·文艺》版。译诗后附有较长文章,论述了诗歌戏剧化问题。

7月,《阿道尔夫》由文化生活出版社再版,为"西窗小书"之四。

1950 年(40 岁)

4月,翻译《拉方丹寓言诗两首》,发表于北京《大众诗歌》第1卷第4期。

1954 年(44 岁)

4月,翻译莎士比亚《十四行诗七首》,发表于《译文》杂志第4期。

6月,翻译拜轮(George Gordon Byron,今译拜伦)《诗选》,包括《哀希腊》《滑铁卢前夜》《天上的公务》《想当年我们俩分手》4首,发表于《译文》杂志第6期。

1956 年(46 岁)

8月,翻译《哈姆雷特》(*Hamlet*),由北京作家出版社出版。据1988

年版《莎士比亚悲剧四种》"译本说明"介绍,《哈姆雷特》的译文完成于 1954 年年底。戏剧译文前有"译本说明"及一个长序。"译本说明"介绍了翻译依据的原文底本、翻译规范与体例、原文及译文的体裁与格律等。译者"序"全面介绍了莎士比亚的创作艺术及《哈姆雷特》的创作特色。

1957 年(47 岁)

1 月,翻译霍思曼(A. E. Housman)短诗《仙子们停止了跳舞了》("The Fairies Break Their Dances"),撰写《译诗随记》,均刊登于 1 月 4 日上海《文汇报》。

4 月,翻译缅甸联邦总理吴努的诗《赠中华人民共和国文化代表团》,发表于 4 月 7 日《人民日报》第 7 版。

7 月,为纪念威廉·布莱克(William Blake)诞生二百周年,翻译布莱克《短诗五首》,撰写短文《谈谈威廉·布莱克的几首诗》,均刊登于《诗刊》第 7 期。

1962 年(52 岁)

7 月,翻译英国诗人本·琼孙(Ben Jonson,今译本·琼生)诗《题威廉·莎士比亚先生的遗著,纪念吾敬爱的作者》("To the Memory of My Beloved the Author, Mr. William Shakespeare"),收入人民文学出版社出版的《古典文艺理论译丛》第 3 册。

8 月,与张黎合作翻译德国剧作家布莱希特(Bertolt Brecht)的《高加索灰阑记》(*Der kaukasische Kreidekreis*),刊登于《世界文学》第 8 期。卞之琳翻译的是剧作中的诗歌部分。此前,卞之琳已撰写论文《〈高加索灰阑记〉的诗情画意》,以《布莱希特戏剧印象记(续)》为总题发表于《世界文学》1962 年第 6 期,论文之后收入《布莱希特戏剧印象记》,于 1980 年在中国戏剧出版社出版。

1973 年(63 岁)

7 月,所译蒲宁短篇小说《中暑》被香港《文林》月刊第 8 期转载。《中暑》为卞之琳于 20 世纪 30 年代所译,收入《西窗集》初版。

1979 年(69 岁)

8 月,翻译瓦雷里诗 4 首《风灵》、《失去的美酒》、《石榴》("Les Grenades")、《海滨墓园》("Le Cimetière marin"),发表于《世界文学》1979 年第 4 期。撰写《新译保罗·瓦雷里晚期诗四首引言》,发表于同一期《世界文学》上。

1980 年(70 岁)

1 月,翻译《奥顿诗五首》,刊登于《诗刊》1 月号。同一期《诗刊》上发表了卞之琳撰写的《重新介绍奥顿的几首诗》。诗人中译名从之前的"奥登"改为"奥顿"。

1981 年(71 岁)

11 月,《西窗集》修订版由江西人民出版社出版,收入"百花洲文库(第一辑)"。

1982 年(72 岁)

4 月,翻译《新译英国名诗三篇》,包括托麦斯·格雷(Thomas Gray,今译托马斯·格雷)的《墓畔哀歌》("Elegy Written in a Country Churchyard")、雪莱(Percy Bysshe Shelley)的《西风颂》("Ode to the West Wind")和济慈(John Keats)的《希腊古瓮曲》("Ode on a Grecian Urn"),刊登于《译林》第 2 期。

7 月,翻译威·白·叶芝(William Butler Yeats)后期诗 5 首,翻译《托·斯·艾略特早期诗四首》,刊登于《诗刊》7 月期。

8 月,翻译《英国十七、十八世纪讽刺诗三家四章》,包括德莱顿(Jean Dryden)诗一首《梓姆理》、蒲伯(Alexander Pope)诗二首《海姆普敦宫》与《泰门的庄园》、约翰孙(Samuel Johnson)诗一首《势利》,刊登于《世界文学》第 8 期。译者在译文前对三位诗人做了简要介绍,并在脚注中说明了原文出处与格律特点。

1983 年（73 岁）

3 月，卞之琳从自己的译作中挑选出部分，编成《英国诗选：莎士比亚至奥顿，附法国诗十二首，波德莱尔至苏佩维埃尔》，由湖南人民出版社出版。《英国诗集》为湖南人民出版社"诗苑译林"丛书之一。在诗集"序"中，卞之琳回顾了自己译诗的经历，介绍了编选本诗集的标准，重申了"信""似""译"的译诗主张以及对翻译西方格律诗的看法。

4 月，《紫罗兰姑娘》由湖南人民出版社再版，译文前有"译本新版序"和"旧版译者序"。

1986 年（76 岁）

5 月，《维多利亚女王传》修订版由北京生活·读书·新知三联书店出版。前一年，卞之琳对旧版进行了校改，补充了丢失的参考书书名，撰写了《重印前言》。

5 月，所译莎士比亚诗歌《既然是铁石，大地，无边的海洋》《过往世代的记载里常常见到》、本·琼森诗歌《题威廉·莎士比亚先生的遗著，纪念吾敬爱的作者》、拜伦诗歌《滑铁卢前夜》收入孙梁主编、商务印书馆香港分馆出版的中英对照《英美名诗一百首》。《英美名诗一百首》简体修订版于 1987 年 12 月由中国对外翻译出版公司出版。

1988 年（78 岁）

3 月，《莎士比亚悲剧四种》由人民文学出版社出版，为"外国文学名著丛书"之一。四种悲剧中，除《哈姆雷特》于 1956 年出过单行本，其余译文均为初版，但译文几年前已全部完成，其中《里亚王》译成于 1977 年年底，《麦克白斯》译成于 1983 年 9 月，《奥瑟罗》部分译于 1956 年，全部译成于1984 年。

12 月，《莎士比亚抒情诗选》由人民文学出版社出版，收录卞之琳所译"活下去还是不活：这是问题（哈姆雷特独白）""明朝是伐伦汀节日（莪菲丽雅疯歌)""可是我以为总是丈夫先不好(爱米丽雅台词)""赤裸裸的可怜虫,不管你们在哪儿(里亚王独白)""来吧,我们进监狱去(里亚王台词)""明天,又一个明天,又一个明天(麦克白斯台词)""金子?闪亮的金子(泰门独白)""五寻深躺下了你的父亲(爱里尔挽歌)""热闹场结束了(普洛斯佩罗台词)"等九首莎士比亚诗剧选段。

1992 年(82 岁)

所译奥顿诗 4 首《美术馆》("Musée des Beaux Arts")、《悼念叶芝》("In Memory of W. B. Yeats")、《流亡曲》("Refugee Blues")与《我们的偏向》("Our Bias")收入张曼仪主编、商务印书馆香港分馆出版的中英对照《现代英美诗一百首》。这 4 首诗均为卞之琳在 1940 年所译。主编张曼仪曾在 1989 年出版的专著《卞之琳著译研究》中提到,《现代英美诗一百首》1987 年 11 月已由商务印书馆香港分馆出版。《现代英美诗一百首》简体修订版于 1993 年 12 月由中国对外翻译出版公司出版,版权页标注初版于 1986 年 10 月在香港第一次印刷。

1995 年(85 岁)

8 月,译文集《紫罗兰姑娘》由中国工人出版社出版,为"中国翻译名家自选集·卞之琳卷",收录《西窗集》、衣修午德的《紫罗兰姑娘》、纪德的《浪子回家集》与《新的食粮》。卞之琳为这部译文集写了题为《从西窗集到西窗小书》的序言。

1996 年(86 岁)

5 月,英汉对照的《英国诗选》由商务印书馆出版,副标题为《莎士比亚至奥顿》,英文名为 A Chinese Selection of English Poetry with the Original Texts。该版本依据的是 1983 年由湖南人民出版社出版的《英国诗选:莎士比亚至奥顿,附法国诗十二首,波德莱尔至苏佩维埃尔》。卞之琳在 1983 年版基础上做了修订,去掉了第六辑收录的法国诗 12 首以及附录中的《新译保尔·瓦雷里晚期诗四首引言》一文,并修改 1983 年版

"序",写成新版本"前言"。

2000 年(90 岁)

12月,三卷本《卞之琳译文集》在安徽教育出版社出版。译文前有卞之琳撰写的"译者总序"。

12月2日,卞之琳先生因病在北京逝世,享年90岁。

2002 年

10月,三卷本《卞之琳文集》在安徽教育出版社出版,收录卞之琳70余年所写的诗歌、散文、小说、论文以及为译著撰写的序跋等。

2007 年

4月,《西窗集》(第2版)、《紫罗兰姑娘》(第2版)、《窄门》(第2版)、《阿道尔夫》(第2版)、《里亚王悲剧》(第2版)、《麦克白斯悲剧》(第2版)、《威尼斯摩尔人奥瑟罗悲剧》(第2版)由安徽教育出版社出版,均收入"大家经典书系"。

2020 年

8月,许钧主编《卞之琳译作选》在商务印书馆出版,为"故译新编"丛书之一。

中華譯學館·中华翻译家代表性译文库

许 钧 郭国良／总主编

第一辑	第二辑
鸠摩罗什卷	徐光启卷
玄 奘卷	李之藻卷
林 纾卷	王 韬卷
严 复卷	伍光建卷
鲁 迅卷	梁启超卷
胡 适卷	王国维卷
林语堂卷	马君武卷
梁宗岱卷	冯承钧卷
冯 至卷	刘半农卷
傅 雷卷	傅东华卷
卞之琳卷	郑振铎卷
朱生豪卷	瞿秋白卷
叶君健卷	董秋斯卷
杨宪益 戴乃迭卷	

图书在版编目(CIP)数据

中华翻译家代表性译文库. 卞之琳卷 / 曹丹红, 许
钧编. —杭州:浙江大学出版社, 2021.8
ISBN 978-7-308-21610-4

Ⅰ.①中… Ⅱ.①曹…②许… Ⅲ.①社会科学—文
集②世界文学—作品集③卞之琳(1910—2000)—译文—文
集 Ⅳ.①C53②I11

中国版本图书馆 CIP 数据核字(2021)第 150239 号

中华翻译家代表性译文库·卞之琳卷
曹丹红 许 钧 编

出 品 人	褚超孚
总 编 辑	袁亚春
丛书策划	张 琛 包灵灵
责任编辑	张颖琪
责任校对	陆雅娟
封面设计	闻江文化
出版发行	浙江大学出版社
	(杭州市天目山路 148 号 邮政编码 310007)
	(网址:http://www.zjupress.com)
排　　版	浙江时代出版服务有限公司
印　　刷	浙江省邮电印刷股份有限公司
开　　本	710mm×1000mm 1/16
印　　张	27
字　　数	375 千
版 印 次	2021 年 8 月第 1 版 2021 年 8 月第 1 次印刷
书　　号	ISBN 978-7-308-21610-4
定　　价	88.00 元